高等院校旅游专业“十二五”规划教材

旅游概论

主　编 ◎ 何丽芳　陈　芳

副主编 ◎ 王　丹　何进武　欧阳莉　白稚萍

湖南大学出版社

内 容 简 介

本书对旅游学的基础知识进行了较全面的介绍，系统地分析和阐述了旅游学的基本概念和基本理论框架，主要内容包括旅游的基本概念和特征、旅游的产生与发展、旅游者、旅游资源、旅游业、旅游产品、旅游市场、旅游效应、旅游组织等。本书内容新颖，结构合理，涉及面广，既重视旅游学科内容的系统性与实用性，又突出了旅游学本身的时代性和开放性，加入了较多的常识和案例介绍，实用性较强，力图体现旅游学科的最新发展。

本书可作为高等院校旅游类专业教学用书，也可作为旅游行业人员培训和职业资格考试教材或参考资料。

图书在版编目（CIP）数据

旅游概论/何丽芳，陈芳主编．—长沙：湖南大学出版社，2014.7（2015.10 重印）

（高等院校旅游专业“十二五”规划教材）

ISBN 978-7-5667-0699-7

Ⅰ.①旅…　Ⅱ.①何…　②陈…　Ⅲ.①旅游—高等学校—教材　Ⅳ.①F590

中国版本图书馆 CIP 数据核字（2014）第 148436 号

旅游概论

LÜYOU GAILUN

主　　编: 何丽芳　陈　芳
策　　划: 严小涛
责任编辑: 贾志萍　**责任校对:** 全　健　**责任印制:** 陈　燕
印　　装: 长沙超峰印刷有限公司
开　　本: 710×1000　16 开　**印张:** 13.5　**字数:** 264 千
版　　次: 2014 年 8 月第 1 版　**印次:** 2015 年 10 月第 2 次印刷
书　　号: ISBN 978-7-5667-0699-7/F·372
定　　价: 35.00 元

出 版 人: 雷　鸣
出版发行: 湖南大学出版社
社　　址: 湖南·长沙·岳麓山　　**邮　　编:** 410082
电　　话: 0731-88822559(发行部),88821251(编辑室),88821006(出版部)
传　　真: 0731-88649312(发行部),88822264(总编室)
网　　址: http://www.hnupress.com
电子邮箱: pressjzp@163.com

目 次

第九章　旅游组织

绪　论

➤**教学目标**　知识目标：了解旅游学研究的历史概况；熟悉旅游学的研究对象与内容；理解旅游学的学科性质和学科体系；掌握旅游学课程的特点与基本内容

能力目标：能分析旅游学的学科性质与特点

➤**教学难点**　旅游学的学科性质

➤**教学重点**　旅游学研究的历史概况　旅游学的研究对象与内容　旅游学的学科性质和学科体系

➤**主要内容**　旅游学研究的历史概况　旅游学的研究对象与内容　旅游学的学科性质和学科体系　旅游概论的基本内容

旅游学是伴随着对旅游活动过程中种种问题的诠释和实证研究而逐步兴起的一门学科，是具有广泛社会应用背景的研究领域。作为一门学科，旅游学是随着近代旅游的出现而产生，并随着旅游业的发展而不断完善的。旅游学经历了深刻的演进过程，无论是对研究对象的选择和研究方法的运用，还是在内容组合和理论架构上，都是逐渐从单纯发展到丰富，从浅薄发展到深刻，逐步构建起旅游学科体系。

一　旅游学研究的历史概况

1. 国外的旅游学研究

对旅游现象的研究，最早是从 19 世纪末重要的旅游接待地意大利开始的。1899 年意大利的鲍迪奥（L. Bodio）发表的《意大利外国旅游者的流动及其花费》一文，是最早从学术角度研究旅游现象的文章。此后，在意大利、德国、瑞士和奥地利等国家相继出现了一些从事旅游研究的学者，其中马里奥蒂（A. Mariotti）、葛留克斯曼（R. Glucksmann）、鲍尔曼（A. Bormann）以及汉泽克尔（W. Hunziker）与克拉普夫（K. Krapf）等人在旅游研究中分别做了许多开创性工作，形成了不少有意义的成果，对旅游学研究产生了重要的影响。

第二次世界大战以后，旅游研究的中心开始转向北美，并且在研究方法上表现出明显的多学科渗透的学术特点。这一时期，一些重要的社会科学学科，如经济学、人文地理学、社会学、人类学、心理学、环境科学和生态学等学科的学者们逐渐参与了对旅游现象的研究。这种趋势一方面反映了人们开始注意到旅游现象的复杂内涵，另一方面也是现代学术研究跨学科方法的一种观念折射。这种研究趋势在 20 世纪 60 年代后已经构成旅游学研究的主流，并集中反映在对旅游影响（效应）的研究方面。

旅游研究从当初单一的经济学研究，发展到今天的多学科综合研究，表明它已经接近成熟。虽然独立的旅游学科尚未完整地形成，但是方法论基础已经萌芽，学科面貌已初露头角，旅游研究正面临着一个全新的发展时代。

2. 国内的旅游学研究

我国对旅游学的研究是伴随着我国的改革开放步伐而蹒跚起步的。1978年，中国旅行游览事业管理总局成立政策研究室，集中一些专家和实际从事旅游的工作者研究旅游市场，探讨旅游发展方针政策。随着我国旅游产业体系的形成，旅游学研究开始从以经济学、管理学为主体，向社会学、市场学、地理学、环境学、人类学等分支学科方向发展，形成了比较完整的研究体系。同时研究者们开始注意从总体的角度，运用多学科的研究方法和视角来研究旅游现象，对我国旅游实践进行指导。

二　旅游学的研究对象与内容

1. 旅游学的研究对象

旅游是一种复杂的社会现象。旅游学的研究对象是什么，中外旅游学者有着不同的认识。我国学者中，林南枝认为：旅游学是研究旅游最一般规律的科学，是旅游活动的综合概括，包括了旅游史、旅游业、旅游文化、旅游经济等。李天元认为：旅游学是研究旅游者、旅游业以及双方活动对旅游接待地区社会文化、经济、环境影响的科学。马勇认为：旅游学是研究旅游者、旅游管理者、旅游资源、旅游设施的基本特征与其相互之间关联及运行规律的科学。谢彦君认为：旅游学要以旅游现象的基本矛盾为核心，研究其发生的基础、原因、性质、形态和结构特征，探究其运动规律及其形成的复杂影响因素。上述种种观点都从不同方面深化了人们对旅游活动的认识，揭示了旅游的本质内容。

旅游的形成、运动和发展都有其自身的矛盾和规律，而旅游学的研究是围绕旅游活动而展开的。旅游活动包括旅游者的活动和旅游产业的活动，由此衍生出旅游期望与旅游感受、旅游动机与旅游体验、旅游需求与旅游供给、旅游流量与旅游容量等一系列的矛盾形式和矛盾运动。这些矛盾所展示的立体的和丰富多彩的旅游现象，构成了旅游学科综合性的研究领域。

因此，旅游学的研究对象是旅游活动的内在矛盾及其表现。旅游学的任务就是要通过研究来认识这种矛盾的性质及其发生原因、形态结构、运动规律和它所产生的各种外部影响。

由此可见，旅游学是研究旅游活动的开展所导致的各种关系和现象的科学，具体讲就是研究旅游者和旅游业双方的活动及其对旅游接待地区经济、社会和环境的影响的科学。

2. 旅游学的研究内容

（1）研究人类旅游的经历。旅游是人们所进行的并时常从中感到乐趣的一种活动，旅游者会产生不同的心理，会有不同的身心感受，会获得不同的满足感，会有不同的行为。要深入了解旅游现象，就要研究人的行为，如为什么要旅游、旅游需要是怎样形成的、动机是什么、怎样解释这种行为等。旅游学从旅游中考察存在于人类常规经历之外的内在心理和行为，预测旅游决策，这些理论会使得人类未来行为的方向和预测成为可能。旅游者的旅游期望是什么？如何实现？旅游将给旅游者带来什么？由于人们的行为和活动方式不同，旅行的原因也不同，就有必要运用心理学的方法解释和预测旅游行为，确定设计和促销旅游产品。

（2）研究旅游的社会行为。旅游带来利益，但利益和代价并不成比例。发展旅游会产生一定的社会效应，如提供就业机会，增加收入，有助于经济多元化，发展地方产品和资源，加强遗产与传统的保护，促进国际间交流与和平，促进全球一体化等。但是，旅游又有让社会付出代价的一面，如资源过度利用，环境恶化，传统文化异化和消失，经济和政治的脆弱性增强，文化、宗教、艺术的商业化等。旅游学用人文社会科学的方法研究社会、社会机构的关系，在将利益最大化的同时，使负面效应最小，确定旅游业可持续发展的经济、社会和文化方面的选择方式。

（3）研究旅游的地理现象。从客源地到旅游目的地的旅行，是旅游的固有区别特征。地理学研究有助于确认和分析旅游功能区域的存在，也可将其进而作为划分或评价某个旅游协作组织的地理覆盖范围的基础。预测客源地和旅游目的地之间的旅游流量是地理研究的另一个重要领域。旅游学对旅游区域、度假区和旅游走廊进行形态学分析，这对旅游规划也很重要。

（4）研究旅游的经济规律。旅游能增加本地的财政收入和增加就业，也可成为保护当地重要遗址、节庆活动和文化活动的积极力量。然而，旅游活动在成功地吸引旅游者来欣赏和维持当地重要特色资源的同时，也带来了破坏这种特色的因素。旅游学对旅游经济规律的深入研究，尤其是旅游经济对生态环境的影响研究，对实现本地经济和社会的可持续发展十分有益。

（5）研究旅游的商业活动。旅游业具有脆弱性。国家政局不稳定和恐怖活动会阻碍旅游者的旅行，或使旅游者转移到其他的旅游目的国。流行病、自然灾害、气候问题、货币汇率变化、新税收立法规定、出入境手续的变化，也都可能很快使互相竞争的旅游目的国的相对吸引力发生戏剧性变化。旅游学把旅游作为一种商业活动进行研究，研究内容包括企业结构和管理效率的提高以及应付该行业固有的风险和不稳定性的各种策略。

（6）研究旅游的行业特征。旅游业并不是许许多多各不相干的企业，而是一个政策性很强的行业。更确切地说，广义的旅游业是若干相关行业的集合体，包括交通、住宿、餐饮服务、各种旅游吸引物、活动项目，以及零售经营活动等。旅游业的一个重要特点是具有劳动密集性，维持着比其他行业更多的就业机会。旅游业也是地区间和国际间现金流动的重要来源。各级政府都鼓励旅游业的发展，因为它能够带来新的财富并创造新的就业机会。各级政府应关注旅游业的社会和环境效应，在制定各项政策时，以实际研究为基础，会使旅游业发挥更大的作用。

三　旅游学的学科性质和学科体系

1. 旅游学的学科性质

正确认识旅游学的学科性质，不仅可以解决学科的归属问题，而且对深入进行旅游学的理论研究和实践应用具有重要意义。现代科学突出的特点是：一方面高度分化，另一方面互相渗透，趋向一体化；一方面在不断细分，另一方面不断综合，细分的过程即综合的过程。旅游学是社会科学中具有多学科交叉特点的综合性学科。

旅游学是一门新兴的交叉边缘学科，它涉及社会学、经济学、美学、心理学、市场学、地理学、管理学、史学、法学、文化学、医学、教育学、生态学、环境学、政治学、交通学等多种学科，与这些学科有着千丝万缕的密切联系。但旅游学不是这些学科知识的汇集杂合，而是横截了这些学科中可以作为旅游现象的各种要素和过程，加以综合分析研究，得出旅游现象和过程的一般规律，并运用规律指导旅游开发和旅游活动，因而具有高度的复杂性和综合性。旅游学是以旅游现象和过程为研究对象，研究旅游复合体的产生、演化、运行规律，探讨旅游开发和旅游活动的合理运行规律的一门学科。

旅游学是一门综合性的交叉学科，与它所统驭的相关分支学科一起，构成了研究旅游现象的综合学科体系。这个体系包含三大模块：一个模块集中研究旅游者活动，这是旅游学的核心领域；另一个模块集中研究旅游产业活动，这是旅游学的扩展领域；还有一个模块是由一些研究旅游者需要（或需求）与旅游产业供给二者之间关系的学科构成的。

2. 旅游学的学科体系

旅游学的学科体系包括旅游学的基本理论和分支学科两大部分。旅游学的基本理论由两个方面组成，即概念体系和理论体系。概念体系是旅游学的基础，旅游学的基本概念主要包括旅游、旅游者、旅游学、旅游业、旅游资源、旅游设施、旅游服务、旅游经济等。理论体系即旅游学的基本理论框架，它直接体现旅游学的学科内容——由对象研究而产生的与对象相对应的理论。旅游学理论体系的基本构成是由对旅游的三要素及其相互关系研究而形成的相关内容。旅游学的分支学科是由对旅游现象中的具体对象研究——解决旅游现象中的具体矛盾所产生的学科而形成的。

旅游现象和过程的广泛性、综合性和复杂性等特点，决定了旅游学的广泛性、综合性和复杂性。可以说，旅游学也是自然科学、社会科学、工程技术科学相互交叉、相互渗透、相互结合的多学科横向发展的新科学领域，是社会科学中一门具有多学科交叉特点的综合性学科。因而，旅游学的学科体系包含深广，分支学科众多，有旅游经济学、旅游管理学、旅游开发规划学、旅游社会文化学、旅游史学五个方面，每个方面同样具有多向性。旅游经济学包括旅游地理学、旅游产品设计学、旅游市场营销学、旅游商品学、旅游统计学、旅游会计学等；旅游管理学包括旅游政策法规管理、行业标准和质量管理、旅游饭店管理、旅行社经营管理、风景区经营管理、旅游交通（企业）管理等；旅游开发规划学包括旅游规划学、旅游开发学、旅游景观设计学、旅游资源学等；旅游社会文化学包括旅游文化学、旅游心理学、旅游美学、旅游文学等；旅游史学包括旅游发展史、旅游业发展史（旅游经济史）、旅游学发展史（旅游学术史）等。

由此可见，旅游学的理论体系实际上也是一个具有层次结构的分级体系。其层次结构关系见图 0-1。

四　旅游概论的基本内容

旅游概论是一门专业基础课，学习的目的是了解旅游理论和实践两方面的一些基础问题，结合我国旅游业发展的实际，总结我国旅游业的经验，为发展我国的旅游业服务。

从旅游学研究的对象和任务出发，旅游概论的基本内容包括旅游的概念、特征与本质，旅游活动的产生和发展，旅游活动的要素，旅游资源，旅游业，旅游市场，旅游的经济意义和社会文化影响等。

- 旅游学
  - 旅游经济学
    - 旅游地理学
    - 旅游产品设计学
    - 旅游市场营销学
    - 旅游商品学
    - 旅游统计学
    - 旅游会计学
  - 旅游管理学
    - 旅游行业管理
      - 产业发展计划管理
      - 政策法规管理
      - 行业标准和质量管理
      - 旅游活动引导和规模控制
    - 旅游企业管理
      - 旅游饭店管理
      - 旅行社经营管理
      - 风景区经营管理
      - 旅游交通（企业）管理
  - 旅游开发规划学
    - 旅游规划学
    - 旅游开发学
    - 旅游景观设计学
    - 旅游资源学
  - 旅游社会文化学
    - 旅游文化学
    - 旅游心理学
    - 旅游美学
    - 旅游文学
  - 旅游史学
    - 旅游发展史
    - 旅游业发展史（旅游经济史）
    - 旅游学发展史（旅游学术史）

图 0-1　旅游学的层次结构关系

第一章
认识旅游

➤教学目标　知识目标：了解旅游活动的类型；熟悉衡量旅游业发展状况的基本指标；理解旅游活动的性质；掌握旅游的概念和构成要素及现代旅游的特点

能力目标：能分析旅游活动的基本特征及属性

➤教学难点　旅游活动的属性

➤教学重点　旅游的基本概念　旅游活动的特征和构成要素　旅游活动的类型　现代旅游活动的特点　衡量旅游业发展状况的主要指标

➤主要内容　旅游的基本概念　旅游活动的特征和构成要素　旅游活动的类型　旅游活动的属性　现代旅游活动的特点　衡量旅游业发展状况的主要指标

旅游是一种复杂的现象，其定义是由其本质、基本属性、外部特征以及旅游者的行为特征等诸多方面共同界定的，所以导致了旅游概念的不统一性和旅游类型划分的多样性。

第一节　旅游的基本概念

旅游学科的形成和确立是在20世纪初，但目前关于旅游的概念和定义尚无统一的认识。给旅游以明确的、科学严谨的概念，不仅在理论上具有重大的意义，而且对旅游的实践活动也有重要的指导作用。

一　旅游概念的形成

关于旅游，人们普遍认为是从早期旅行发展而来的。由于早期人类旅行主要是出于经商、贸易以及政治目的，旅行的内容较为单一，规模和范围有限，社会影响也较小。因此，在相当长的时期内，“旅行”一词只是作为一个日常用语，并没有明确的科学概念和界定。随着时代的进步、经济的发展和人民生活水平的不断提高，旅游活动日渐成为人类日常生活的一个重要组成部分，“旅游”一词因此成为一个十分常见与常用的普通名词。

一般认为，“旅游”一词是从英文“tourism”翻译过来的。据考证，

“tourism”这个词首次出现是在1811年出版的《牛津词典》中。在此之前，1800年出版的《牛津词典》中还出现过“tourist”一词。不论是“tourism”，还是“tourist”，都是由“tour”这个词引申而来的。在英语和法语里，“tour”都含有“巡回”的意思，而其语源是法文“toured”。因此，在国外学者的观点中，“旅游”是从早期的“巡回”，即旅行发展而来的，是特指因消遣目的而离家外出的旅行和逗留。

“旅游”一词在我国出现较晚，但与“旅游”词义相近的“观光”和“旅行”这两个词在两千多年前的古典文献中就已出现。《易经》中有“观国之光，利用宾于王”之语，《左传》中则有“观光上国”一词，这里的“观光”，可以理解为观看、考察一国的礼乐文物、风俗人情，即旅行游览的意思。《礼记·曾子问》中有“孔子曰：三年之丧练，不群立，不旅行”。这里的“旅行”可理解为离开常住地，到外地办事或游览等，可结伴而行，也可独行。后来，随着社会的发展，经济和文化内容日益丰富，旅游的种类在中国历史上也多了起来，诸如帝王的巡游、官吏的宦游、僧道的云游、文人墨客的漫游以及群众性的踏青和游春等活动。1931年编写的《辞源》对“旅行”一词的解释是：“今泛称外出做客”。这说明，那时虽然有旅游活动，但旅游作为一个普遍的概念还没有形成，也没有流行起来。1960年出版的《现代汉语词典》中关于“旅游”的解释是“旅行游览”，实际上是将它作为一个复合词。直至1979年修订的《辞海》、1981年截稿的《辞海》增补本，都没有“旅游”一词的条目，仍只有“旅行”一词。1964年11月国务院召开“第一次旅游工作会议”以后，我国相继成立了中国旅游出版社、中国旅游报社和上海旅游专科学校，“旅游”一词在文献中和社会上才被广泛使用。1982年，国家将最高旅游行政管理机构更名为“中华人民共和国国家旅游局”，从而肯定了“旅游”一词的客观存在性。

二 旅游的概念

对旅游概念的定义有理论性定义和技术性定义两种。理论性定义是用逻辑思维的方法给事物定义，探究旅游活动最本质的特征，发生发展的原因、趋势和规律。技术性定义是用技术的方法（调查统计）给事物定义，大都根据人们离家外出活动的目的，以及在目的地停留的时间和其他一些可能的标准去界定旅游的范畴。

1. 理论性定义

（1）艾斯特定义。艾斯特定义是目前为人们所普遍接受的旅游概念。它是瑞士学者汉泽克尔和克拉普夫于1942年提出的，20世纪70年代为“旅游科学专家国际联合会”（AIEST）所采用，故称“艾斯特（AIEST）定义”。该定义指出：“旅游是非定居者的旅行和暂时居留而引起的现象和关系的总和。这些人不会导致长期居住，并且不牵涉任何赚钱的活动。”这个定义将旅游活动与人类其他社会活动区别开来。

艾斯特定义阐明了旅游的如下特征：

第一，流动性。旅游产生于人们的外出运动和在不同地方或目的地的逗留活动。所以从严格意义上讲，在家里或在附近的休闲活动不能算旅游。

第二，相依性。它指的是“旅”与“游”的相互依赖性。两个因素缺一个都不是现代意义上的旅游。有“旅”无“游”是出差；有“游”无“旅”是娱乐，是休闲。

第三，异地性。旅行和逗留发生在游客常居环境或定居、工作之外的地方。因此，旅游活动所带来的表现和结果与在居住地定居和工作的活动截然不同。旅游活动表现出自由、休闲、新奇的特点，在乎过程中的体验。

第四，暂时性。前往旅游目的地的活动是临时的、短暂的，最终是要回到原住地去的。

第五，非定居性和非就业性。旅游不是为了在访问地定居和就业。

艾斯特定义较全面地揭示了旅游的内涵和基本特征，但也存在着不足。其中关于“非定居者”和“不牵涉任何赚钱的活动”的表述，可能会使人对旅游的定义产生误解。因为现代旅游既包括以消遣度假为目的的消遣型旅游，也包括以工商事务为目的的差旅型旅游。而以工商事务为目的的差旅型旅游，如商务旅游、会展旅游等都是公司企业公关行动的重要组成部分，毫无疑问牵涉到大量的“赚钱的活动”。

（2）经济学角度的定义。最早的经济学认为，“旅游的功能是从国外向国内输入资金，其意义在于旅游支出对该经济体中的各部门，尤其是饭店经营者所产生的影响”。显然，在这里旅游活动被视为与社会领域以及产业和贸易相互联系的一种经济现象，正是基于这种认识才产生了经济学中的旅游概念。比较典型的是奥地利经济学家赫尔曼（Herman Von Schullard）所阐述的观点：“旅游是外国或外地人口进入非定居地，并在其中逗留和移动所引起的经济活动的总和。”这种从经济学角度审视旅游现象，从而对旅游所下的定义显然具有片面性，因为旅游不仅包括经济现象，还包括社会现象、文化现象乃至政治现象，旅游的内涵是综合性的。

2. 技术性定义

1979年，美国学者马丁·普雷博士提出定义：“旅游是为了消遣而进行的旅行，在某一国逗留的时间至少超过 24 小时。”这类定义比较强调旅游活动的空间性（异地性）和时间性（时间限制）。

1991 年，世界旅游组织（WTO）和联合国统计委员会对旅游的定义为：“旅游是人们为了休闲、商务或其他目的，离开他们惯常的环境，到某些地方去以及在那些地方停留的活动。其访问的主要目的不应是所从事的活动从访问地获取报酬，暂时停留的时间不超过一年。”

1995 年，世界旅游组织对旅游的定义为：“旅游是人们为了休闲、商务或其他目的，离开他们惯常的环境，到某些地方停留在那里，连续不超过一年的活动。”

联合国的“官方旅行机构国际联合会”（AIGTO）认为：“旅游是指到一个国家访问，停留时间超过 24 小时的短期游客，其旅游目的属于下列两项之一：悠逸（包括娱乐、度假、保健、研究、宗教和体育运动）；业务、出使、开会等。”这个定义强调了旅游活动的暂时性、异地性和消遣性，同时也强调了公务旅游、商务旅游和探亲访友等。本定义在时间和内容上给出了较具体的界定——“停留时间超过 24 小时”，主要是出于方便统计和技术性需要；但是存在不合理的地方，因为排除了当日往返的旅游活动。

三　本书对旅游概念的理解

根据上述有关旅游定义的分析，本书对旅游的概念做出如下理解：旅游是指人们离开常住地，前往异地的旅行体验和暂时逗留活动，以及由此所引起的各种现象和关系的总和。

材料1－1

文明旅游宣传“10 句话”

1. 增强文明意识　保护游览环境
2. 文明旅游——请从不大声喧哗做起，请从遵守秩序做起
3. 文明礼让，传承美好风尚
4. 摒弃个人行为陋习　维护旅游良好秩序
5. 除了脚印什么都不要留下　除了照片什么都不要带走
6. 美丽中国　需要你我共同营造
7. 珍爱历史遗产　共创旅游文明
8. 告别不文明行为　做文明有礼的旅游者
9. 播种文明　收获快乐
10. 一草一木一风景　一言一行一文明

第二节　旅游活动的特征和构成要素

一　旅游活动的基本特征

概括起来，旅游活动的基本特征体现在审美、休闲娱乐、异地流动三个方面。

1. 审美

旅游审美是指旅游为一种主要以获得心理快感为目的的审美过程。旅游是人类社会发展到一定阶段的最基本活动之一，审美性贯穿于旅游活动的各个方面。

从旅游主体看，审美追求是旅游者普遍的旅游动机之一，旅游活动的每一个主要环节都能给旅游者带来美感。

从旅游客体看，旅游资源是美的载体，是吸引旅游者出游的主要因素。

从旅游媒体看，旅游业是创造美和生产美的行业。旅游业的任务就是适应经济建设和旅游者的需要，生产和挖掘美的景观、美的商品、美的服务和管理，以满足旅游者高层次的物质文化需求，即审美需求。

审美不仅体现在保护、开发和利用旅游资源上，在民族文化和旅游商品的开发上，也要按美的规律进行，同时要在美学基础上提高服务质量和管理质量。

2. 休闲娱乐

旅游休闲娱乐是指旅游者求趣、求乐的目的贯穿于旅游活动的全过程。

从旅游活动的形式看，旅游者是把旅游活动当作一种特殊的娱乐方式来享受的。可以说，有了娱乐性，才有旅游。旅游活动的休闲娱乐性主要体现在以下两个方面：

一是旅游者利用闲暇时间所从事的活动。即使是某些与工作结合得比较紧密的旅游形式，在时间上仍体现为闲暇时间，在内容上休闲娱乐是其中不可缺少的组成部分。

二是旅游的目的是休闲娱乐。旅游者以游览名山大川、欣赏文物古迹、体验异域风土人情、享受优质的旅游接待服务等形式，达到观光、消遣、休息、娱乐的目的，从而恢复体力、愉悦身心和增进健康。

对旅游者来讲，虽然旅游动机、旅游内容、旅游形式存在差异，但其追求身心的愉悦，想获得最大的审美享受却是一致的。把旅游当作一种特殊生活方式来享受，是人们忘情山水，物我融合，慰藉身心的求趣、求乐本性使然。也就是说，有了休闲娱乐，才有了旅游。

3. 异地流动

求新求奇是人们的本能，而人们对客观环境的认识和了解总是受时间和空间的限制。因此，人们借助旅游的形式，离开居住地去认识外面的世界，观赏异地风光，体验异域情调，使精神和身体得到充分的放松和休息，增长见识，这就产生了旅游的异地性。同时，由于人们外出旅游不满足于只在某一处逗留，而是借助旅游不断地由一个景区到另一个景区，在空间位移过程中实现自己的旅游目的，这就使旅游具有了流动性。因此，一个地区的特殊性越强，对域外旅游者的吸引力就越大，旅游者的感受也会越深，该地区的旅游业也会越兴旺。

当然，旅游也不是全在“动”中进行的，而是“动”和“静”的结合，旅游的停留就是“静”。就旅游者的愿望而言，总是希望“静短动长”，以便在有限的时间内能游览更多的景点，获得更充实的体验；对旅游经营者而言，则希望“静长动短”，这是因为旅游者在旅游目的地停留的时间越长，旅游者的消费就越大，旅游经营者就会获得更多的商业机会。因此，认识旅游的异地流动性特点，就成了合理安排好旅游行程和时间，兼顾旅游者和旅游经营者双方的要求和利益；处理好旅游者和旅游经营者之间关系的重要因素。

二　旅游活动的构成要素

旅游活动的构成要素，按开展要素或体系要素分，有主体、客体和媒体“三要素”说；按内涵要素分，有吃、住、行、游、购、娱“六要素”说。此外，还有系统说和特殊消费说等。

1. “三要素”说

旅游活动虽然是涉及众多方面的综合性社会现象，但按照“三要素”观点，它的主要组成要素包括旅游者、旅游资源和旅游业。其中旅游者是旅游活动的主体，旅游资源是旅游活动的客体，旅游业是旅游活动的媒体。主体、客体和媒体之间相互依存、相互制约、紧密结合，共同构成旅游这一复杂的综合体。

（1）旅游活动的主体——旅游者。旅游者，简言之就是指离家外出到异国他乡旅行和访问的人。在旅游活动的构成要素中，旅游者是旅游活动的主体，因为旅游是人的活动，是人们离开其常住地的外出旅行，以及在目的地停留期间所从事的全部活动，也因为旅游者的旅游活动与旅游企业及当地社会不可避免地接触，才引发了一系列错综复杂的社会现象和社会关系。因此，没有旅游者就不会有旅游活动，也不会有旅游这种社会现象。

但是，一个人能否成为旅游者还受多种主客观条件的制约。就主观因素而言，旅游者必须具有旅游动机，客观因素则指旅游者必须具有一定的可随意支配的收入和闲暇时间。此外，还有其他一些客观条件，如旅游者的身体状况、交通运输条件等。

旅游者作为旅游活动的主体，表现为在一定社会关系之中的具有一定社会文化背景的人。旅游者来自不同国度，属于不同民族，具有不同的生活方式和不同的思想感情。他们离开常住地前往异国他乡的过程中，不可避免地要与当地社会的人群接触交往，从而产生一系列复杂的社会关系。这种接触与交往，既是旅游者访问异国他乡的客观结果，同时也是旅游者外出旅游的重要动机之一。许多旅游者外出旅游就是为了体验异域风情，了解他乡文化。

旅游者旅游活动规模的不断扩大，即旅游者数量的增加、消费水平的提高、旅游方式的多样化等，都会直接地影响和决定旅游业的发展水平及其内部构成。

（2）旅游活动的客体——旅游资源。在旅游活动的构成要素中，旅游资源是旅游活动的客体，是满足旅游者旅游愿望的客观存在物。旅游资源是吸引旅游者并激发其旅游动机的直接因素，也是旅游业借以创收的前提。因此，旅游资源是一个国家或地区旅游业赖以存在和发展的最基本条件。

旅游者具备了旅游的主客观条件，在选择到某地或某国旅游之时，首先考虑的是旅游环境的吸引力。构成这种吸引力的可能是自然因素，也可能是文化因素、社会因素或其他因素，还可能是上述多种因素兼而有之。旅游资源对旅游者产生吸引力的基础，在于同他们的常住地或常住国所能进行某些活动的条件相比，旅游目的地所提供的环境能够使他们活动得更好，或者使他们能够从事某些在其常住地或常住国根本没有条件进行的活动。

为了便于认识旅游资源的性质，我们一般把旅游资源按其属性分为两类，即自然旅游资源和人文旅游资源。

自然旅游资源，是指基本上是天然赋存的，能够吸引旅游者的山石景观、水域景观、天象景观、生物景观等自然现象和事物。它是自然地理景观中最美的、最富有诗情画意的。

人文旅游资源，是指能够吸引人们前往的，古今中外受人类活动影响而形成和产生的文明成就和民族风貌，如历史遗迹、古今建筑、社会风情等。

旅游资源作为旅游活动的客体，不但构成要素多种多样，表现形式也是多种多样的，广泛存在和分布于客观世界中。事实证明，一个国家或地区旅游资源的特色、丰富程度、分布状况，以及旅游资源开发和保护的水平，直接影响着该国或该地区旅游客流的流向与流量、旅游业经营的规模及发展前景。

（3）旅游活动的媒体——旅游业。旅游活动构成要素中，旅游业是旅游活动的媒体。旅游业把旅游者和旅游资源联系在一起，使旅游活动顺利开展，成为实现旅游活动的条件和手段。

在近代旅游业产生之前，旅游活动主要是一种少数人参加的自发活动，旅游主体和客体直接联系。旅游者的外出旅游活动大多表现为漫游、探险等方式，缺乏对旅游客体的了解和认识。同时，由于基本的旅游设施和旅游服务的缺乏，旅游者的旅游活动缺乏组织性，存在诸多不便，因此早期旅游活动规模较小，范围也较小。

旅游业诞生之后，它在旅游者和旅游资源之间起到了媒介和桥梁的作用，通过提供各种旅游供给以及对旅游市场进行组织，使得旅游者的旅游活动方便易行，从而大大推动了旅游的发展。旅游业作为旅游活动的媒体，已经成为推动旅游活动开展的一个最积极、最活跃的因素。

2. “六要素”说

从饮食、住宿、交通、游览、购物、娱乐六大要素的角度考察旅游者消费的结构特征，有助于判断旅游地的性质，了解当地旅游发展所带来的经济效益的结构来源，认识旅游业的潜力所在，从而制定出适当的旅游发展政策。

第三节　旅游活动的类型

从旅游综合性的经济、社会、文化等不同侧面出发，人们对旅游进行了不同的分类。同时，任何一种标准划分出来的任何一种旅游类型，都会与使用其他标准划分出来的类型发生交叉或联系。所以，对旅游活动划分类型本身只是一种手段而不是目的。随着现代旅游的发展，还会有新类型旅游产生的可能性。

一　旅游活动类型划分的标准

旅游活动由于旅游者的动机、活动范围、交通工具使用、旅游资源利用、经济条件不同，以及旅游业经营者组织的方式不一样，表现出不同的形式与类型。根据人们常用的旅游活动类型的提法，可归纳出以下划分标准：

1. 按地理范围划分

旅游活动按地理范围划分，可分为国内旅游、国际旅游（包括出境旅游和入境旅游）。

2. 按旅游目的划分

旅游活动按旅游目的划分，有观光旅游、文化旅游、度假旅游、宗教旅游、商务旅游、购物旅游、探险旅游等。按此特征划分的旅游活动类型是旅游活动中最基本的类型。

3. 按旅行距离划分

旅游活动按旅游距离划分，有远程旅游、近程旅游。

远程旅游是指旅行路程比较遥远的旅游，在国际旅游中一般是指国际或环球旅游。这种旅游的特点是时间较长，花费较大。短程旅游，即近距离旅游，在国际旅游中一般指邻国旅游。此种旅游相对耗时较短，支出较少。在多数情况下，人们出游的距离总是由近及远，这是因为社会经济的发展和人们收入的增加是逐步的。

4. 按活动内容划分

旅游活动按活动内容划分，有观光旅游、度假旅游、文化旅游、保健旅游、宗教旅游、商务旅游、购物旅游、生态旅游、考古旅游、民俗旅游、专项旅游等。

5. 按旅行方式划分

旅游活动按旅行方式划分，主要有汽车旅游、自行车旅游、航空旅游、铁路旅游和徒步旅游等形式。

6. 按组织形式划分

旅游活动按组织形式划分，可分为团休旅游、散客旅游。

7. 按享受程度划分

旅游活动按享受程度划分，可分为豪华、标准、经济三个主要档次。这种划分方式反映着有关旅游产品的价格和旅游者所能得到的服务程度。

现代国际旅游市场有两点值得重视：一是豪华型旅游者，其消费额平均比中低档消费人群的消费额高出好几倍；二是经济型旅游者，吃住行的费用一般要求大众化，总是想方设法节省开支。

8. 按计价方式划分

旅游活动按计价方式划分，可分为包价旅游、非包价旅游。

包价旅游，是指旅行社以一定的价格向市场推销的成批量组合的旅游路线产品。它分为全包价和小包价两种，前者包括一次旅游活动的全部旅游服务；后者只包括其中主要的几项服务，如有的只包食宿和交通，有的在每日餐食中只包其中一餐，也有只包交通的情况等。总之，根据市场需求及包价产品的吸引力，包价旅游的内容可以灵活设计。

非包价旅游，是指旅行社根据旅游者的需要按单项计价的旅游活动。它分为选择旅游和单项委托两种。前者多为团体，即旅行社将到达同一旅游地的单一旅游者组合成团，再根据各个旅游者对旅游地要求提供的不同旅游服务项目分别计价；后者多为个体，即旅行社受旅游者的委托而提供的按单项计价的服务。非包价旅游对象主要是散客，所以，非包价旅游又称散客旅游。

9. 按费用来源划分

旅游活动按费用来源划分，可以分为自费旅游、公费旅游、社会旅游、奖励旅游等主要形式。其中，社会旅游是一种由社会给予福利性补贴的旅游，这种情况多见于欧洲，是指有关政府、工作单位或工会提供资助或补贴，帮助一些收入过低的贫困家庭实现外出旅游。奖励旅游，是指企事业单位为了激励员工的积极性、增加凝聚力，将旅游活动作为一种奖励方式，组织员工进行不同程度的免费旅游活动。

二　按地理范围划分的旅游活动类型

国内旅游和国际旅游在旅游统计中有重要意义。旅游活动通常是由近及远、先国内而后国外进行的，国内旅游是一个国家或地区发展旅游业的基础。

1. 国内旅游

国内旅游，是指常住国内的人们为了休闲、商务和其他目的，离开他们的惯常居住环境，到国内某些地方以及在某些地方停留，不超过一年的活动。国内旅游的主要特征是常住国内和旅游界限不超出居住国的政治疆域。

根据旅游者游览距离的远近，国内旅游可分为地方性旅游、区域性旅游和全国性旅游。

地方性旅游，一般是指当地居民在本区、本县、本市范围的旅游，实际上是一种时间短、距离近、活动项目较少的旅游活动，常由亲戚朋友或家庭、小集体自发组织。区域性旅游，是指人们离开居住地，到邻省、邻市、邻县的旅游区（点）旅游的活动。如长沙居民去张家界三日游、在厦门组织的武夷山七日游就属于区域性旅游。全国性旅游，是指跨越多个省份的旅游活动。如从广州经湖南到北京、新疆等地的旅游活动，就属于全国性旅游。

2. 国际旅游

国际旅游，是指人们为了休闲、商务或其他目的，离开他们的常住国，到其他国家或地区，停留时间不超过一年的活动。国际旅游包括国际来访者的入境旅游和本国居民出境旅游两种情况。在我国，目前台湾同祖国尚未统一，香港、澳门虽已回归，但作为特别行政区实行高度自治的情况，以及它们对大陆地区经济的意义，所以，港澳台同胞来大陆地区旅游被视为入境旅游。由于类似的原因，我国大陆地区的居民前往港澳台地区访问，也被视为出境旅游。

国际旅游又可分为跨国旅游、洲际旅游和环球旅游等形式。

跨国旅游，是指以不跨越洲界为界限的旅游活动。如西欧各国在欧洲内的跨国旅游就属于这一类型。洲际旅游，是指跨越洲际界限的旅游活动。如欧洲人到深圳来参加高新技术交流会，美国人到北京登长城，都属于洲际旅游。环球旅游，是指以世界各洲主要国家的港口风景城市为游览目的地的旅游活动。这种旅游需要充裕的时间和金钱，属于富裕阶层的度假型观光旅游。

三　按活动内容划分的旅游活动类型

1. 观光旅游

观光旅游，主要是指旅游者到异国、异地游览名山大川、鉴赏人文古迹、领略风土人情的游览活动，并从中获得美的享受，满足其愉悦身心和增长知识的需要。它是最古老、最普遍的旅游活动方式，也是目前我国旅游接待中最基本的类型。

2. 度假旅游

度假旅游，一般是为了追求闲适，寻求幽雅清净的生活环境，是以欢度假期、避暑防寒、治疗疾病和参加一些有特色的消遣娱乐活动为主要目的的旅游活动类型。度假旅游者去的地方，或是温泉，或是森林，或是海滩，或为乡村。

由于度假旅游可以消遣娱乐、消除疲劳，增进身心健康，且形式多样，因而越来越受到旅游者的关注和喜爱。如在号称“世界旅游王国”的西班牙，每年接待几千万国际旅游者，大多数旅游者进行的是游海滩、寻阳光和海水浴等度假消闲、保健相结合的活动。

材料1-2

分时度假

分时度假，是指一个人在每年的特定时期，对某个度假资产所拥有的使用权。它是一种度假资产的形式，是一个从国外传入中国的概念。

所谓分时度假，就是将度假酒店或度假村的一个房间的使用权，以周为单位分时段卖给多个客人，使用期限可以是20年、30年，甚至更长的时间。顾客购买了一个时段（如一周）的使用权后，即可每年在此享受一个星期的度假。同时，顾客还享有时段权益的转让、馈赠、继承等系列权利，以及对公共配套设施的优惠使用权。顾客还可以用自己购买的时段，去“交换”同属于一个交换服务网络中的任何一家酒店或度假村的另一个时段，从而达到前往不同地方旅游住宿的目的。在一些发达国家，分时度假已成为普通人生活中旅游休闲的重要组成部分。

3. 文化旅游

文化旅游，是人们为了满足文化知识的需要，通过旅游来观察社会、体验民风民俗、了解异地文化，以丰富自己的文化知识为主要目的的旅游活动。文化旅游具体包括历史文化旅游、民俗文化旅游和区域文化旅游等。

4. 宗教旅游

宗教旅游，主要是以朝圣、拜佛、求法、取经及宗教考察为主要目的的旅游活动。宗教旅游是世界上最古老的旅游形式之一，延续至今，仍然具有很大的吸引力。在现代，纯宗教目的的旅游已逐渐发展成为游山玩水和宗教活动相结合的旅游方式。

5. 商务旅游

商务旅游，是指以经商为主要目的，把商业经营活动与旅游活动结合起来的旅游方式，它是旅游活动发展史上出现较早的形式之一。在现代社会中，由于经济活动的日益频繁，商务旅游者已成为旅游市场中的主要客源。

6. 购物旅游

购物旅游，是一种以到异地购物为主要目的，结合都市观光的旅游方式。它是随着社会经济发展、交通发达、人们的生活水平日益提高而兴起的。当前世界购物旅游主要有两种形式：一种是广泛存在于一些国家边境地区的短期购物旅游，主要采用两国间的物产、价格、税收的差异来吸引邻国旅游者；另一种是跨国、跨洲专线购物旅游。

7. 生态旅游

生态旅游，是旅游者以旅游区的自然景观以及人文景观为主要游览对象，以理解、欣赏并提高自身修养及生态保护为目的，并对保护旅游地的自然生态环境及改善社会经济环境作出积极贡献的旅游活动。

由于生态旅游尊重自然与文化的异质性，强调保护生态环境与为当地社区居民谋福，提倡人们认识自然、享受自然、保护自然，因而它被认为是旅游业可持续发展的最佳模式之一，成为旅游市场中增长很快的一个分支。

8. 专项旅游

专项旅游，有时也称特殊兴趣旅游，它是针对各种特殊的旅游需求，根据各接待国或地区旅游资源的特点，精心设计和制作旅游活动项目，形成以某一活动内容为主的专项旅游活动。如南岳衡山的“寿”文化节、山东潍坊风筝节等。

四　按旅行方式划分的旅游活动类型

1. 汽车旅游

汽车旅游，是以汽车为主要交通工具的旅游方式。它可分为两种形式：一种是旅游者在整个旅游过程中，基本以乘坐或自己驾驶汽车方式进行的旅游活动。目前，我国城市居民私家车拥有量越来越多，自驾车出游成为有车族首选的出游方式。自驾车旅游多为亲朋好友结伴同行的休闲型家庭旅游，目的地主要是居住城市周边的景区（点）。另一种是在一定的旅游区域范围内，利用汽车作为交通工具而开展的旅游活动。

材料1–3

房车旅游前景广阔

房车被称为汽车上的家，起源于欧洲，在北美被发扬光大。房车旅游是一种以房车为载体的旅游新方式。在如今新产出的房车上，安装有厨房、卫生间、空调、电视、音响等设施，使得房车旅游既自由又舒适。此外，有研究显示，若是四口之家坐房车旅游，可比其他旅行方式节省74%的费用，是非常经济的出行方式。

国外房车消费的主要目的是进行旅行、打猎、钓鱼等休闲活动。房车的使用人群是退休人群，因为他们有时间、积蓄和想放松的心理。当前美国的房车保有量约为1 000万辆，欧洲约为800万辆。美国房车旅行爱好者人数达3 000万，家庭房车拥有率将近10%，有大约1.6万家露营地。

我国房车产业和房车旅游还处于起步阶段，房车保有量仅为 1 万多辆，露营地约 100 个。随着生活水平的提高和道路交通条件的改善，自己驾车出游成为新时尚，房车旅游前景广阔。

2. 自行车旅游

自行车旅游，是以自行车为主要交通工具，依靠人的体力和机械的功能进行的旅游活动。此项旅游活动有强身健体、磨炼意志、节约能源、无污染等多种优点。有些自行车爱好者甚至骑车环游世界。

3. 航空旅游

航空旅游，是以飞机为主要交通工具的旅游活动。航空旅游是各种类型的旅游中交通速度最快的。旅游者可以居高临下观赏风光，同时飞机还是一部分旅游者娱乐享受的工具，因此航空旅游是集观赏和娱乐于一体的旅游活动。

4. 铁路旅游

铁路旅游，是以火车为主要交通工具的旅游活动。真正的铁路旅游是以乘火车为手段而开展的旅游项目。例如英国英格兰中北部的“金色铁路”之旅，就属于这种铁路旅游项目。

5. 徒步旅游

徒步旅游，是指离开定居地，以旅游对象为目标，不使用任何交通工具，仅靠步行而进行较长距离的旅游游览活动。

五　按组织形式划分的旅游活动类型

1. 团体旅游

团体旅游，是指一定数量的有着共同或相似目的的人们组织起来，以集体方式进行的旅游活动。团体旅游一次参与活动的人数一般在 15 人以上，旅游者的基本活动项目费用按一次计算，先购买后消费，一次购买逐步消费。典型的团体旅游是旅行社组织的团体包价旅游。团体旅游是自 20 世纪 50 年代以来旅游活动中所采取的主要方式，在国际旅游和国内旅游中都广泛存在。

2. 散客旅游

散客旅游是相对团体旅游而言的，主要是指个人、家庭或结伴（一般不超过 15 人），不经过旅行社或只办理委托手续，并按零星价格承办，以非团体方式进行的旅游活动。旅游者一般自己选定或安排旅游日程和旅游活动。散客旅游的特点是参与的人数少，具有明显的分散性和随意性，活动自由灵活，自主性和选择性强，旅游者能根据个人意愿安排旅游日程、路线，选择节目和内容。近年来，世界散客旅游有日渐流行的趋势。

材料1–4

新型的特色旅游类型

乡村旅游　乡村旅游是21世纪一大特色旅游，深受城镇居民的青睐。随着城市现代化建设的加快，人们更希望能返璞归真，回归大自然，乡村旅游能充分满足人们的这种需要。在这些内动力的驱使下，在双休日且人们闲暇时间增多的情况下，城镇居民纷纷赶往农村，住农家屋、吃农家饭，既可观光，又可亲身感受耕作的乐趣，同时还可以参加采摘、垂钓、骑马、划船、狩猎等农事活动，充分满足人们体验乡村生活的心理需求。

红色旅游　红色旅游是爱国主义教育与旅游产业相结合的一种新兴旅游类型。它是以革命纪念地、纪念物及其所承载的革命精神为吸引物，组织接待旅游者进行参观游览，学习革命历史知识，接受革命传统教育的活动。红色旅游资源有精品多、数量大、地区分布广但相对集中、类型多样等特点。从2004年下半年开始，红色旅游热潮席卷全国。

会展旅游　会展旅游是以会议和展览为目的的旅游类型，属于商务旅游的范畴，包括会议旅游、展览旅游等各种出于工作需要的旅游和奖励旅游。从这个意义上来说，会展旅游与会展业是同一含义。目前，会议展览已成为我国旅游业的重要客源市场，因其综合效益高、客人档次高的特点，成为从业者们竞相开发的新的目标市场。

工业旅游　以参观、学习为目的，以工业景观、生产流水线、工艺流程及劳动场面为主要的旅游吸引物，是集知识性、科学性和教育性为一体的旅游活动。法国开展工业旅游最早，可以说是工业旅游的发祥地。早在50多年前，雪铁龙汽车制造公司就组织客人参观生产流水线，实现了社会效益，引起了许多厂家的仿效。工业旅游这一旅游方式不仅可以满足人们求知、求新、求奇的愿望，同时还可以创造新的经济增长点，提高企业的社会知名度。

冰雪旅游　冰雪旅游是体育旅游的一种，其特点是从休闲、健身、观战、刺激和竞技等不同方面来满足人们的旅游需要，并且客源量大、普及性强、趣味性浓，是兼有旅游休闲与体育健身功能的旅游活动，在国外已有百年的发展历史。拥有阿尔卑斯山脉冰雪资源的法国、奥地利、瑞士等，都是世界上冰雪旅游业发达国家。冰雪旅游在我国还是一种新兴的旅游项目，但由于其兼有旅游休闲与体育健身的双重功能，集趣味性与参与性于一体，适合当今旅游者的心理需求，因此很快就成为我国冬季旅游的热点，在我国旅游市场刮起了一股强烈的银色旋风。作为冰雪旅游发源地的黑龙江、吉林二省，其得天独厚的条件使冰雪旅游产品成为它们的金字招牌，带动了当地旅游经济的发展。

科考旅游 科考旅游的宗旨是强调求知与探索，立足于探索大自然的奥秘以及人类社会鲜为人知的知识，以满足人们的科学研究、普及各种自然科学和人文科学知识以及人们的探奇心理的需求。它不仅指相关专业人士的探究性科学考察旅游，还包括普及自然科学知识和人文社会科学知识，集知识性、趣味性、参与性、探奇性于一体的科普性考察旅游。科考旅游的形式和内容是丰富多彩的，奇特地貌，特色生物资源，独特的历史文化遗产、遗迹和民族风情等都可以作为科考旅游的吸引物。虽然我国科考旅游开发起步较晚，但由于有丰富的科考资源及特殊魅力，引起了世界各地自然科学家、社会科学家以及各类专业人士和科普旅游爱好者的极大兴趣，市场前景非常乐观。

野外拓展训练 野外拓展训练是指在自然地域（山川湖海），通过探险活动进行的情景体验式心理训练。其功能是提高个体和环境的适应与发展能力，同时增进参与者之间的沟通和交流，培养互助互爱的团队合作精神。与传统的场地式训练不同，野外拓展训练借助自然地域，依托奇、秀、峻、险的自然地貌，很好地将拓展训练与旅游结合在一起，通过旅游的形式达到拓展的目的。拓展训练概念于20世纪90年代初引入中国，近几年来得到迅速发展，逐步被列入国家机关、外企、国有大中型企业和不少私营企业的培训日程。

漂流 作为一种新兴的专项旅游项目，具有强烈的冒险性、探险性和强刺激性等特点，但有惊无险，而且旅游者的体验性强，符合广大中青年游客寻求刺激、尝试冒险、积极进取的心理。对旅游者来说，既可以体验浪遏飞舟的刺激，又可以欣赏沿河两岸的风光。在我国，漂流具有广阔的前景。

太空旅游 世界上第一位太空旅客蒂托乘坐的俄罗斯联盟号飞船安全而准确地返回地球，不仅标志着人类太空飞行史上一个新时代的来临，也意味着普通地球公民“九天揽月，上天摘星”的梦想可成为现实。航天技术的发展为人们带来了有关太空的信息，使人们对宇宙有了一定的了解，同时增加了太空对人们的吸引力。而世界航天技术的发展为满足人们的太空旅游需求提供了现实可能性。

第四节 旅游活动的属性

旅游是人类社会成员的一种特殊的暂时性生活方式，是人们以自己可以自由支配的经济手段和闲暇时间为条件，为达到求新、求奇、求趣、求知、求美等目的而旅行和暂时居留的活动。因而，旅游的属性应该是一种以文化为主，带有经济属性和政治色彩的综合社会现象。

一 旅游活动是多种现象的综合体现

从旅游发展的历史演变过程来看，旅游是人类社会经济和文化发展到一定阶段的产物，无疑具有经济现象和文化现象的特点。但旅游活动是在具体的社会环境中进行的，涉及社会环境的方方面面，因而旅游活动便成了社会环境中多种现象的综合反映。

1. 旅游是人的文化需求

恩格斯曾经把人类的需求划分为三个层次：一是生存的需要；二是享受的需要；三是发展的需要。生存的需要是人对生存所必须满足的生活资料，包括衣、食、住、行等方面的需要。人在满足基本生存条件之后，才会产生带有享受性的旅游需求。所以，旅游是人们生活水平提高，超出生存需要的需求。这些需求有精神方面的，也有物质方面的，但更多的是表现为人们对自己知识视野的扩大和个性的满足方面的需求，也就是对文化的需求。这就是现代旅游客源国主要集中于经济和文化发达国家的原因所在。这种需求促进了探险旅游、修学旅游、观光旅游、民俗风情旅游等旅游活动的蓬勃发展。

就旅游目的地的旅游资源、旅游设施和旅游服务而言，正由于它们是一种地域文化的积淀和历史遗产的渗透，体现出鲜明的地域特色和民族个性，才对旅游客源市场产生吸引力，形成旅游市场形象。例如宗教旅游、美食旅游、民俗旅游、文物古迹旅游等各种专项旅游，正越来越受到旅游者的青睐，这些专项旅游具有丰富的文化内涵，满足了旅游者的精神和文化需求。

2. 旅游是一种经济现象

旅游是社会经济发展到一定历史阶段的必然产物。旅游从产生时期的极少数人的游乐消遣活动，发展成现代的大众化旅游，归根结底是社会生产力的发展使人们消费水平提高的结果。一个国家或地区只有经济发展起来了，人们有了可自由支配的收入，并且在满足了衣、食、住、行等基本生活需要之后，仍有可自由支配的资金，旅游的动机才会表现得强烈。如果具备了余暇时间、便捷交通等条件，人们的旅游动机就会变成旅游行动。

旅游者在旅游过程中，获得吃、住、行、游、购、娱等方面良好的接待服务，才能实现旅游的目的。这种服务需要和服务供给之间的关系，就是一种经济现象。

就旅游供给方面而言，旅游业凭借旅游资源而为国内外游客提供旅行和游览服务，包括旅游景区，旅行社，旅游餐饮住宿服务，交通运输服务，旅游娱乐服务，旅游地特产和纪念品的生产、推销及其他为满足游客旅游需要而提供的服务。由于旅游活动的开展而导致的旅游服务的供给，无论对客源国还是对东道地区的经济均有不同程度的直接或间接的客观影响，从而使旅游活动表现出经济现象的特征。

3. 旅游是一项涉及政治的社会现象

在现代国际交往中，旅游素有“民间外交”的美称。这种民间外交比起正式外交来，具有手续简便、出入方便的优点，对于国与国之间增进了解、消除误解，推动和维护世界和平有着明显的作用。另一方面，国际旅游活动也在一定程度上体现了世界局势和国际关系。例如，欧共体在建立欧洲联盟的进程中达成欧盟成员国互免签证的协议。这项协议实施后，欧盟各国公民可以自由选择在成员国内的任何一个国家入境、出境，通行无阻，这样就极大地便利了欧盟成员国旅游者去欧盟各国从事商务和度假旅游。这说明旅游具有显而易见的政治色彩。

二　旅游活动的社会属性

旅游活动涉及社会生活的多个层面，体现了多种社会现象和社会关系。对于旅游活动的社会属性，可从以下三个方面来理解：

1. 旅游活动是人类的一种高层次的消费活动

按照马斯洛（Abraham Harold Maslow）需要层次理论的解释，人们的需要可分为生理需要、安全需要、社交需要、受尊重的需要和自我实现的需要五个层次。这五个层次是逐级上升的，当低一级的需要获得相对满足以后，追求高一级的需要就成为人们继续奋进的动力。人在与客观环境的相互作用过程中，在积极的生产活动和社会活动中，会产生多种多样的需要，既有为延续和发展自己生命所必需的物质需要，也有为发展智力、道德、审美等方面的精神需要。而且，随着社会生产力的日益发展，人们对物质需要和精神需要的层次也会不断地提高。

旅游需要是人的总体需要的一个重要组成部分。当人们在满足日常的衣、食、住、行等基本需要之后，便自然而然地追求更高层次的享受，产生旅游的需要。这是因为在旅游中，人的社交、受尊重和自我实现的需要均可以得到很好的体现和满足。因而，旅游是人们生活需要层次提高的表现，是一种高层次的消费活动，并且正在发展成为人们生活中的一种基本需要。

2. 旅游活动是人类的一种积极健康的交往活动

交往是人类历史发展的必然现象，是人类生活中最基本的一种社会活动，它体现了人类所共有的心理需求。人类通过交往可以达到思想、观点和情感的相互交流，从而建立起和谐、友好的人际关系。人的交往途径是多向性、多渠道的。旅游是一种比较理想的交往方式，它可以自由选择交往对象，走向社会的最大空间，不受地域、国界、种族、性别、年龄、职业和文化等的限制。在轻松、愉快的旅游中，人际关系较为和谐，较少受固有偏见所限，彼此容易畅所欲言、沟通思想感情，产生其他交往形式所达不到的良好效果。因而，旅游活动是人类的一种积极健康的交往活动。

3. 旅游活动是人类的一种以审美为特征的消闲活动

旅游从本质上可以说是一种以审美为突出特征的消闲活动，是综合性的审美实践。人之所以区别于其他动物，就是在物质需求之外，还有更高尚的追求，审美便是其中之一。审美活动是人类生活的基本内容之一，审美享受是人生中最有价值的财富。人们之所以喜欢旅游，就是因为旅游能够满足人们对自然美、艺术美、生活美的欣赏和享受。旅游活动内容是丰富多彩的，能够满足旅游者各种不同层次的审美需求。通过旅游活动，旅游者体验了休闲、自然、随意和轻松愉快的过程，和日常的生活、工作相比，多的是欢快和愉悦，少的是责任和压力。所以说，旅游活动是人类的一种以审美为特征的消闲活动。

材料1-5

《旅游法》视角对旅游属性的新认识

《旅游法》第三条提出："国家发展旅游事业，完善旅游公共服务，依法保护旅游者在旅游活动中的权利。"这意味着国家层面对旅游属性的认识有了新的转变，也蕴含着政府发展旅游业思路的重大转向。

一是从旅游业发展的历程看，从事业到产业，再到事业与产业并重，体现了对旅游属性认识的螺旋式上升。中华人民共和国成立之后至改革开放之初，旅游作为外事接待活动，旅游业并不关注经济回报，属于政府管理的社会事业范畴。改革开放后，特别是1992年邓小平同志"南行讲话"后，旅游业的产业属性开始显现，并逐渐为社会各界所认识和接受。在这一时期，由于国家强调旅游的经济特征，极大地调动了地方政府和旅游企业发展旅游业的热情，产业化发展也因此成为过去20多年推动旅游业发展的主要动力。但伴随着旅游业的快速发展，单一的产业思维对旅游实践中出现的一些现象并不能作出很好的解释。如旅游业的产业属性决定了其只关注经济效益，而国家发展旅游业首先关注的是社会效益，其次才是经济效益和生态效益，以及文化效益。此外，现在各地在旅游业发展中都非常重视旅游公共服务，这也是其他经济产业发展中所没有的。面对这些问题，我们需要从事业和产业两个方面认识旅游业，才能更好地把握旅游业运行的特征和规律。

二是从社会发展的角度看，旅游作为公民的一种基本权利，是国家为人民的全面发展而创造的条件。随着我国经济社会的发展，城乡居民的需求层次在不断提升，旅游正在成为一种越来越重要的生活方式。更为重要的是，旅游这种生活方式，不仅仅是民众自我消费的过程，同时也是民众通过“行万里路，读万卷书”来提高身体和文化素质的过程。因此，公民参与旅游实际上也是为国家提供优质劳动资源的过程。对政府来说，满足公民的正常需求是其职责所在，如何为民众的旅游生活创造条件，如何整合、调动和引导各方面资源来满足公民的旅游权利，是政府需要认真思考和解决的问题。而从满足权利的角度审视旅游，公民的旅游行为既需要在与市场主体的经济交易中得到满足，也需要政府履行相关职责为公民出游提供便利得到保障。由于旅游是一个涉及面宽、链条很长的消费活动，因此更多的时候，旅游权利的满足是通过企业和政府共同配合完成的。这也意味着旅游业是一个既有产业属性又有事业属性的领域。

三是从政府发展旅游业的角度看，政府必须更多地关注旅游业的事业属性。从旅游供给方面看，一方面一些商业旅游项目经济回报率并不高，但却对地方未来发展有重大意义，如果没有政府支持，完全用“市场之手”引导，不利于吸引相应的旅游投资；另一方面实现旅游目的地持续健康发展，离不开旅游公共设施和公共服务等方面的投资，而这只能由政府进行投入。由于政府过去对发展旅游事业重视不够，形成了旅游业产业强、事业弱的格局，一定程度上影响了旅游业的全面发展，影响了旅游业综合带动作用的发挥，同样也制约了旅游产业的进一步发展。未来要实现旅游业的全面发展，政府须在旅游事业上下更大功夫。

第五节　现代旅游活动的特点

旅游是一种内容丰富、形式多样、涉及面极广的社会经济现象，是人类社会一种短期性的特殊生活方式。旅游以其自身的本质特性，从一般的社会活动中脱颖而出，得到了全社会的积极参与。概括地说，旅游具有大众性、综合性、地缘性、持续性、季节性和脆弱性等基本特点。

一　大众性

现代旅游消费的需求已经打破了少数富人、特权者的特权垄断，日益大众化和生活化，旅游成为不受阶层、国家、民族、性别和年龄等限制的广泛的群众性活动。

1. 参与的广泛性——大众旅游的形成

第二次世界大战前，旅游是少数人享受的权利。二战以后，特别是在 20 世纪 60 年代以后，普通大众的物质生活水平逐渐提高，大众阶层成为旅游队伍的主力。世界旅游组织在 1980 年发表的《马尼拉宣言》中明确提出：旅游也是人类社会最基本的需要之一。

为了使旅游同其他社会基本需要协调发展，各国将旅游纳入了国家发展的内容之一，随之而形成的普通大众都能参加的、有组织的团体包价旅游，成为占主导地位的旅游形式。这种大众化旅游形式为现代旅游业的发展奠定了基础。

随着现代旅游的深入发展，旅游接待设施的建设出现多种档次的趋势，既提供高级豪华设施，也提供一般旅游者享用的普通设施，价格也出现豪华、标准、经济等不同的档次，拉开了消费的距离，使旅游活动得以更加广泛地普及。

2. 奖励旅游的出现

这一旅游形式源于 20 世纪二三十年代的美国。该国企业采用旅游方式作为奖励办法激励员工，由此而发展形成了奖励旅游的独特模式，是高级旅游市场的重要组成部分。

奖励旅游有如下特点：一是一般都由公司企业的首脑人物出面作陪，这对参加者来说当然是一种殊荣；二是旅游的目的地都经过特别挑选，而且必须是要耗费大量旅费才可能前往的地方；三是旅游的活动内容也是由有关旅游企业特别安排，并且在旅游期间公司首脑往往还组织受奖者共商公司的发展大计，因而这种经历是平时难以获得的。

3. 社会旅游的出现

1936 年，国际劳工组织通过带薪休假公约后，社会旅游开始付诸行动。该公约的精神在 1948 年公布的《世界人权宣言》中也有所体现：“人人有权享有休息和闲暇，即合理限制工作时间和定期带薪休假。”随着国际经济文化交流的发展，以及各国享受薪金假期职工的增多和带薪假期的延长，各种形式的旅游成为人际交流和生活的必需活动。

二　综合性

旅游过程中的各项活动互为条件、互相影响，它们必须综合为一个整体，才能构成旅游。现代旅游活动的综合性主要表现在两个方面。

1. 旅游活动内容的多样性和消费的综合性

旅游消费涉及吃、住、行、游、娱、购等多方面。旅游活动不仅仅是观光的内容，观光甚至不是主要的目的，如修学旅游和保健旅游。一次完整的旅游经历才是旅游产品的真正内涵，旅游活动的特殊经历中的新奇内容和旅途中所需要的日常生活的内容，都成为旅游活动中不可或缺的组成部分。所以才这样说：旅游是人们的旅行和暂时居留而引起的各种现象和关系的总和。它不仅包括旅游者的活动，还涉及旅游活动客观上带来的一切现象和关系变化所产生的一切现象和关系。

2. 旅游产业的综合性

旅游是一项涉及经济、政治、文化等各个方面的社会活动。每年全球数以亿计的人口参与到旅游活动中来，这不仅表现在人们追求物质需求和精神需求的满足上，而且涉及政治、经济、文化等方面的交往，包括文化交流、人民往来、商业贸易、体育比赛等。因此旅游活动具有综合性的特点，是以经济形式表现出来的经济、文化、社会、政治等多元化和多层次的复杂综合体。

现代旅游业的发展需要相关行业的支持与配合。旅馆业、饮食业、商业、交通运输业、建筑业、文教、卫生、公安等行业和部门，都是现代旅游业开成与发展的重要组成部分。旅游业对相关行业、部门的广泛联系性和依赖性，使旅游业成了一个难以独立存在的综合性产业。

三　地缘性

旅游的地缘性是由区域性旅游表现出来的。在世界旅游的发展过程中，区域性旅游一直保持绝对优势。在欧洲，区域性国际旅游者约占80%，而在北美与亚太地区约占50%。

旅游的地缘性在一些主要客源国表现得更为突出。美国与加拿大各自接待对方的旅游者占其接待入境总人数的50%左右。西班牙接待的旅游者中，来自法国、葡萄牙、英国与德国的旅游者达70%以上，如果再加上荷兰、比利时、意大利与瑞士的旅游者，则超过了80%。造成区域性国际旅游发生的原因是多方面的，主要有距离较近、交通便利、签证及旅游手续简便、时间和开销相对较少、文化传统相近和语言障碍少等。

地缘性旅游的发展，直接导致了地区间旅游发展的不均衡。无论从旅游者的人数上看，还是从旅游者的消费水平上讲，欧洲都一直占绝对优势，而非洲与中东的比例则很小。在一个国家内，各地旅游发展也具有地理上的集中性。

现代旅游的地缘性特点，对旅游业经营固然有其有利的一面，但旅游业是一项对生态环境依存度很高的产业，宏观生态环境的破坏，对旅游业所产生的不利影响比其他产业更为直接和显著。因此，旅游活动的地缘性也关系到旅游目的地的旅游容量，在进行旅游规划和旅游管理时，必须予以高度重视。

四 持续性

自 20 世纪 50 年代起，全世界旅游（包括国际旅游和国内旅游）活动的发展呈现持续增长的趋势。国际旅游经济的增长速度不仅远远超过经济发展速度，而且也超过了许多其他经济产业的发展速度。因为旅游业在世界经济中的作用日渐提高，它的发展受到了国际社会与各国政府的普遍重视，国际社会组织和各国政府也在不断完善旅游政策，进一步加强对旅游的宏观管理，这些都有利于旅游业的更好发展。

持续增长的总趋势是针对全世界整体情况而言的，局部地区和特殊的地区也许不符合这条规律。如当今世界局部地区的战争对旅游市场的负面影响，对旅游地的破坏。例如，20 世纪 70 年代以前，中东地区曾是国际旅游的热点地区，但中东战争的爆发和政治局势的动荡，使这一地区许多国家的旅游业受到致命的打击。1997—1998 年亚洲金融危机导致东亚地区旅游接待人数和旅游收入与上年相比，分别下降 1.6%、10.2%。但局部地区的停止和倒退并不能改变和影响整个世界旅游持续增长的总趋势。

五 季节性

旅游的季节性，是指旅游者外出旅游时间的选择，旅游接待地企业经营业务上体现的明显的淡旺季的差异性。旅游的季节性受自然、社会及其双重因素的影响。

自然条件有季节的更替变化，以欣赏自然景观为主要对象的旅游活动，就随季节变化而表现出明显的季节差异性。这种由于自然条件的差异所导致的旅游目的地季节性特色景观，也就自然形成季节性特色旅游，如浙江钱塘江观潮、哈尔滨观冰灯、内蒙古的草原风情游等。

从社会文化背景来看，旅游者受所在地社会文化背景的影响，使旅游者客流的流向、流量集中于一年中相对较短时段。传统的节假日旅游和宗教旅游的季节性变化最为明显，每个国家学校的寒暑假情况对旅游也会产生很大的影响。

旅游的季节性是旅游业本身无法避免的，因此，研究旅游的季节性，了解和掌握旅游供求关系的特点及其变化规律，借以制定出正确的经营方针和措施，对促进旅游业健康、协调发展具有重要意义。

六　脆弱性

旅游活动是一个涉及政治、经济、文化等各方面的综合体，它比其他活动更具脆弱性。换句话说，旅游活动极易受到外界的干扰和影响。如旅游活动很容易受到自然灾害、战争、疾病、恐怖主义等不利因素的影响。甚至一个地区的好客程度、跨边境地区游客的自由流动程度以及游客的安全程度等，都会对旅游活动造成很大的影响。

从旅游业的内部环境看，它是由多种部门构成的，这些部门之间存在着一定的比例关系，必须协调发展，其中任何一个部门脱节都会造成整个旅游供给的失调，进而影响旅游活动的正常进行。

从旅游业的外部环境看，各种自然、政治、经济和社会因素都可能对旅游业产生影响，其中有些因素的影响可能是举足轻重的。如自然因素中的地震、恶劣气候、疾病流行，政治因素中的国家关系恶化、政治动乱、政府的政策变化及恐怖活动、战争等，经济因素中的世界经济危机、某些主要客源国经济衰退及社会时尚的变化等，都可能导致旅游业的萧条境况。如“9·11”事件使美国旅游业和相关产业承受了巨大的压力；2002 年印尼巴厘岛恐怖爆炸事件给该地旅游业蒙上了阴影；2003 年初，一场突如其来的“非典”使全世界大部分地区的旅游业受到了重创。

材料1–6

智慧旅游

智慧旅游来源于“智慧地球”及其在中国实践的“智慧城市”。受智慧城市的理念及其在我国建设与发展的启发，智慧旅游应运而生。智慧旅游的本质是指包括信息通信技术在内的智能技术在旅游业中的应用，是以提升旅游服务、改善旅游体验、创新旅游管理、优化旅游资源利用为目标，增强旅游企业竞争力、提高旅游行业管理水平、扩大行业规模的现代化工程。

智慧旅游与旅游信息化既有区别又有联系。信息化是指充分利用信息技术，开发利用信息资源，促进信息交流和知识共享，提高经济增长质量，推动经济社会发展转型的历史进程。由于信息技术的不断发展，信息化在实践中更侧重于是一个随着信息技术的发展而不断进行的过程。智慧旅游则可理解为旅游信息化的高级阶段，它并不是旅游电子政务、旅游电子商务、数字化景区等用“智慧化”概念重新包装后的旅游方式，而是要能够解决旅游发展中出现的新问题，满足旅游发展中的新需求，实现旅游发展中的新思路以及新理念。

第六节　衡量旅游业发展状况的主要指标

在旅游研究中，研究者往往要借助于一些指标去衡量一个国家或一个地区旅游业的发展状况。旅游接待国或地区可以根据旅游业发展的数量指标来制定其旅游政策，并作为调控旅游业发展的参考依据。目前国际上通常采用下列几种衡量标准。

一　旅游人数

旅游人数统计数字，是衡量一个国家或地区旅游发展状况最重要的标准之一，它对该国或该地区的旅游规划部门和管理当局非常重要。

1. 入境旅游者人数

一个国家或地区的入境旅游者人数，是指在一定时期内，进入该国或该地区观光、度假、探亲访友、就医疗养、购物、参加会议，或从事经济、文化、体育、宗教活动的境外游客人数。

在对来访人数的统计工作方面，各国的做法不尽相同。有的国家是根据边防入境登记，包括当天入境又当天出境的情况。有的国家是通过抽样调查或根据宾馆的住宿登记，测算某一时期内来访的入境旅游者人数。在中国，由于历史的原因，在统计入境旅游者人数的时候，也将港澳台游客纳入统计范围。

2. 国内旅游者人数

国内旅游者人数，是指某国居民在本国从事观光、度假、探亲访友、购物、参加会议等旅游活动的人数。

国内旅游者人数的统计方法有：①报表资料估计法，由负责组织旅游的旅游企业填报，适用于由旅行社组织的团体旅游者的统计。②住宿点资料估计法，这种方法的缺点是并非所有国内旅游者都在各旅馆住宿，而各旅馆住宿的人也并非均为旅游者。③定期的国内旅游抽样调查。这是国际上的通用做法。这种方法分为两种：一是景点抽样调查，在旅游景点连续进行一定时间的抽样，然后推算出全数或所占成数；二是入户抽样调查，例如中国就是由国家统计局城市社会经济调查总队（1993 年以来）和农村社会经济调查总队（2000 年以来）分别对城市居民和农村农民开展国内旅游抽样调查。

在不同的国家，统计国内旅游者的口径也不一样。如日本将长期居住在该国的外国人在日本境内开展旅游活动的人数也纳入国内旅游的统计范围。而中国则没有分得这么细，一般将其纳入入境旅游者范围。

3. 出境旅游者人数

出境旅游者人数，是指客源国居民离开本国到国外旅游的人数，其在外旅游消费则构成了该国的国际旅游支出。

在出境旅游者人数统计方面，国际上的通用做法是本国在这些出境旅游者回国入境时，通过抽样调查的方法进行统计。

二　旅游收入和旅游支出

1. 旅游总收入

旅游总收入，通常是指在一定时期内（通常为一年），旅游目的地国家或地区因接待来访的国内外游客，向其提供各种商品和服务，所获得的以本国货币计算所得的旅游收入的总和，它综合反映了该国家或地区旅游业的总体规模和发展状况。

2. 国际旅游收入

国际旅游收入，通常是指在一定时期内（通常为一年），一个国家或地区因接待海外来访入境游客，向其提供各种商品和服务而获取的直接收入，一般不包括国际间的交通客运收入。

在一定时期内，旅游目的地国家或地区经营国际旅游业务所得的全部外汇收入，扣除其经营中必要的外汇支出的余额，与全部外汇收入的比值就构成了旅游创汇率。旅游创汇率可以反映旅游目的地国家或地区产业结构、经济体系的完善程度以及旅游业的发达程度。

3. 国内旅游收入

国内旅游收入，是指通过经营国内旅游业务，向国内旅游者提供旅游产品而取得的本国货币收入。国内旅游收入的统计都是通过抽样调查的方法进行的。

国内旅游收入来源于本国居民在本国境内的旅游消费支出，是本国物质生产部门劳动者新创造价值的转移。它的增加一般不会导致一国财富的增加，但能很好地反映一个国家或地区旅游的发展状况。

4. 国际旅游支出

国际旅游支出，是指一定时期内（通常以年计算），一个国家的居民出境旅游期间，在境外购买商品和服务的消费开支总额。一般情况下，一个国家的国际旅游支出包括国际间往返交通的消费开支。

5. 人均旅游花费

人均旅游花费，是指一定时期内，旅游者在旅游目的地的国家或地区的旅游过程中，平均每一个旅游者支出的货币金额。

人均旅游消费额一般通过抽样调查而得到，但是在知道旅游消费总额的情况下，也可以根据旅游消费总额和旅游者人数来计算。

人均旅游花费反映了旅游者在某一旅游目的地的旅游消费水平，并为旅游经营者开拓旅游市场和开发旅游产品提供了重要的依据。

三 人均停留天数

人均停留天数，是指来访旅游者在目的地的平均停留天数，也可用人均过夜次数表示。

旅游的人次和旅游者的收入多寡往往没有绝对的正比例关系，有时旅游接待国或地区在所接待的来访人数增加的情况下，其旅游收入未必相应地增加，甚至有可能减少。造成这种情况的主要原因在于人均停留天数的增减。如德国人去法国旅游的人次很多，但法国获得的旅游收入不见得多，因为德国人停留的时间短而且多是自驾车来去。而日本人去法国旅游，人数虽少些，但停留的时间长，其在法国的人均消费高。

因此，将旅游者的人均停留天数与来访旅游人次相配合来计算来访旅游活动的人均停留天数，才能更全面而准确地反映来访旅游活动的实际需求规模或目的地接待来访旅游的实际状况，并且便于横向比较或纵向比较。

四　旅游从业人数

旅游从业人数的概念分为三个层次：一是旅游核心产业从业人数。目前我国旅游统计数据中公布的直接从业人数，包括旅游住宿、旅行社、景区、旅游车船公司等旅游企事业单位的就业人员。二是旅游从业人数，包括直接为游客服务及与旅游密切相关的餐饮、娱乐、铁路、航空、公路、水运、公共设施服务等部门中的旅游从业人数。三是旅游经济从业人数。这个概念最宽泛，是指通过旅游经济活动所拉动的直接和间接的从业人数。

在旅游发达的国家，旅游从业人员一般占全国就业人数的 7%～10%。如瑞士旅游从业人员数量仅次于金属工业和机械制造业从业人员数量，占全国就业人员的 10%；法国从事旅游业的人数有 60 多万，每年可以提供 3 万～4 万个就业岗位；英国旅游从业人员是汽车制造业职工的 4 倍，占全国就业人员的 8%。在这些国际旅游业很发达的国家，旅游业经过长期发展都形成了一定的规模和体系，旅游从业人数多少也反映了该国旅游业的发展程度及其在国民经济中的地位。

思考与习题

1. 解释下列概念。

旅游　“艾斯特”定义　国际旅游　国内旅游　奖励旅游　社会旅游　文化旅游　生态旅游　团体旅游　散客旅游　旅游收入　国际旅游收入 国内旅游收入

2. 试分析“艾斯特”定义的内容和特点。
3. 试分析旅游活动的本质。
4. 试述旅游活动三要素之间的关系。
5. 试分析国际旅游与国内旅游之间的差别。
6. 试分析旅游季节性的成因。
7. 比较观光旅游、度假旅游、商务旅游的特点。
8. 现代旅游的特点表现在哪些方面？
9. 衡量旅游发展状况的常用指标有哪些？

第二章 旅游的产生与发展

➤**教学目标**　知识目标：了解旅游活动的发展过程及代表性事件；熟悉我国旅游业发展的基本脉络；理解托马斯·库克对旅游业产生的贡献；掌握近代旅游和现代旅游迅速发展的原因及特点
能力目标：能分析旅游活动发展的原因

➤**教学难点**　旅游业产生的原因

➤**教学重点**　旅游的产生与发展　不同时期旅游活动的特点　中国现代旅游的发展

➤**主要内容**　古代旅行与旅游活动　近代旅游和旅游业　现代旅游与旅游业

人类的旅游活动作为一种综合的社会经济现象，有着悠久的历史。从旅游发展的历史来看，人类的旅游活动大致经历了三个大的发展阶段：第一阶段是限定在有闲阶层中的古代旅行；第二阶段是开始普及到中产阶层的近代旅游；第三阶段是社会大众共同参与的现代旅游。

第一节　古代旅行与旅游活动

旅游是人类社会经济发展到一定程度的产物。旅游是在人类迁徙和旅行活动的基础上产生的。

一　人类社会早期的迁徙和旅行

1. 原始社会的迁徙活动

在原始社会早期，人类主要使用石块等简陋的生产工具进行生产活动，靠渔猎、采集为生。由于生产力水平比较低下，人们基本上无劳动剩余物，也没有剩余产品可供交换，所以，人类没有外出旅行的需求，但当时有从一个地方到另一个地方的迁徙活动。

原始社会时期的人类迁徙行为，是出于谋生的目的，或者出于自然原因（如气候、天灾等对生存环境的破坏），或者出于人为原因（如战争）的威胁，被迫离开定居地，在新的定居点定居下来，不再回到原来的定居点。如非洲原始人类向亚洲、欧洲迁徙；亚洲东北部的爱斯基摩人、印第安人通过白令海峡向美洲大陆迁移，成为那里的原始居民。这种被迫的迁徙活动不是现代意义上的旅行活动，而是生产活动的重要部分，不属于旅行的范畴。

2. 人类旅行的产生

旅行作为一种经济活动产生于原始社会末期，它是伴随商业活动的兴起而产生的。在原始社会瓦解和奴隶社会形成的时期，随着商品生产和交换的发展，专门从事商品交换的商人阶级开始出现了。也就是说，所谓第三次社会大分工形成了，即商业从农、牧、手工业中分离出来。商品经济的发展使得不同产品交换的地域范围不断扩大，人们需要了解其他地区的生产和需求情况，要到其他地区去交换自己的产品或商品，因而便产生了旅行经商或外出交换产品的需要。

从这个角度看，最初的旅行实际上是人们扩大贸易，扩大对其他地区的了解和接触的需要所产生的一种活动，而不是现代意义上的消遣和度假活动。最初的旅行是由商人开创的。

二　旅游的萌芽——奴隶社会的旅行活动

迁徙和旅行，都不是人类纯粹意义上的旅游。以消遣为目的的单纯的旅行与旅游，是人类进入奴隶社会后产生的。但在奴隶社会时期，促发人们外出旅行的主要原因仍然是产品交换和易货经商。

奴隶制国家的发展与繁荣，客观上为旅行的发展提供了物质、政治等多方面的条件。公元前 3200 年前后，在尼罗河畔，古埃及形成了政治、军事统一的强大国家。同时，两河流域在公元前 2300 年前后，中国在公元前 2100 年前后，印度在公元前 1000 年前后，先后建立了统一的奴隶制国家。国家在政治、军事、经济上统一，社会秩序相对稳定，空间移动的基本条件越来越完备，为旅行活动的发展创造了条件。然而，真正将古代旅行推向鼎盛的应当是古希腊和古罗马。古罗马时代（前 30～476 年），旅行已朝着多样化方向发展，进入了一个新的特定阶段的全盛时期。

材料2-1

迁徙、旅行与旅游概念上的差别

迁徙是由此地到彼地定居，主要目的是求生存，不再返回原地。它是最古老的人口流动现象，处于迁徙或移民过程中的人，并不是真正的旅游者。

旅行是由此地到彼地，主要目的不是游玩，且一定时间内要返回来。它是与人类生活紧密相随的一种现象。旅行可以是出于迁徙以外的任何目的而发生，包括古代的游说、经商、出使、巡行等。

旅游是由此地到彼地，主要目的是游玩，且一定时间内要返回来。它必须与追求愉快的目的相联系，并且以拥有自由时间为条件。

由此，我们可以看出迁徙、旅行与旅游在概念上是有很大差别的。

迁徙与旅游的区别在于：迁徙的目的是为求生存而不是消遣游玩；迁徙离开原来居住地的行为不是暂时的。

旅行与旅游的区别在于：一是目的不同。单纯的旅游是指人们出于消遣性目的，暂时离家外出的活动；旅行则是泛指人们出于任何目的，包括商务、求学、打工等，往来于不同地点间的空间转移活动。二是离开时间不同。旅游的人在完成目的地访问活动后，必须返回其原来的居住地；旅行则不一定。三是内容不同。旅行仅仅是为完成某个动机的一般空间流动过程，旅游则包含旅行和游览。所以，有旅游必定有旅行，有旅行不一定有旅游；旅游者同时是旅行者，旅行者不一定是旅游者。人类的旅游行为虽然孕育于人类的迁徙和旅行行为中，但迁徙和旅行都不是人类纯粹意义上的旅游行为。

1. 古罗马的旅行

在古罗马帝国强盛时期，其疆域空前庞大。北部边界达现在的英国、德国、奥地利、匈牙利和罗马尼亚，东边到西亚的幼发拉底河，南面包括非洲的埃及和苏丹北部，西边濒临大西洋。帝国的秩序相对稳定，从而促进了社会经济的发展。地中海变成了帝国的“内湖”，海上运输十分发达。

特别值得一提的是，罗马政府在全国境内修建了许多宽阔的大道。甚至曾经有一句谚语“条条大道通罗马”，形容其城市间道路网络的状况。这种全国道路网络的兴建，虽然是出于政治和军事上的目的，但客观上也为人们沿路旅行提供了方便。

罗马帝国时期的旅店，也是在沿途由政府设置的驿站基础上发展起来的。设置这些驿站的最初目的，是为政府公务人员中途歇脚，后来也开始接待来往的旅客。随着过往旅行者人数的不断增多，官方又在沿途开设官办的旅店，更多的私人旅店也因此发展起来。这些旅行基本设施的发展，又反过来进一步推动了旅行人数的增加。

到公元5世纪，随着罗马帝国的衰败，社会秩序的动荡导致该国国内贸易数量缩小，商务旅行者数量急剧减少。道路无人管理，日渐毁坏；沿途匪盗横生，安全条件不复存在。这样，罗马帝国的旅行基本条件逐渐消失，旅行开始萎缩。

2. 古希腊的旅行

公元5世纪，希腊的奴隶制度高度发展，宗教、公务、贸易、考察旅行者络绎不绝。其中，宗教旅行的发展最为突出。古希腊的提洛岛、特尔斐和奥林匹斯山是当时世界著名的宗教圣地。在建有宙斯庙的奥林匹亚，名为“奥林匹亚庆典”的节庆是最负盛名的盛典。宙斯神大祭之日，前来参加者不绝于道。这种活动一直持续到今天，发展成了现代的奥林匹克运动会。当时的奥林匹亚庆典是一种纯粹的宗教活动，但是它却促进了剧院的建立和宗教旅行的发展。从某种意义上讲，也许这就是我们现代体育旅游最早期的雏形。

3. 中国奴隶社会的旅行

中国奴隶社会的建立在世界上较早，比一般西方国家要早得多。在奴隶制鼎盛时期的商代，生产工具和生产技术的进步以及新的社会分工使得生产效率空前提高，剩余劳动产品的增加和以交换为目的的商品生产的扩大，加之商人阶级对生产和流通的促进，使商品经济得到很大程度的发展。夏代发明的舟船车辆，到了商代更加普及和先进，牛马等大牲畜也普遍用于交通运输，使商代商人的足迹遍布各地，东北到渤海沿岸乃至朝鲜半岛，东南达浙江，西南到了巴蜀，西北远及新疆。到春秋战国时期，商业活动则有了更大的发展，出现了许多大商人。他们负货贩运，周游天下。

在我国奴隶社会中，以消遣为目的的旅行主要表现为奴隶主阶级的享乐旅行。当时，生产力的发展所带来的劳动剩余物被奴隶主占有。这些劳动剩余物，除用于奴隶主的祭祀活动外，其余的则供奴隶主及其家庭成员生活享用，其中包括供其外出巡视和游历时挥霍。也就是说，这种以消遣为目的的旅行，只限于少数奴隶主。据传，周穆王西巡狩猎曾远至波斯（今伊朗），成为中国通往西域路线的最早开辟者。

4. 奴隶社会旅行产生的原因

纵观中外旅行产生的过程和早期旅行的主要发展情况，奴隶社会旅行产生的主要原因有以下几个方面：

（1）生产力的发展。原始社会的人类，不可能进行除生存以外的其他活动。直到原始社会末期，随着生产力的发展、产品交换的需要，旅行才可能随之出现。同时，人们在旅行过程中所需要的衣、食、住、行等条件，也一定要在生产力水平发展到一定阶段才能得到必要的满足。由此可见，生产力的发展为旅行的产生提供了第一个基本要素。

（2）私有制度的出现。在私有制度下，人们有了可以部分地选择自己的生活方式的自由，不同的生活方式便在这样的情况下逐步走进人们的生活。并且，由于剩余产品属于私人所有，人们可以按照自己喜欢的方式对剩余产品进行消费。这自然包括进行旅行活动。也就是说，私有制度的出现保证了人们可以进行旅行活动的选择权利。

（3）商品交换的需要。剩余产品出现后，人们用部分剩余产品进行商品交换，才能够得到自己需要的物质产品或货币，而这种交换通常都通过跨地域的空间转移进行，因此，旅行有了产生的必要性。另一方面，国家间的政治性交流、宗教的出现和传播等，都使得人们的旅行成为必需。

（4）科学技术的进步。车马舟楫的发明，为人们进行旅行提供了交通上的方便，使旅行的可行性成倍增加。技术的进步成为旅行发展的一个重要客观原因。

（5）国家的形成和统一。奴隶社会出现后，世界各地先后建立起统一的国家，交通道路、语言文字、货币度量衡等都获得了一定程度的统一，为旅行的开展提供了良好的客观环境。国家建立后，政治、军事上的稳定，也使得旅行的客观环境更加安全。在安全可以得到一定程度的保证后，人们的旅行意愿也自然得到了更大程度的鼓励，因而促进了旅行的发展。

三　旅游的发展——封建社会的旅行活动

生产力的进一步发展和社会制度的进一步进化，促进了封建社会制度的建立，加快了社会经济文化活动的节奏，促进了社会物质文明和精神文明的发展，在一部分特权阶级中开始了以寻找乐趣为目的的闲暇旅行活动，旅行得到了空前发展。

1. 欧洲封建社会的旅行活动

欧洲，确切地说是西欧，在公元 5 世纪开始向封建社会过渡。476 年西罗马帝国灭亡后，西欧逐渐进入封建社会。中世纪的欧洲，是欧洲历史上最黑暗的时代。政治上，民族纷争，国家林立，大小领主拥有对自己土地的绝对管理权，相互间攻伐不断，始终没有安宁的环境。经济上，西欧早期的封建社会没有城市，以农业为主，附以简单的手工业，封建庄园自给自足，使得一个个闭塞的经济单位（村庄）几乎是完全与外界隔绝，社会缺少需求。构成社会人口主体的农民大体上都还是农奴。他们有自己独立的经济，有一小块属于自己的土地和简单的农具。但是，农奴除了不能被主人任意杀害外，人格上几乎和奴隶没有区别。也就是说，他们没有真正选择自己生活方式的自由，也就没有迁徙的自由，就不可能成为旅行者。思想文化方面，罗马教会用宗教神学控制人们的思想。

到了 11 世纪，欧洲城市开始兴起，西欧的封建社会有了明显发展，生产力有了一定提高，剩余农产品增多，手工业日益从农业中分离出来。社会分工的发展使交换活动逐渐经常化，旅行的水平有所恢复，由于当时地区间无休止的封建混战，旅行的状况远远没有古罗马时期兴旺。在 5—16 世纪的漫长时间里，西欧的旅行没有发展。当然，并不是说在这一时期就没有旅行。毕竟农业技术得到了一定发展，荒地日渐开垦，农产品数量有所增加，工商业也逐步兴盛，旅行在一定水平上还是存在的。但是，其主要的旅行方式仅限于朝觐旅行和宗教旅行。西方封建主对财富的追求，促发了远航探险热潮，在 15 世纪出现哥伦布、麦哲伦等人开辟新航路的伟大的探险旅行活动。

西欧旅行的再次发展开始于 16 世纪中叶。1562 年，英国一位名叫威廉·特纳的医生出版了一本著作，介绍了英格兰、德国和意大利的天然温泉，具有对各种体痛的疗效。这一说法立即轰动西欧，不仅当时已有的温泉顷刻间闻名西欧各国，而且促使人们在各地寻找新的温泉，形成了盛极一时的温泉旅行热潮。这一潮流一直延续了近两个世纪才渐渐向海水浴转移。除了这种以保健为目的的旅行外，以教育为目的的旅行也开始发展。人们已经从一些名人的经历中认识到旅行在增加对异国他乡事物的了解和开阔眼界方面的作用。但是这种教育旅行的真正发展是在封建社会结束后的 18 世纪。当时为了使年轻人增长见识、开阔视野，很多中学毕业生被送往外国游历，以期回国后能够有所作为。

2. 阿拉伯帝国的旅行活动

公元 7—8 世纪，阿拉伯帝国处于顶峰时期，建立了地跨亚、非、欧三大洲的大帝国。帝国的中心在现在的巴格达，国家统一，经济繁荣，交通发达。由于伊斯兰教取得了合法的地位，并广泛流行，规定了朝觐的制度，从而每一个有能力的穆斯林平生都可作一次长途朝觐旅行。朝觐期间，各地的信徒纷纷涌来圣地麦加，举行盛大的朝拜典礼。各地商人、艺人也会集此地，为旅行者提供各种服务或献艺演出，增加旅行的娱乐性。

在当时，阿拉伯国家也兴起了求知求学的旅行。穆罕默德教导其信徒："学问虽远在中国，亦当求之。"阿拉伯人成为寻求知识而爱好旅行的突出代表，典型人物有苏莱曼、马苏第和巴图特。苏莱曼曾到印度、中国等地经商，后由人记述了其东游见闻，即《苏莱曼游记》。这是一本阿拉伯人最早记载中国和印度沿海情况的文献。马苏第曾游历埃及、巴勒斯坦、印度、锡兰（今斯里兰卡）、中国等地。巴图特在外旅行长达 38 年，著有《亚洲非洲旅行记》，记载了其在外旅行的所见所闻。

3. 中国封建社会的旅行活动

中国封建社会历史时期极为漫长，达两千多年。中国封建统治期间，尤其是在各个统一的朝代统治期间，政治上比较安定，经济上也比较繁荣，甚至在技术上也在相当长的历史时期遥遥领先于世界他国。这些条件的存在，给旅行的发展带来了巨大的推动力。

（1）中国封建社会旅行发展的动力。

①水路交通发达。水路交通在我国有着悠久的历史，早在春秋时期便有水运的记载。战国与秦朝的“郑国渠”“灵渠”都是水利史上光辉的篇章。自汉朝以来，我国历代封建王朝都将漕运作为国家最重要的政策之一，因此，中国封建社会时期，水路交通十分发达，成为我国最重要的交通方式之一。其中对水路交通贡献最大的朝代首推隋朝。从隋文帝时期开始，我国便打通了从淮水到长江的水路。到了隋炀帝时期，我国则构成了华北与江南密集而发达的运河网，即北起北京、南到杭州的京杭大运河。从唐朝开始，我国开始了海运的发展。泉州是我国著名的“海上丝绸之路”的起点。

虽然在封建社会时期，水路交通的发展是国家政治统治和经济发展所需，但是在客观上也大大便利了人们的旅行。通过水路往来各地，成为人们旅行方式的一种很好的选择，从而促进了旅行的发展。

②陆路交通完备。我国封建社会时期，陆路交通也有长足进步。自秦朝以来，陆路的建设便取得了一定成果。秦代的“驰道”“直道”“五尺道”“新道”的建设，构成了以咸阳为中心的四通八达的道路网络。秦朝以后，陆路交通的建设不仅表现在道路本身的建设上，还出现了辅助设施的建设。驿站便是其中一个重要的代表。我国驿站的发展历史悠久，最早在《周礼》和先秦的典籍中就有记载。到唐朝，驿站的发展便达到了一定的规模，据记载共设驿站 1 639 所。而到了明清时期，驿站更是扩展到了内外蒙古、新疆以及西藏等地区。

③社会经济发展。近代以前的中国，在科学技术和社会经济方面领先于西方世界。自汉朝以来，中国由于经济上的强盛，在亚洲范围内有很大影响，乃至欧洲的罗马帝国、希腊也都先后和中国有过经济上的往来。

在中国封建社会中，旅行发展所需要的经济条件和物质基础不断成熟，一些劳动力也从粮食等基本生活用品的生产中解脱出来，从事服务性行业，这也就为旅行的发展提供了另一个重要条件。同时，人们的物质生活条件得到改善之后，也要求精神生活水平的提高，旅行自然成为人们的一种选择。

（2）中国封建社会旅行活动的种类。中国是文明古国，历史悠久，文化传统深远，古代旅行种类丰富多样。总结起来，主要有以下类型：

①帝王巡游。帝王巡游，是封建社会时期一种极为重要的旅行形式。其中，周穆王、秦始皇、汉武帝、隋炀帝、康熙皇帝、乾隆皇帝等是典型的代表。

帝王巡游的目的：一是饱览风景名胜；二是显示帝王权威，震慑人民，了解民情，利于巩固统治；三是封禅，封禅地点一般选择名山大川，主要是泰山。在泰山玉皇顶祭天曰“封”，在梁父小丘祭地曰“禅”。突出的人物有秦始皇、隋炀帝、乾隆皇帝等。

虽然帝王巡游、巡幸、巡狩的原因各不相同，但其中总还是包含了或多或少的享乐的原因和休闲游览的欲望。由于帝王所处的地位特殊，其巡游必然会影响到当时社会范围内的旅行发展。

②官吏宦游。我国古代官吏的宦游十分繁多，奉帝王之命往返于国内各地的官员可以说是数不胜数，甚至部分官员千里迢迢远赴异域出使。其中最具影响力的是西汉的张骞和明代的郑和。

西汉张骞出使西域，是最具有代表性的外交旅行，开辟了闻名世界的“丝绸之路”。张骞奉汉武帝的派遣两次出使西域，长达18年。张骞第一次出使西域主要是出于军事需要，联合大月氏抗击匈奴。张骞这次出使，历时长达13年。他虽然没有完成军事上的外交任务，但搜集了大量西域风土人情的重要资料，掌握了西域的交通等相关情况，为后来的旅行做了必要而充分的准备。张骞第二次出使西域，历时5年，主要以外交和经济交往为目的，先后到达了大宛（现在的吉尔吉斯斯坦）、康居（现在的哈萨克斯坦）、安息（现在的伊朗）、大夏（现在的阿富汗）、身毒（现在的印度）、条支（现在的伊拉克）、大秦（现在的罗马）等国家。“丝绸之路”是我国通往中亚和欧洲最早的旅行路线。它的开通，为中外交流、交往开辟了新的纪元。晋代法显、唐代玄奘、元代意大利人马可·波罗，都是沿着这条古老的旅行路线来往于文明古国罗马、埃及、印度和中国之间的。今天的丝绸古道，仍是现代旅游热线。

明代郑和下西洋是世界航海史上的伟大壮举。当时的西洋，指的是中国南海以西，包括印度洋及其沿海地区。1405—1433年，郑和率领庞大的船队七次下西洋，纵横太平洋、印度洋，历时28年，先后到达了印度支那半岛、马来半岛、南洋群岛、印度、波斯、阿拉伯，最远到达了非洲东海岸和红海，访问了30多个国家和地区。声势浩大的郑和下西洋，比哥伦布的远航早半个多世纪，是航海旅行的典型代表。

③经商旅行。中国古代经济繁荣，商业发展的历史悠久，“商人”一词可以追溯到商朝。中国古代商业随着精美产品的生产和经济的繁荣而不断发展繁荣，并随着古代水路、陆路交通条件的不断完善和商人的不断努力与开拓，形成了历史上举世闻名的“商路”，如“丝绸之路”“海上丝绸之路”“茶马古道”等。

④文人游学。“读万卷书，行万里路”，促成了我国最早的文史考察旅行。中国古代文人都有游学的经历，他们走遍了中国的名山大川，漫游名胜古迹，留下了很多经典的传世佳作。其中，司马迁、陶渊明、李白、杜甫、柳宗元、欧阳修、苏东坡等人是典型代表。

另外，我国古代的举子赶考，从某种意义上讲，也是一种文人游学形式。

⑤科学考察旅行。我国古代科学技术水平远远领先于世界各国，有许多有识之士投身于科学研究，这就形成了另一种旅行形式——科学考察旅行。明代以前，虽然也曾出现过以求知为目的的考察旅行，但多是文史方面的笼统考察，到了明清时期，才出现了专业性较强的科学考察旅行。明代医学家李时珍和地理学家徐霞客是这种科学考察旅行的典范。

李时珍是我国古代伟大的医学家。他多次远出旅行，考察采集中草药植物。李时珍历时十多年，历尽千难万险，足迹踏遍安徽、河南、河北、江西、江苏等地，搜集了许多民间单方验方，最后编撰成我国古代医学巨著《本草纲目》。全书 16 部 52 卷，共收药物 1 982 种，附方 11 096 则，成为我国中医学经典著作。李时珍所作的长途医学考察旅行，成为我国科学考察旅行的先锋。

徐霞客是我国古代著名的地理学家、散文作家和旅行家。他终身游历，四海为家，历时 34 年，足迹遍及大半个中国。徐霞客每到一地，都亲自考察，做记录，取得第一手资料。现存《徐霞客游记》就是他全部考察记录的 1/6，文稿中记载了地貌、地质、水文、植物以及山水名胜，是极为珍贵的科学文献，被誉为“世间真文字、大文字、奇文字”。徐霞客也堪称科学考察旅行的典范。

⑥宗教云游。宗教云游是以朝拜、求仙、求经等为目的而进行的旅行。佛教、基督教、伊斯兰教、印度教、拜火教、犹太教等宗教先后传入我国，我国从很早开始就有了有关这些宗教云游的记载。

在我国古代宗教信仰者中，人们把为修行问道而云游四方者称为游方者。宗教云游在我国的长期发展，形成了佛教四大圣山、道教五大名山等名胜，吸引着众多信徒。在宗教云游者中，最负盛名的是玄奘与鉴真两位大师。

在玄奘奉唐太宗之命所著的《大唐西域记》中，我们可以看到其奇迹般的游历生涯。该书记述了他的亲身经历，记载了他所到的110多个国家和传闻中的28个城邦、地区、国家的情况，成为研究中亚、西亚和南亚的重要历史地理科学巨著。

鉴真以其6次东渡日本的坚定不移的信念，抵达日本弘扬佛教与中国文化取得的积极而重要的历史意义而被传为美谈。

⑦节庆聚游。中国自古以来便有重视节庆的民族传统，每逢佳节常常有各式各样的节庆聚会。春节的庙会、元宵节的灯市、清明节的踏青春游、端午节的龙舟庙会、七夕节的观星鹊桥会、中秋节的赏月家庭聚会、重阳节的登高会等，都会吸引各地的人们作长途或短途的旅行。其中的春节、中秋节聚会旅行，都有些类似今天的探亲旅游。

4. 封建社会旅行活动的特点

（1）旅行的发展同国家的政治经济状况有着直接关系。在政治安定、生产力发展、经济繁荣的统一时期，旅行活动便会发展；反之，则会停滞甚至倒退。

在封建社会时期，中西方旅行发展不平衡。由于战乱、生产力发展水平、经济繁荣程度等原因，西方的旅行发展基本上处于停滞状态，直到进入16世纪，才出现新的发展势头。而中国在封建社会时期，由于封建统治基本稳定，生产力发展水平较高，经济繁荣，人民比在奴隶社会获得了更多的物质资料和个人自由，旅行活动领先于西方。

（2）旅行的条件日渐完善。随着社会的进步，交通、住宿等方面的条件均有显著提高。这些进步，都在客观上为旅行的进一步发展提供了更好的物质条件。

（3）旅行的形式多样化。非经济目的的旅行活动有新的发展和扩大。西方出现了疗养旅行、修学旅行；我国的旅行方式则更为丰富多彩，有帝王巡游、官吏宦游、经商旅行、文人游学、科学考察旅行、宗教云游、节庆聚游等。但这一时期中经商旅行仍居主导地位。

（4）非经济目的的旅行参加者人数并不多。封建社会以农业经济为主，农村人口占统治地位。农业劳动忙闲有致的季节性特点及其对人们生活方式的影响使得人们在主观上缺乏对旅行度假的要求和习惯。就非经济目的，特别是消遣性质的旅行而言，参加者多为帝王、官僚、贵族、地主等统治阶级及其附庸阶层，他们人数不多，消遣旅行活动没有普遍的社会意义。广大劳动者由于受政治和经济的双重压迫，客观上无能力参加旅行活动。

第二节　近代旅游和旅游业

近代旅游业开始于19世纪中期。工业革命是促成近代旅游业兴起的主要原因，并使旅游向大众化转化。

一　近代旅游的诞生

1. 产业革命对近代旅游产生的影响

产业革命，即工业革命，是指资本主义机器大工业代替工场手工业的过程。产业革命最先发生于18世纪60年代的英国，到19世纪末在世界主要的资本主义国家基本完成。产业革命对旅游的影响，主要表现在以下几个方面：

（1）产业革命带来了阶级关系的新变化。过去往往只有地主和贵族才有金钱和时间从事非经济目的的消遣旅游活动。而产业革命造就了工业资产阶级和工人阶级。产业革命早期，在当时的生产力水平下，他们最大限度地适应了社会发展，推动了当时社会生产力的进步，加快了社会财富的创造。这些被创造出来的社会财富，不再只流向封建贵族和大土地所有者，而是也流向资产阶级，从而扩大了有财力外出旅游的队伍。生产力的提高和工人阶级的不懈斗争，使资本家有可能增加工人的工资以及给予他们带薪假日，工人阶级也有了加入旅游活动行列的可能。

（2）产业革命促进了科学技术的进步。产业革命最主要的标志之一，就是蒸汽机的发明和应用。1769年詹姆斯·瓦特发明了蒸汽机，解决了当时交通运输的动力问题。这一技术很快便应用于制造新的交通运输工具，形成了新的陆路、水路运输方式——火车和汽船。无论是火车还是汽船，其动力都远非过去的马车和舟楫可比，其速度也比传统的运输方式要快很多，因此，人们可以实现较远距离的旅行。由于新的交通运输方式可以实现大规模的运输，运输所需的人均成本便极大地降低，这在经济角度上也为旅游活动的开展提供了便利。

铁路运输具有速度快、成本低、运量大等优点，很快人们便开始大规模地建设。如全英铁路总长度，1835年为471英里（1英里=1.6093千米，后同），1845年为3 277英里，1855年为13 411英里，1865年为21 382英里，30年的时间增长了近45倍。与火车一样，汽船也具有载量大、速度快、旅行费用低等优点。汽船投入使用后，也在很大程度上推动了旅游的发展。据资料统计，1802 年伦敦只有 2 万人次乘坐帆船去旅游胜地马盖特观光，而汽船推广应用之后，旅游者的数量大幅增加。1830 年伦敦外出旅游者上升到 10 万人次。

由此可见，科学技术的进步、现代化交通运输工具的发展给旅游业发展带来了巨大的影响。

（3）产业革命加速了城市化的发展。产业革命提高了生产效率，促成了大机器生产时代的到来。工业生产的发展急需大量的劳动力，越来越多的人远离了过去自由、宁静、景色优美、生活相对悠闲的农村生活，来到了嘈杂拥挤、节奏紧张的城市，极大地加速了城市化的进程。

长期生活在城市中的人，由于心理压力大，比生活在乡村的人更向往旅游活动，希望有时间回归大自然。在这样的心理因素驱动下，必然更多地引起城市居民对旅游的需要，从而在主观上促进了旅游的发展。

（4）产业革命改变了人们的工作性质。产业革命所带来的工业化大生产的工作方式，对人们的心理适应能力提出了新的挑战。在农业生产中，人们早已习惯了较为自由、相对散漫、忙闲有致的生产方式。工业革命后，在大机器的流水作业生产过程中，工作最重要的特点就是单一、重复、枯燥、紧张，个别工厂还存在劳动时间过长的问题。人们亟须通过休假旅游来放松自己，舒缓心理压力，以便能够恢复精力投入新的工作之中。从某一个角度而言，工业革命给旅游的发展创造了更多的旅游活动动机，造成了旅游需求的产生，促进了旅游的发展。

2. 托马斯·库克的旅游活动与近代旅游业的产生

19 世纪初期，旅行开始过渡到旅游。事实上，“旅游”（tourism）一词也是从此时开始出现的。而真正标志着近代旅游产生的是托马斯·库克（Thomas Cook）的一系列旅游活动。

（1）托马斯·库克组织的第一次团体旅游。1841 年 7 月 5 日，托马斯·库克利用包租火车的方式，组织了一次 570 人规模的团队活动，从英国中部的莱斯特前往洛赫伯勒去参加禁酒大会。这次活动的成功使托马斯·库克名声大噪，也标志着近代旅游及旅游业的开端。这次火车团体旅游具有如下特点：

①这次活动具有较为广泛的公众性。参加者来自各行各业，还包括家庭妇女。他们为了这次活动而走到一起来，活动结束后便四散离去，彼此间不再有什么联系。这一情况与现代旅行社组织的旅行团的情况基本相同。

②托马斯·库克作为参加禁酒大会的发起、筹备和组织者，自始至终随团陪同照顾。这一点是现代旅行社全程陪同的最早体现。在早期铁路时代，由于乘客甚至包括铁路公司的列车乘务人员都缺乏火车旅行的经验，事故经常发生。因此，这种随团照顾显然具有重要意义。

③这次活动的参加者多达 570 人，规模之大在当时是空前的。

④这次活动为以后托马斯·库克旅行社的建立奠定了基础并提供了经验。

但是，这次活动还不能作为旅行社产生的标志。这次活动的根本目的是参加禁酒大会，不是单纯的消遣旅游；此外，托马斯·库克组织这次活动也不是出于商业目的（只售出 1 先令的来回车票）。它只是为以后正式创办旅行社打下了基础。

（2）托马斯·库克开办的第一次商业性旅游业务。1845 年夏季，托马斯·库克首次组织了真正意义上的商业性旅游。这次旅游从莱斯特出发，目的地为利物浦，时间为一周，目的是消遣旅游，参加人数为 350 人。之所以说这次活动是近代旅游史上的又一里程碑，是因为这次旅游活动具有以下特点：

①托马斯·库克的旅游职业生涯开始。在此之前，托马斯·库克的主要职业是印刷和出版，而从事旅游活动组织总是带有业余性质，并且以不完全赢利为主。直到这次旅游活动之后，托马斯·库克才真正视旅游为自己的主要职业。从某种意义上讲，旅游第一次成为一个人的正式职业，标志着旅游业的正式形成。

②托马斯·库克组织的第一次大规模、长途、过夜旅游。在此之前托马斯·库克组织的旅游都是当日往返的一日游。而这次旅游不但人数众多、距离较远，而且在外过夜数日。

③活动前的调查。托马斯·库克对该次旅游做了大量的先期考察，确定了沿途要停留及参观的具体旅游地点，了解了旅游地点比较廉价的旅馆情况。所有这些，在一定意义上起到了现代旅游业务中前期调查工作的作用。

④编写并出版了《利物浦之行手册》。它是世界上第一本旅游指南。

⑤全程导游服务。托马斯·库克本人担任了该次旅行团的陪同和导游，在沿途的一些地方还聘用了地方导游。这次旅游活动的组织形式已接近现代旅游服务。

（3）托马斯·库克组织的国际旅游。1855 年，托马斯·库克组织了从英国莱斯特前往法国巴黎的旅游，在巴黎停留游览 4 天，全程采用一次性包价，其中包括在巴黎的住宿和往返费用，共计 36 先令。这次旅游成为世界上组织包价出国旅游的开端。

(4) 托马斯·库克父子旅行社的成立。1865 年，托马斯·库克父子旅行社正式成立。1872 年，库克亲自担任导游，组织了 10 人参加历时 70 天的环球旅游。1872 年，库克创办了世界上最早的旅游支票，可在世界各大城市使用。其旅行社还组织编印了世界上最早的旅行杂志，曾被译为多国文字，再版达 17 次之多。1878 年，库克退休，其子接替其工作。到 1939 年，托马斯·库克父子旅行社已在全世界开办了 350 多家分社。

总而言之，托马斯·库克对旅游业的贡献功勋卓著，促进了近代旅游业的诞生。因此，库克被史学界誉为近代旅游业的先驱者，托马斯·库克的名字也成了旅游的代名词。

3. 世界近代旅游业的发展

从 19 世纪下半叶开始，近代旅游业蓬勃发展起来。各类旅游组织如雨后春笋在欧洲大地上茁壮成长，尤其是旅游俱乐部更是成为当时旅游组织发展的典型代表。如 1857 年在英国成立的观光俱乐部；1890 年法国、德国先后成立的观光俱乐部；1850 年美国"运通公司"开始兼营旅游代理业务，并在 1891 年最先发售了旅行支票。到了 20 世纪初期，美国的"运通公司"、比利时的"铁路卧车公司"，成为与托马斯·库克父子旅行社齐名的世界旅行代理公司。

随着近代旅游的发展，旅游活动的数量和人次不断增加，过去仅为特权阶层提供服务的豪华饭店以及普通客栈已不能满足社会旅游活动发展的需要。近代工业革命中出现的中产阶级，他们负担不起豪华的饭店，也不满足于简单的客栈，但又属于旅游活动频率较高的阶层。这就促进了一种以为中产阶级服务为主，既可以使客人感到舒适方便又追求经济利益的新型食宿服务机构——商业饭店的产生。1908 年，被誉为"饭店业开山鼻祖"的斯塔特勒（Ellsworth Milton Statler）在美国纽约的布法罗建造了世界上第一座商业饭店。饭店所有的设施都是以顾客为中心，尽可能地为顾客提供方便。这些具体做法都成为现代商业饭店的基本模式。可以说，斯塔特勒开辟了饭店发展史的新时代。从 20 世纪初期开始，商业饭店得到了迅速发展，并真正成为一种行业。它既是适应旅游发展的需要而产生的，又反过来成为促进旅游发展的重要因素。

4. 中国近代旅游

中国近代由于闭关自守，已大大落后于资本主义国家。中国的近代旅游，是受到西方的影响之后才产生的。

（1）旅游业及相关行业的发展。中国近代旅游业最早产生于我国上海，以我国第一家旅行社诞生为标志。上海是当时中国经济最发达的城市，与国际联系比较密切，外国旅游企业纷纷进入，无论旅游还是出国求学都必须仰仗外国人的旅行社。当时主持上海商业储蓄银行工作的陈光甫，为了争取中国人在自己国土上开办旅行社，也为了给上海商业储蓄银行扩大生财之路，于1923年8月在该行成立了“旅行部”，为出游者安排行程及办理各种手续事宜，这标志着中国近代旅游的产生。该旅行部一经成立，便受到国内外人士的欢迎，加上刻苦经营，业务大有发展。1924年春，该旅行部组织了第一批国内旅游团，由上海赴杭州游览，之后又成功组织了秋季浙江海宁观潮旅行团。1925年春，该旅行部开始承办出国旅游业务，第一次组织了由20人参加的赴日本“观樱”旅行团。1927年春，该旅行部出版了中国第一本《旅行杂志》。1927年6月，上海商业储蓄银行旅行部单独挂牌注册，更名为“中国旅行社”，业务范围也相应扩大。中国旅行社是我国第一家旅行社。

近代中国的交通运输发展缓慢。从1876年英商在中国建成第一条经营性铁路以后，我国也先后修建了一些铁路，但普遍存在数量少、分布偏、标准杂、质量低、管理分割、营运落后等问题。但铁路运输毕竟是一种先进的陆路运输方式，对旅游的发展还是起到了一定作用。而我国内河航运里程7.36万千米，并且缺少现代船舶，对旅游业发展的促进十分有限。

近代饭店的发展是在清代末期，主要有外资经营的西式饭店、民族资本经营的中西式饭店、铁路沿线的招商饭店以及公寓等。西式饭店风格多，直接受到西方餐饮、客房服务方式的影响，在租界或外国人的势力范围内有相当大的市场。尤其是在当时的上海，西式饭店数量之多居全国之首。中西式饭店更多地具有中西合璧的特点，接受西方影响的同时又继承了中国的历史传统。中国当时的富人阶层，在生活方式上虽有一定的西化倾向，但毕竟更多地接受中国传统教育，对于完全西式服务并不能全盘接受。因此，中西式饭店也得到了相当好的发展。其中比较著名的包括北京的长安春饭店、东方饭店、中央饭店，天津的国民饭店、惠中饭店、世界大楼，上海的中央饭店、大中华饭店、扬子饭店、国际饭店等。

在旅游纪念品方面，我国自古以来生产了许多风格多样、制作精美的陶瓷和丝绸等民间手工艺品。到了近代，我国仍然保护和发展了许多工艺美术品，并使其成为颇具收藏价值的旅游纪念品，在一定程度上辅助了整体旅游业的发展。

（2）旅游活动未形成产业。我国近代的旅游发展，虽然取得了一些成绩，但是由于社会战乱频繁、经济萧条、人民饱受苦难，旅游活动开展所依赖的安全、经济、旅游欲望等条件都难以得到满足。这些都极大地限制了近代中国旅游的发展。除出国旅行、洋务留学、外国人来华经商旅行等旅游活动外，旅游在近代的中国几乎没有发展，更谈不上旅游产业的形成。

二　近代旅游的特点

1. 旅游者阶层结构单一的现象有所改变

随着生产力水平的进步，社会财富积累的过程大大加快，近代社会中出现了新的阶级，在西方是中产阶级，而在中国这样的半殖民地半封建国家则是民族资产阶级和买办阶层。中产阶级队伍的不断发展壮大，为旅游业的发展提供了更为广泛的群众基础，成为近代旅游发展的一个显著特征。

2. 旅游条件大大改善

随着近代社会生产技术水平的提高，交通运输工具发生了质的飞跃。火车与汽船在交通运输中的应用，使大规模、远距离的人员运输成为可能。与此同时，由于其在速度上的优势，还减少了旅行途中的时间，满足了人们闲暇时间有限的需要；而相对低廉的成本则大大降低了旅游所需要的费用，解决了部分人希望参加旅游活动而经济困难的困境。

3. 旅游地迅速发展

旅游人数的增加，为旅游地带来了大量的经济利益，在利益的驱动下，旅游地更加注重自身的保护和发展。在过去，名胜景点主要是依靠其自然的魅力去吸引旅游者的到来，由于旅游者不多，经济利益有限，很少有人想到要去保护、发展、经营旅游景点，旅游景点中人工辅助设施很少。而到了近代，大量增加的旅游者同时带来了可观的旅游收入，旅游地自身的发展也就越来越多地受到人们的重视，旅游景点附近建起了大量的旅游设施，如游乐场、音乐厅、散步场、运动场、赌场、浴场等。人文景观开始与自然景色相融合，改变了单调的旅游形式，那些原有的专供上层社会享受的风景点、海滨浴场、旅游度假胜地等，逐渐变成了常年开放的地区。

4. 饭店业逐渐兴起

无论是在世界上发展起来的商业饭店，还是中国受到世界的影响而发展起来的西式、中西式饭店，都在一定程度上起到了促进旅游业发展的作用。从另一个角度讲，饭店业是随着旅游业的发展而不断充实和完善起来的，是旅游业整个行业形成并发展的一个极为重要的环节。

第三节　现代旅游与旅游业

现代旅游，是指第二次世界大战以后，特别是20世纪60年代以来迅速普及于世界各地的社会化大众旅游。而喷气式推进技术在民航中的运用，可以说是现代旅游产生的标志。

一　现代旅游发展的背景

1. 世界经济的迅速发展

第二次世界大战结束以后，许多军事技术被开发为民用技术，促进了各国经济的恢复和发展。世界范围内的和平环境，也为世界经济的增长提供了必要的前提和保证。经济的发展使得众多国家的人均可支配收入增加，人们收入的增加和支付能力的提高，对旅游的迅速发展和普及起到了极其重要的刺激作用。

2. 交通运输工具的进步

二战结束以后，在铁路和轮船提高运力和速度的同时，汽车以其自由、方便、灵活等特点，成为中、短途外出旅游的主要交通工具；飞机以其快速、舒适等特点，成为长距离旅行的主要交通工具，从节约时间和金钱的角度，进一步增强了人们旅游的能力，扩大了人们旅游的空间。这样，既可以实现跨国、跨洲的远距离旅游，又可以深入偏僻、闭塞的地方参观淳朴的大自然景观，了解民俗风情，满足游客好奇猎险的多层次需求。

3. 人口的迅速增长

在二战后初期，全世界人口仅约25亿；到20世纪60年代末，已增加到36亿。在短短的20年中，世界人口增加了44%。到20世纪90年代，世界人口总数突破了50亿；21世纪初，世界人口突破了60亿。世界人口基数的扩大，为旅游人数的增加打下了基础。

4. 生产力的高速发展

二战以后，生产力取得了长足的进步，生产自动化程度大大提高，把人们从繁重的体力劳动中解放出来，增强了人们对旅游的需求。生产自动化程度的提高，使劳动者有了更多的带薪假期，这就为人们开展闲暇活动，尤其是外出旅游提供了时间上的保证。因此，旅游者的人数总量在不断增长，而且出游的距离和在外逗留的时间也大大增加。

5. 城市化进程的加快

1950年，世界的城市人口只占总人口的28.7%；1980年，达到42%；到20世纪90年代，已远远超过了50%，在发达国家中城市人口更占到

80%以上。城市居民，特别是劳动就业人员，绝大多数都在从事单调乏味的重复性工作，身心受到极大的压力。他们需要放松紧张的情绪，重返大自然，向往悠闲自得的田园生活。这样，自20世纪60年代起，旅游度假就成了许多城市居民的选择。

6. 消费方式的调整

二战以后，随着经济的发展、生活水平的提高，人们的生活观念发生了重大变化，与此相应的消费方式也开始改变，从追求丰富和充实的物质生活，向注重身心的享乐和探险猎奇的刺激性生活转变。生活观念的变化、消费方式的调整，使旅游逐步转向大众化，成为人们的一种独特生活方式。据统计，美国人的闲暇消费额，每年都要超过1 200亿美元，其中一半以上花在国内外旅游度假上。这种变化还表现在人们愿意在城市里工作，但喜欢在乡间别墅里生活，而且更喜欢到偏僻、遥远但风光旖旎的地方去休假和娱乐。人们不再把消费只投到灯红酒绿、喧闹拥挤的城市生活里，而更多地把消费兴趣转到乡村、沙滩、海滨和森林等自然景观方面。

7. 教育事业的发展

二战后各国的教育事业不断向新的广度和深度发展，越来越多的人对自己乡土和本国以外其他地区和国家的事物增进了了解，并由此而产生兴趣。这种好奇心的增长，增强了人们的旅游动机，形成了旅游的最根本动力。

8. 政府的支持和旅游服务条件的改善

在20世纪60年代，很多国家不同程度地规定了带薪假期制度，基本实行了每天8小时工作制，每周工作5天，每年的连续假期有一个半月。带薪假期的普及，使广大劳动者既没有减少收入，又有余暇时间供自己支配，于是许多劳动者选择了旅游度假的休闲模式，使现代旅游具有了大众旅游的显著特点。同时，廉价团体旅游和包价旅游的发展，以及各旅游接待国政府为发展旅游业而普遍采取了支持态度和鼓励措施，这些也对旅游活动的发展起到了积极的推动作用。

二　现代旅游发展的特点

1. 国内旅游为主

国内旅游一直是世界旅游业的主体。据统计，近年来世界每年旅游总人次数在35亿以上，而国内旅游的人次数量约占90%，且每年以2%～3%的速度增长。在美洲、东亚与太平洋地区，每年以消遣为主的国内旅游人数，占其总人数的60%以上，这个比例在欧洲为40%～60%。国内旅游仍不断增加的原因之一，是作为国际旅游主要客源国的西方发达国家，其经济增长速度经过20世纪80年代初的大萧条后一直处于低水平，人们实际收入增长缓慢，迫使一些人放弃长距离的出国旅游；原因之二，是一些国家为了改善本国的国际收支平衡情况，一方面采取限制本国居民出国的措施，另一方面鼓励本国人员在国内度假。另外，一些旅游目的地政局不稳定，犯罪率上升，以及国际民航交通事故频发，也使一些人改变了出国旅游的计划。

2. 区域旅游是国际旅游的主体

世界旅游组织为了统计和分析资料的方便，把世界划分成六大旅游区，即欧洲、美洲、东亚及太平洋地区、南亚、中东和非洲。各国居民在本地区内做跨国界的旅游活动，被称作区域性的国际旅游。在国际旅游活动中，区域旅游一直保持绝对优势。在欧洲，区域性国际旅游者约占80%，北美与亚太地区约占50%。

造成区域性国际旅游发达的原因是多方面的，主要是距离近、交通方便、节约时间与开支、旅行手续简便、文化传统相近和语言障碍少等。

3. 地区间发展的不平衡

国际旅游业极速发展，但地区间一直存在着严重的不平衡现象。从旅游者人数或从旅游者的消费额来看，欧洲一直占绝对优势，而非洲与中东所占比例很小。在世界范围内的国际旅游人次数中，欧洲接待的约占65%～70%，美洲约占20%，而中东与非洲加在一起才占5%；世界范围内国际旅游总收入的60%由欧洲占据，美洲约占20%～25%。

亚太地区旅游业发展速度超过其他所有地区，发展中国家与工业发达国家在旅游业发展方面的差距也在逐渐缩小。自1960年以来，亚太地区国际旅游者人次数与国际旅游收入占世界总量的比例分别由1.1%与1.7%上升到11.5%与13.5%。虽然全球国际旅游业呈现出欧、美、亚三足鼎立之势时日尚远，但其差别在急剧缩小。

4. 发展速度的不稳定

自1950年到现在，国际旅游者人次数的年增长率为7.3%，国际旅游的收入增长率为12.1%，增长速度是相当高的。但仔细分析起来，在这期间年度实际增长速度又有很大差异，增长波幅陡峭，发展不稳定。在高速发展中，出现过1963—1966年、1971—1973年、1977—1980年与1986—1989年四大高峰期，7～8年为一个周期。从人数上讲，1963年、1964年与1970年分别为1.1%、0.1%与0.7%；从国际旅游收入上讲，1962—1966年年增长率为10%～15%，1971—1973年为16%～20%，1977—1980年为21%～25%，而1968年仅为3.7%，1982年呈负增长，1983年几乎是0。

当然，就具体某一地区或某一国家来讲，国际旅游业发展速度也大不一样。这表明，国际旅游业是个易变的行业，它的发展受世界政治、经济、外交以及自然、时尚等多种因素的制约。

三 中国现代旅游的发展

1. 外事接待阶段（1949—1977 年）

新中国成立至 1978 年改革开放之前，我国旅游工作属于民间友好往来的范畴，为“外事接待阶段”。当时的旅游接待，主要是从扩大政治影响角度考虑的，旅游设施总体规模很小、结构单一，旅游业并没有真正形成一个完整的产业。1978 年，来华旅游入境人数仅为 180.9 万人次，其中外国人 23 万人次，旅游创汇 2.63 亿美元，位居世界第 41 位。在这期间，我国旅游发展中有两件值得重视的大事。

（1）两大旅行社系统成立。1979 年以前，政府办旅行社主要是为了争取外国人和华侨来访，使他们更好地了解、同情和支持新中国，扩大中国的对外影响，属于友好接待性质。对旅行社的要求主要是取得接待工作的政治效果，而不是经济效益，主要根据政治条件选择接待对象，而不是广为招徕。

在此期间，我国成立了两大旅行社系统。一是 1954 年成立的中国国际旅行社总社及其分支社；二是 1957 年由各地的华侨服务社组建而成的华侨旅行社（1974 年改名为中国旅行社）总社及其分支社。前者负责接待外国自费旅游者，由国务院及地方政府的外事办公室领导；后者负责接待海外华侨、外籍华人、港澳台同胞，属于政府的侨务系统。在体制方面，这两大系统名义上定为“国营企业”，实际运作中都是行政或事业单位。

（2）中国旅行游览事业管理局的成立。1964 年，中国旅行游览事业管理局成立，其直接意义是中国旅游事业从此有了专门的领导机构。1978 年，中国旅行游览事业管理局改为直属国务院的“中国旅行游览事业管理总局”，各省、直辖市成立旅游局。1982 年，中国旅行游览事业管理总局改为“中华人民共和国国家旅游局”。

2. 全面振兴时期（1978 年到今）

（1）以接待入境旅游为主的阶段。1978 年 10 月至 20 世纪 80 年代中期，我国旅游事业是以接待入境旅游为主。

1978 年 10 月至 1979 年 7 月，邓小平同志做了五次专门讲话，要求加快发展旅游业。邓小平同志指示：“旅游事业大有文章可做，要突出地搞，加快地搞”，“搞旅游要把旅馆盖起来。下决心要快，第一批可以找侨资、外资，然后自己发展”。按照邓小平同志的指示，国务院成立了以主管副总理为首的旅游工作领导小组，各地政府也相继成立领导小组，加快了我国旅游业发展的步伐。

但是，由于中国旅游设施不完善以及其他因素，此时我国旅游业发展的重点是入境旅游；没有采取“先国内，后国外”的常规发展模式，而是优先发展入境旅游；对国内旅游则实行“不宣传、不提倡、不反对”的方针。

1983 年 10 月，世界旅游组织在印度新德里召开会议，一致通过接纳中华人民共和国为正式成员国，标志着中国旅游业跨入世界旅游业的行列。

（2）入境旅游和国内旅游并行发展的阶段。20 世纪 80 年代中期至 1997 年，为我国入境旅游和国内旅游并行发展阶段。

20 世纪 80 年代中期，随着我国社会经济的发展和人民生活水平的不断提高，国内旅游市场逐步形成。国家有关部门对国内旅游发展给予了高度重视，提出国家、地方、部门、集体、个人“五个一起上”的方针，形成了全社会大办国内旅游业的格局。1991 年，在《关于国民经济和社会发展十年规划和第八个五年计划纲要》中，政府正式明确将旅游业的性质定为产业。1995 年 5 月 1 日起，我国实行 5 天工作制，每周有“双休日”。在这一阶段，我国的旅游业实现了快速发展。

到 1998 年，我国入境旅游接待达到 6 347.84 万人次，其中外国人 710.77 万人次，旅游创汇 126.02 亿美元，分别是 1978 年的 35 倍和 48 倍，世界排名分别跃升至第 6 位和第 7 位。同期，我国国内旅游人数达 6.94 亿人次，旅游收入 2 391.18 亿元人民币；国际国内旅游总收入达 3 438.64 亿元，相当于国民生产总值的 4.32%。同时，旅游业成为安置社会就业和再就业的重要渠道。1998 年，旅游从业人数达 900 万人。旅游业还促进了中西部地区的脱贫致富，直接受益人口有 400 多万人。

（3）入境旅游、国内旅游和出境旅游全面发展的阶段。1997 年至今，入境旅游、国内旅游和出境旅游全面发展。

作为试点，1983 年 11 月，广东省率先开放本省居民赴香港旅游探亲。1984 年，国务院批准开放内地居民赴港澳地区的探亲旅游。1990 年，经国务院批准，国家旅游局发布实施了《关于组织我国公民赴东南亚三国旅游的暂行管理办法》，旅游目的地限于新加坡、马来西亚、泰国三国，而后又增加了菲律宾等国。这次批准的只是出国探亲旅游，公民出国旅游所需费用一律自理，采取由海外亲友交费的办法。1997 年 7 月 1 日正式实施了《中国公民自费出国旅游管理暂行办法》，标志中国出境旅游市场的形成。1999 年 5 月 1 日，全国实行春节、五一、国庆七天长假制（被称为三个旅游“黄金周”），大大促进了国内旅游的发展。

到2012年，全国国内旅游人数达29.57亿人次，收入为22 706.22亿元人民币；接待入境旅游1.32亿人次，实现国际旅游（外汇）收入500.28亿美元；出境人数达到8 318.27万人次；全年实现旅游业总收入2.59万亿元人民币。

材料2-2

未来旅游发展的总体趋势

现代旅游业的发展速度之快，举世瞩目。虽然在某些地区或某些时间段，由于个别的原因其发展速度会受到一定影响，但是，可以预见的是，旅游业持续发展的总体趋势不会改变。未来的旅游业必将在人们的社会生活中占有更加重要的地位。

一、市场细分化趋势

现代旅游者的旅游目的越来越个性化，旅游组织者也越来越重视从更深层次开发人们的旅游消费需求，因此旅游产品市场更加细分化。除了传统的观光旅游、度假旅游和商务旅游外，特殊旅游、专题旅游更有发展潜力，如宗教旅游、探险旅游、考古旅游、修学旅游、蜜月旅游、购物旅游、奖励旅游、民族风俗旅游等，将会形成特色突出的旅游细分化市场。

二、特色度假胜地成为主流产品

在未来的市场发展中，观光型旅游并不会完全失去市场，但在传统的旅游客源国家中度假旅游将更为盛行，将会逐步取代观光旅游成为国际旅游的主体。以浓厚的区域文化内涵和生态、绿色、低碳的自然资源环境为支撑的度假胜地将是度假旅游产品的重要支柱，这些旅游度假胜地如地中海地区、加勒比海地区仍将是国际旅游者集中的地区。

东亚、太平洋地区的夏威夷及具有丰富海滩资源的泰国、印度尼西亚、中国大陆沿海区域将是旅游者热衷于选择的目标。而主要吸引商务和购物客人的城市型旅游地如中国香港、新加坡、中国台湾、韩国将会在度假旅游浪潮中失去一部分市场。到21世纪末，泰国、夏威夷、中国海南将会取代中国香港、新加坡、印尼成为东亚、太平洋地区第一位、第二位和第三位的旅游度假目的地。

三、旅游者追求灵活多变的旅游方式

随着世界各地旅游设施的建立健全，世界性预订服务网络的普及完善，散客旅游越来越方便。在追求个性化的浪潮下，目前世界上散客旅游人数已超过旅行社固定包价的旅游人数，散客旅游和中短距离区域内的家庭旅游在旅游者人数中所占比例将逐渐增加，小包价、个人委托代办服务也占有越来越重要的市场份额。

四、旅游活动有更多的参与性和娱乐性

旅游者将转向追求那些富有活力和情趣、具有鲜明特点的旅游场所，喜欢轻松活泼、丰富多彩、寓游于乐、游娱结合的旅游方式。他们能亲身体验当地人民的生活，直接感受异国的民族文化风情，通过参与和交流得到感情的慰藉和心灵的撞击。因此，旅游产品设计开发将更加注重民族风情、地方特色，游娱结合。

五、“银色市场”不断扩大

按照世界现行标准，一个国家老年人人口比例超过总人口比例的7%即为老年型国家，这个比例仍在增加。西方主要客源国大都已成为老年型国家，其中英国、德国、瑞士等国老年人比例已超过总人口的14%。现代老年人是一个有钱、有闲暇时间、健康活跃的阶层，在退休后开始人生的第二个春天，对异国的古老传统文化比年轻人更感兴趣，对旅游休闲度假更有兴趣。同时在美国“9·11”事件之后，欧美出现了携孙辈一起出游的现象。“银色市场”越来越被各旅游接待国所重视，将来会成为一个很重要的市场。

六、更加重视旅游安全

民族冲突、宗教冲突、国际恐怖主义、政局动荡、传染性疾病、旅游目的地社会不安定等，都会随时对国际旅游业的发展形成局部威胁。在具备闲暇时间和支付能力的条件下，唯一能使旅游者放弃旅游计划的因素就是对安全的顾虑。旅游安全和旅游目的地的社会和谐将会越来越受到重视。

七、区域旅游势头不减

由于地缘和文化的原因，对大部分国家来说，邻近市场仍将是本国旅游客源的主体市场。区域经济一体化会以其“地利、人和”的优势，推动区域旅游业以更快的速度增长。在不久的将来，东南亚海域将成为世界滨海游乐业蓬勃发展的地区之一，中国—东盟自由贸易区以及日韩等国将是亚太地区重要的旅游度假区域接待板块。

思考与习题

1. 人类最初的旅行需要是如何产生的？
2. 近代以前的旅行有哪些特点？
3. 为什么托马斯·库克被尊为旅游业的先驱？
4. 试析产业革命对近代旅游发展的影响。
5. 试析第二次世界大战结束后现代旅游迅速发展的原因。
6. 现代旅游发展表现有哪些方面的特点？
7. 简述改革开放以来我国旅游业经营市场的变化和演进情况。

第三章
旅游者

➤**教学目标**　知识目标：了解旅游者的类型；熟悉旅游者的概念与界定；理解影响旅游动机产生的因素；掌握旅游者形成的条件，掌握消遣型旅游者与事务型旅游者的特点

能力目标：能分析旅游者形成的基本条件及不同类型旅游者的基本特点

➤**教学难点**　旅游动机

➤**教学重点**　旅游者的定义　旅游者形成的客观条件和主观条件　旅游者的类型

➤**主要内容**　旅游者的基本概念　旅游者形成的客观条件　旅游者形成的主观条件　旅游者的类型

旅游者是旅游活动的主体，是构成旅游活动的首要条件。没有旅游者就没有旅游活动，也就没有旅游业。现代旅游必须从旅游者研究入手，只有准确地把握旅游者的需求和行为模式，才能使旅游供给更好地满足旅游者的需求。

第一节　旅游者的基本概念

旅游学界围绕旅游者的概念，众说纷纭，无法统一。究其原因，一方面是旅游学科起步较晚，研究者从各自不同的学科角度提出了旅游者的概念，所下的定义难以一致；另一方面，旅游学的开放性、边缘性、关联性较大等原因，造成旅游及旅游者的概念内涵十分丰富。对旅游者的定义，目前占统治地位的不是学术界的理论性定义，而是官方从统计实际需要所作的技术性定义。

一　旅游者的理论性定义

理论性定义，也称为概念性定义，主要是指从抽象的理论出发而下的定义。

从字面上解释，“旅游者”就是游客，最早见于1881年英国的《牛津词

典》，英文是“tourists”，意思是“以观光为目的的外来旅客”。20 世纪以来，不断有人对“旅游者”提出新的见解，理论研究中的旅游者概念比较典型的有以下几种：

英国人奥格威尔于 1933 年从经济角度定义“旅游者”为“具备两个条件的人：第一，离开自己的久居地到外面任何地方去，时间不超过一年；第二，离开久居地期间，把他们的钱花在他们所到的地方，而不是在其所到的地方去挣钱”。

魏向东《旅游概论》中的定义为：旅游者是指离开常住地到异地旅行和访问的人，其停留时间不超过一年。其外出的目的可以是消遣性旅游，例如观光、度假等，也可以是非消遣性旅游，如公务、会议，但主要不是为了赚钱。

国家旅游局《旅游服务基础术语》国家标准中的定义为：旅游者是为满足物质和精神文化需求进行旅游消费活动的主体，是旅游服务活动的需求者和服务对象。

王敬武的定义为：旅游者是指离开常住地以寻求改变精神状态，获取最大的身体和心理满足，达到精神愉快的人。

谢彦君《基础旅游学》中的定义为：旅游者是出于愉悦的目的而前往异地，并在该地作短暂停留的人。

综上所述，旅游者的理论性或概念性定义为：旅游者是出于移民和就业以外的任何原因，暂时离开常住地去异乡访问的人。

二　旅游者的技术性定义

技术性定义，也称为实践性定义，主要是指出于统计工作的需要，对旅游作出的比较具体的定义。

1. 国际旅游者

（1）国际联盟的定义。1937 年，国际联盟的统计专家委员会把国际旅游者或外国旅游者定义为“就是离开自己的居住国，到另一个国家访问旅行超过 24 小时的人”，并对国际旅游者范围给予了界定。

①列为国际旅游者的人员范围：为了消遣、家庭事务及身体健康方面而出国旅行的人；为出席会议或作为公务代表而出国旅行的人，包括科学、行政、外交、宗教、体育等会议或公务；为工商业务原因而出国旅行的人；在海上巡游过程中登岸访问的人员，不管停留时间多长。

②不能列为国际旅游者的人员范围：抵达某国就业任职或者在该国从事营业活动者；到国外定居者或留学寄宿在校的学生；边境地区居民中日常越

境工作的人；临时过境而不停留的旅行者，不管其停留时间多长。

1950 年，国际官方旅游组织联盟（IUOTO）对上述定义做了修改，包括将修学形式旅游的学生视为旅游者，以及界定了一个新的旅游者类型“international excursionists”（通常译为“短途国际旅游者”或“当日往返国际旅游者”）。短途国际旅游者是指在另一个国家访问不超过 24 小时的人。另外，IUOTO 还定义了过境旅行者：他们是路过一个国家但不作法律意义上的停留的人，不管其在该国逗留多久。

（2）罗马会议的定义。1963 年，联合国在罗马召开了一次国际旅游会议，对来访旅游人次的统计范围作了新的规定，把旅游者分为两类：一类是指在目的地停留过夜的游客，称为“旅游者”（tourist）；另一类是在目的地不停留过夜，而是当日往返的游客，称为“短程游览者”（excursionist）。并作了具体的解释：

①游客，指除为了获得有报酬的职业外，基于任何原因到一个不是自己常住国去访问的任何人。

②旅游者（过夜旅游者），是指到一个国家作短期访问至少逗留 24 小时的游客。其旅行的目的是：其一，闲暇的消遣（包括娱乐、度假、疗养保健、学习、宗教信仰或体育运动等目的）；其二，为了工商业务、探亲、公务出使或出席会议等。

③游览者（短程游览者或一日游游客），是指到一个国家逗留时间不到 24 小时的游客。

总体来说，以上定义只能是统计学意义上的解释，并没有真正把握旅游者的本质特征，且未能加以抽象概括形成科学的概念。罗马会议对旅游者的这种解释的明显不足是：增设时间和空间的界定，但又不够严谨，规定了超过 24 小时，而没有限定逗留的时间，例如长达几年的逗留者算不算旅游者；也没有将国内旅游者考虑进去。

（3）世界旅游组织的定义。1975 年，世界旅游组织成立后，采纳了罗马定义，并在 1981 年出版的《国内与国际旅游统计资料收集与提供方法手册》中对罗马定义做了补充和完善。

①国际游客不包括下列人员：有意向目的国移民或在该国谋求就业者；以外交官身份或军事人员身份进行访问者，以及其随从人员；流亡者、流浪者或边境上的工作人员；打算停留一年以上者。

②可以计算为国际游客的：为了娱乐、医疗、宗教仪式、家庭事务、体育活动、会议、学习或过境进入另一国家者；外国轮船船员或飞机机组成

员，中途在某国稍事停留者；停留时间不足一年的外国商业或公务旅行者，包括为安装机械设备而到达的技术人员；负有持续时间不足一年使命的国际团体雇员，或回国进行短期访问的旅行侨民。

2. 国内旅游者

加拿大：离开居住地边界，到至少 50 英里（80 千米）以外的地方去旅行的人。

美国：出于工作上下班之外的其他任何原因，离家外出旅行至少 50 英里（80 千米）的人，而不管其在外过夜还是当日返回。

英国：基于上下班之外的任何原因，离开居住地外出旅行过夜至少一次的人。

法国：基于上下班之外的原因，离开自己的主要居所，外出旅行超过 24 小时，但未超过 4 个月的人。

世界旅游组织：为了娱乐、度假、体育活动、公务、集会、会议、学习、探亲访友、保健、慈善工作或宗教目的，在自己定居的国家对某个目的地进行至少 24 小时，但不足一年的访问旅行者。

3. 我国关于旅游者概念的解释

我国关于旅游者的界定和规定，大致沿用国际惯例，并根据我国的实际情况作了解释。

（1）海外旅游者。海外旅游者是指来我国大陆观光、度假、探亲访友、就医疗养、购物、参加会议，或从事经济、文化、体育、宗教活动的外国人、华侨、港澳台同胞。

我国的海外旅游者中的外国人，是指具有外国国籍的人，包括加入外国国籍的中国血统华人。华侨是指持有中国护照，但侨居外国的中国同胞。港澳台同胞是指居住在我国港澳台地区的中国同胞。

中国国家统计局规定的非国际旅游者，是指政府高层访问团，驻华使领馆人员和长驻我国的外国专家、留学生、记者，航班过境旅客，边境往来的边民，来华定居的外国人，华侨，港澳台同胞。为了便于界定，国家统计局同时对海外旅游者规定了三点：一是因上述原因或目的，离开其常住国家（或常住地区）到我国访问；二是连续停留时间不超过 12 个月；三是来华活动的主要目的不是通过所从事的活动获取报酬。

（2）国内旅游者。在我国的国内旅游统计中，将纳入国内旅游统计范围的人员统称为国内旅游者。

国内旅游者是指任何因休闲、观光、度假、探亲访友、就医疗养、购物、参加会议，或从事经济、文化、体育、宗教活动，离开常住地到我国境内其他地方访问，连续停留时间不超过 6 个月，并且访问的主要目的不是通过所从事的活动获取报酬的人。

国内旅游者根据逗留时间长短和空间距离分为两大类：一类为国内旅游者，是指我国大陆居民离开常住地，在我国境内其他地方的旅游住宿设施内停留至少一夜，最长不超过 6 个月者；另一类为国内一日游旅游者，是指我国大陆居民离开常住地 10 千米以外，出游时间超过 6 小时但不足 24 小时，并未从事营业活动者。

不难看出，我国对于旅游者概念的解释与世界旅游组织所下的定义基本一致，只不过根据我国的实际情况，将港澳台同胞、华侨都列入了海外旅游者的统计范围。这种从统计需要出发对旅游者所下的定义具有一定的操作性，但在实际应用中也存在一些问题。如在外求学的学生，离开常住地不足一年，按照现行定义来看，应当也算是旅游者，因为其主要目的也不是为了获取报酬。还有现代的商务旅游，已经很难分清是否为单纯的旅游。各种各样的现代旅游形态，如商务旅游、体育旅游、修学旅游等都不是纯粹意义上的旅游，也就是说单纯的旅游者并不一定占多数。

第二节　旅游者形成的客观条件

旅游活动是人类社会发展到一定阶段的产物。尤其是今天，以休闲、消遣为目的的旅游者，除了出游的主观需要之外，还受诸多客观条件的限制。换言之，一个人还必须具备一定的客观条件，才有可能外出进行旅游活动。

一　足够的支付能力——前提条件

家庭收入达到一定的水平是实现旅游的前提之一，是实现旅游的重要物质基础。首先，一个人能不能成为旅游者，其旅游消费水平是高还是低，消费结构处于什么样的状况，取决于他的支付能力的高低。而旅游支付能力又与其收入水平，尤其是可自由支配收入直接相关。

1. 可自由支配收入

个人或家庭的可自由支配收入可以说是旅游支付能力的前提条件。可自由支配收入，或者说可随意支配收入（discretionary income）指的是个人或家庭的总收入扣除全部纳税、社会保障性消费（人寿保险、退休金、失业补贴的预支等）以及日常生活所必需的消费部分（衣、食、住、行）之后所余下的收入部分。

一个家庭的收入首先需要支付的是必需的生活基本消费。在其收入尚不足以支付这一部分的消费时，外出旅游的可能性是很小的。而当一个家庭的收入超过了这一临界点，用于旅游的消费就可能增加。

按世界银行标准，人均年收入 800 美元以下，为低收入国家或地区；800～3 000 美元，为中下等收入国家或地区；3 000～9 000 美元，为中上等收入国家或地区；9 000 美元以上，为高收入国家或地区。当一个国家人均年收入达到 800 美元时，居民将普遍产生国内旅游的动机；达到 1 000 美元时，将产生到邻国旅游的动机；当超过 3 000 美元时，将产生洲际旅游的动机。

由于时代的差异、国情的区别、地区的不同，各国对临界点的认定各有不同。在 20 世纪 80 年代的美国，这一临界点收入大约为 15 000 美元，年收入在 15 000 美元以上的家庭外出旅游的可能性比年收入低于这一水平的家庭大两倍，年收入在 25 000 美元以上的家庭外出旅游的可能性更大，大约为年收入在15 000美元以下的家庭的 5 倍。也正因此，关于家庭或个人可自由支配收入的统计数据，在进行市场分析和预测时是十分重要的指标之一。

2. 收入水平与消费行为的影响

(1) 收入水平影响着消费水平。具有较高收入水平的人，外出旅游的消费水平会比低收入水平的人高。收入水平这一因素的重要性还在于，当一个家庭的收入水平超过了上面所指的收入临界点后，每增加一定比例的收入，旅游消费就会以更大的比例增加。根据英国有关部门的估计，旅游消费的收入弹性系数为 1.5，也就是说，收入每增加一个百分点，旅游消费就会增加 1.5 个百分点。国际官方旅游组织联盟（世界旅游组织的前身）也曾估计，这一系数为 1.88。这也意味着旅游消费水平会随着收入水平的提高而变化。

(2) 收入水平影响着消费结构。在一个家庭的日常消费中，随着其收入水平的提高，在食品上的消费比例会逐渐降低。旅游消费中情况也与此类似。不同的是，外出旅游时必须首先支付的是交通费用。因此，富裕的家庭在外出旅游时，会在食宿游购娱方面花费较多，从而使得交通费用在总消费中的比例降低。而在收入水平较低的家庭的外出旅游消费结构中，交通费用所占的比例通常较大。收入与旅游消费支出不是简单的正比例关系，而是“结构性”的增长。

总之，旅游支付能力的高低，取决于收入水平，尤其是可自由支配收入水平。收入水平的高低，影响着旅游活动能否实现，影响着外出旅游时的消费水平及消费结构，也影响着对旅游目的地和旅行方式的选择。所以，可自由支配收入水平是决定个人旅游消费的重要经济因素。

二 足够的闲暇时间——必要条件

拥有足够的支付能力，只是决定人们能够外出旅游的经济方面的因素。事实上，即使是在公民出游率很高的国家，也有一些人即使收入水平相当高，也未必能够实现外出旅游。旅游活动必须花费一定的时间，没有时间就不能形成旅游行为，因而闲暇时间是构成旅游活动的必要条件。

1. 闲暇时间

闲暇时间，也称自由时间或可随意支配时间，是指在日常工作、学习、生活及其他必需的时间之外，可以自由支配，从事消遣娱乐或自己乐于从事的其他任何事情的时间。

2. 闲暇时间的构成

当然，并非所有的闲暇时间都可以用来旅游。这与闲暇时间分布的集中程度有关。在现代社会中，闲暇时间有每日余暇、每周余暇、公共假日和带薪假期四种情况。

（1）每日余暇时间。它是指每天在工作和生活之余的闲暇时间。这部分时间零散地分布在一天中的每个时间段，基本上不可能用来作为旅游时间，只可以用来进行一般的娱乐和休息。

（2）每周余暇时间。这一时间通常指周末休息日。目前全世界大部分国家都已实行了 5 天工作制，周末休息两天。在有的国家，如美国，有的法案还规定每年有四次为期 3 天的周末假日。我国从 1995 年 5 月 1 日起实行 5 天工作制，周末公休时间有两天。这段较为集中的闲暇时间，由于时间短，一般只适合开展一些近距离的旅游活动。这为我国居民周末时间近距离外出旅游创造了必要的时间条件。

（3）公共假日。即通常所说的节假日。由于不同的历史文化和宗教信仰方面的原因，各国传统节日的分布状况也有所不同。西方国家比较重要的公共假日是复活节和圣诞节。我国的公共节假日包括元旦、春节、清明节、五一劳动节和国庆节等。国家通过政府调控，使公共假日与前后周末组合在一块，往往会成为家庭外出旅游的高峰时期。在假日期间，人们纷纷加入旅行社团队出门旅游，或一家单独外出旅游，这已成为一种社会时尚。

（4）带薪假期。目前经济发达国家以法律形式规定对就业员工实行带薪休假制，这是产业革命完成后工人阶级不断斗争争取的结果。法国 1936 年第一个以立法形式规定就业人员每年享有至少 6 天的带薪假期。现在，世界上很多国家都实行了带薪休假制度，但各国实行带薪假期的情况各有不同，欧洲国家平均是 22～25 个工作日，很多国家还规定了最短期限。带薪假期时间长而且集中，是人们外出旅游的最佳时机。西方国家的大多数旅游者都是借助带薪假期进行国际旅游的，时间大都集中在6～9月，这也在客观上形成了旅游目的地的旅游旺季。

三 其他影响因素

足够的支付能力和足够的闲暇时间是实现旅游活动的两个最重要的客观条件。此外，旅游者的形成还受到其他一些客观因素的制约和影响，这些因素可以分为两类。

1. 社会因素

（1）科技发展水平。交通运输技术的发展极大地缩短了旅行，特别是长途旅行的时空距离，从而使更多的人可以在闲暇时外出旅游，因此在一定程度上推动了现代旅游的快速发展。而社会的科技发展水平在某种程度上也决定了人们在一定时期内旅游的极限范围。如太空旅行是许多人的梦想，但是由于技术等因素的限制，真正能够实现这一梦想的人到目前为止是极少数的。

（2）社会政治方面的因素。政府的外交政策和外交状况，往往可以决定出境旅游的可能性。政府对待旅游的态度，是鼓励其发展并尽可能提供方便，还是不提倡甚至限制，以及一国或地区的政局是动荡不安还是和平稳定，都可以成为影响旅游活动的因素。

2. 个人因素

（1）个人身体状况。外出旅游客观上要求旅游者必须具有健康的身体，否则难以成行。我国历年旅游统计数据反映，来华入境旅游者中，处于20～45岁年龄段的最多，65岁以上的老年人所占比例则不高。造成这一情况的根本原因并非年龄因素，而是伴随年龄而来的身体状况问题。

（2）个人家庭状况。很多调查情况表明，家中有4岁以下婴幼儿的家庭外出旅游的可能性很小。这一方面是由于婴幼儿需要特别的照顾，比较麻烦；另一方面是因为外出旅行时，很不容易找到适合婴幼儿生活所需要的特殊接待设施。因此，一个人所处的家庭人口状况构成了影响其旅游需求的客观因素之一。

综上所述，一个人的身体能力状况和家庭状况以及收入水平和闲暇时间一起构成了影响旅游需求的个人方面的客观因素。当然，如果从它们对促成一个人成为旅游者所起的作用来看，这些因素又是相互联系、相互作用、缺一不可的。

第三节　旅游者形成的主观条件

一个人要真正成为旅游者，或者要让外出旅游成为现实，除了必须具备以上客观条件外，还要具备主观条件，这就是旅游动机。旅游动机是指促发一个人有意旅游以及到何处去、作何种旅游的内在驱动力。旅游动机是推动和指导旅游活动的心理过程，即旅游的主观原因。

一　个人需要与旅游动机

心理学家认为，人的行为由动机支配，动机由需要引起。所谓需要是人们在个体或社会生活中缺乏某种东西时产生的一种主观状态，并力求获得满足的一种心理倾向，也就是个体对一定事或物的需求和追求。旅游需要是指人的旅游行为最基本、最核心的动力因素。有什么样的需要，就会产生什么样的动机。旅游动机的产生和人类的其他行为动机一样，也都是来自人的需要。

1. 受尊重和自我实现的需要

人类究竟有多少种需要？旅游动机的产生满足了人类的哪些需要？美国心理学家马斯洛认为，一个人同时存在多种需要，但在某一特定时期，每种需要的重要性并不相同。人们首先追求满足最重要的需要，即需要结构中的主导需要，它作为一种动力推动着人们的行为。当主导需要被满足后，就会失去对人的激励作用，人们就会转而注意另一个相对重要的需要。

人类的需要可分为五个层次，即生理需要、安全需要、社交需要、受尊重的需要以及自我实现的需要。

（1）生理需要：是为了生存，对必不可少的基本生活条件产生的需要。如由于饥渴冷暖，对吃、穿、住产生需要。

（2）安全需要：是指维护人身安全与健康的需要。

（3）社交需要或爱的需要：是指参与社会交往，取得社会承认和归属感的需要。

（4）受尊重的需要：是指在社交活动中受人尊敬，取得一定社会地位、荣誉和权力的需要。旅游者的旅游全程有人为其服务，可以享受到受尊重的感觉。

（5）自我实现的需要：发挥个人最大能力，实现理想与抱负的需要。有的人为了实现自我抱负或谋求自我发展而外出旅游考察，从中获取信息或启示，以寻求发展机会。如驾车或徒步游全国、全球，跨越某大洲等，以此展示其成就，实现一种自我价值，引起人们的注目。

人类的需要，是依照由低到高的层次组织起来的，在低层次的需要基本满足以后，就会出现较高层次的需要，人们就是在不断的追求中出现新的需要，产生新的行为动机。在这五个层次的需要中，前两种纯属基本物质方面的需要，后三种是属于精神方面的需要。因此，旅游动机的产生与马斯洛需要层次理论中后三个层次的需要是密切相关的。该理论对旅游实践有着一定的指导意义。

2. 其他需要

旅游动机的产生，还有人类对其他方面的需要，主要表现在两个方面：一是探新求异的需要；二是逃避紧张现实，调节身心节律的需要。

现代社会竞争激烈，生活节奏不断加快，人们的精神常年处于高度紧张之中，工业化和城市化造成的人群拥挤、交通喧闹和空气污染等问题日趋严重。因此，人们普遍希望在可能的情况下，暂时避开这样的环境，到环境幽雅、空气清新的地方度过一段时间，以调节自己的身心节律，消除疲劳，松弛情绪。

二　旅游动机的类型

由于受国度、民族、职业、年龄和性别以及文化程度等因素的影响，人们的精神需要也是多种多样的。人们外出旅游很少只是出于某个方面的动机，除有某一主要方面的动机外，往往还会涉及其他一些方面的动机。美国著名的旅游学教授罗伯特·W. 麦金托什认为，旅游动机可以分四类，即身体方面的动机、文化方面的动机、人际方面的动机、地位与声望方面的动机。

1. 身体方面的动机

这方面的动机包括度假休息，参加体育活动、海滩消遣、娱乐活动，以及其他直接与保健有关的活动。希望通过旅游来达到改善自己心理和生理两方面的旅游者占了大多数。

2. 文化方面的动机

这方面动机的特点是：旅游者希望了解异国他乡的情况，包括音乐、艺术、民俗、舞蹈、绘画及宗教等。

3. 人际（社会交往）方面的动机

这方面的动机包括希望探亲访友、逃避日常的例行琐事或惯常的微社会环境、结交新友等。

4. 地位与声望方面的动机

这方面的动机，主要是关心个人成就和个人发展的需要，属于这类动机的旅游包括事务、会议、考察研究、追求业余爱好及求学等。旅游者通过旅游，实现自己想要被人承认、引人注意、受人赏识、获得好名声等的愿望。

三　影响旅游动机的因素

影响旅游动机的因素是十分复杂的，既有个人的因素，也有环境的因素；既有社会的因素，也有文化的因素。特别是随着现代社会经济的发展，人们外出旅游的动机呈多元化、个性化发展的趋势。

1. 个性心理

在影响旅游动机的个人方面的因素中，个性心理特征起着重要作用。个性是指个体在先天素质的基础上，在一定的历史条件下，在社会实践活动中形成和发展起来的比较稳定的心理特征的综合。它也可以说是一个人区别于他人的个人行为的特征。由于人们先天性遗传的生理素质，以及其所处的客观环境和社会环境的不同，每个人都表现出各自不同的个性行为。不同个性心理特征的人有着不同的旅游动机，进而产生不同的旅游行为。

美国心理学家坦利·C. 帕洛格研究提出五种心理类型，即自我中心型、近自我中心型、中间型、近多中心型、多中心型。图 3-1 所示模型显示属于中间型心理类型的人占大多数，而属于两个极端心理类型的人在总人口中只占很小的比例，呈两头小、中间大的正态分布。

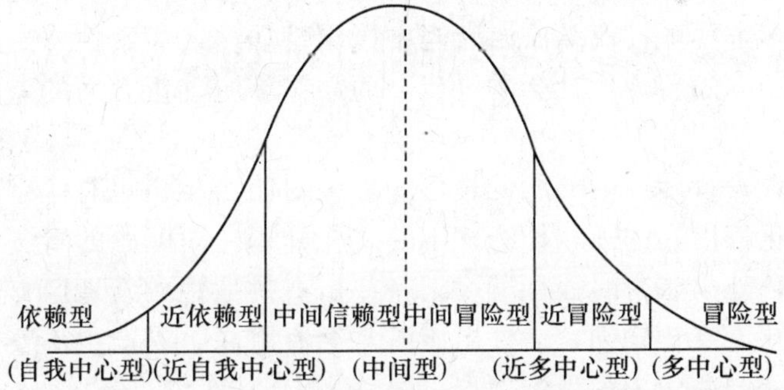

图 3-1　帕洛格旅游心理模型

帕洛格还发现，不同心理类型的旅游者在旅游活动中扮演的角色也不同。多中心型心理类型的人，表现外向，性格开朗，兴趣广泛多变，行为自信，富有冒险性，对各种各样的事物都感兴趣。他们往往是新旅游地的发现者和开拓者，在旅游活动中只需要为其提供一些基本条件。世界上较流行的背包旅游者往往就属于这种类型。而属于自我中心型的人，往往是以自己的理想为中心，或只注意自己生活范围内的狭小问题，处处小心谨慎，循规蹈矩，不爱冒险。在旅游行为中，他们表现为选择自己熟悉或旅游发展成熟的目的地，并且要求旅游的整个过程安排得井井有条，一切活动都要事先估计得到。这些人一般适合于包价旅游。

2. 年龄、性别以及受教育程度

（1）年龄。青年人活跃好动，对新鲜事物具有浓厚的兴趣和好奇心，对社会和自然的探索要求强烈。因此，青年人的旅游动机往往是求新、求奇、求异、求险，要通过旅游活动以达到心理的满足。

中年人在工作和事业上已打下一定的基础，具有较丰富的社会生活阅历。因此，他们的旅游动机主要是求名、求实。他们通过参加国际性（或国内）会议、开展商务活动以及参加与自己专业爱好相关的活动，以体现自我价值，受到人们的尊重。

老龄人常有怀旧、忆旧的情感，对会见老相识、老朋友，对观看名胜古迹、故地重游比较感兴趣。因此，他们的旅游动机多为出外访古寻友，追宗归祖。例如，我国的港澳台同胞、旅居在海外的华侨和具有中国血统的外籍华人来我国大陆旅游，往往是出于这样的旅游动机。

（2）性别。两性不但在生理上、心理上有明显的差异，而且在家庭和社会两方面所处的地位和作用也不尽相同，因此，在旅游动机上存在很大差别。一般男性自主性意识强，不易受影响；而女性天生有一定的依赖性，在旅游中，需多加照顾。商务旅游者当中以男性居多，而女性外出旅游则以购物为主要目的。随着现代社会的进步，两性在旅游动机方面的差别可能会逐步缩小。

（3）受教育程度。人们所受教育的程度对旅游动机也有一定的影响。一般而言，文化程度高的人，拥有一定的文化知识，对问题的看法往往有自己独到的见解，外出旅游时往往喜欢去一些富有挑战性的新地区；文化程度低的人，由于缺乏文化知识，对外出旅游常会有顾忌，易产生不安全感，外出旅游主要是去一些较为熟悉的地点。

3. 社会因素

社会因素主要是指人们在一定的社会阶层、社会集团中所处的地位与角色。一般而言，处于较高的社会阶层的人，更加开放和自信，愿意接受外界的新鲜事物，对旅游持积极的态度；而处于较低社会阶层的人，一般相对封闭，不愿意冒险，并且往往认为外部世界比较凶险，不愿意过多地参加旅游活动。

4. 文化因素

文化，一般指的是人类在创造物质财富的过程中所积累的物质财富和精神财富的总和。每个人都是社会的一员，文化直接影响和制约着人们的动机和行为。处于不同文化环境中的人们，在价值观念、信仰、态度等方面有着较大的差别，他们的旅游动机都会受到社会和文化因素的影响。

每个民族在长期的发展中形成的文化传统和独特的风俗习惯，也都会对人们的行为产生很大的影响。有的民族崇尚勤劳、节俭，乡情浓厚，不愿离开家乡到异地旅游；有的民族爱四处旅游、探险，欣赏异地的人文和自然景观，从而发现自己的价值。

不同的宗教有着不同的价值观和行为准则，宗教作为一种意识形态，也影响着人们旅游动机的形成。宗教虔诚往往是驱使信徒进行朝圣旅游的巨大动力。如伊斯兰教的教规规定每一个有能力的穆斯林平生都要作一次长途旅行，到麦加去朝觐；佛教的教徒则希望到各佛教圣地去拜佛、还愿等。

材料3–1

老年人旅游的主要原因与特点

一、老年人出游的主要原因

1. 具备一定的消费动机

老年人无太多后顾之忧，有着很强的旅游愿望。有的想回到自己的故乡看看，有的想利用有限的时间满足游览风景名胜的心愿。旅游将老年人引入大自然，实现人与自然的交流，给老年人的生活注入一种活力。

2. 拥有一定的可自由支配收入

一部分老年人离退休在家，有固定的收入，参加工作的子女常常还会定期给老人一定的经济补贴。各种来源的经济收入就成为老年人的可自由支配收入。老年人如果身体健康，物质生活得到保障，精神需求的边际效用就更大，旅游便成为老年人的一种重要消费手段。

3. 宽裕的闲暇时间

老年人在时间上极为宽裕，并完全可以自由支配。而大部分老年人感到比较孤独，希望有合适的活动以使生活更加丰富多彩，安排合理的旅游活动是老年人比较喜欢的。

4. 晚辈的大力支持

“送旅游”已经成为孝敬长辈的新流行选择。晚辈给予长辈精神上的鼓励和经济上的支持，就会促使老年人的旅游动机很快转化为旅游需求。

二、老年人旅游市场的特点

老年人旅游产品的特点是以经济旅游、包价旅游和观光旅游为主。其固定求稳的消费心理决定了回头客多，并且老年人好群聚，容易受相关群体的影响，“口碑”作用十分明显。

季节和安全是两大关键的制约因素。一般而言，每年春季、初夏、秋冬最适宜老年人出游，旅游淡季出游最理想。组织老年人旅游，重中之重是做好安全服务。

第四节 旅游者的类型

由于研究角度和研究目的不同，学术界对旅游者的类型有着不同的划分标准。研究人员通过对旅游者类型的划分，分析各类旅游者的特性，能够认识他们的需求特点，从而为旅游服务的实践操作和理论研究提供依据。

一 旅游者分类的意义

旅游者的分类，是根据旅游者行为、特征的相似性和差异性进行归并或划分出具有一定从属关系的不同等级类别的工作过程。在所划分出的每一种类别（类型）中，其属性上彼此有相似之处，不同类别（类型）之间则存在着一定差异。对旅游者分类具有重要意义。

（1）促进理论研究水平提高。对旅游者的分类，就是研究不同旅游者形成的各种因素和条件，以此为标准将旅游者划分为不同的类别，对比各细类之间的行为方式、特点等，加深对旅游者属性的认识，甚至发现、总结出某些新的规律，促进有关理论水平的提高。

（2）对实际工作的指导意义。分类可以使旅游市场上众多繁杂的旅游者条理化、系统化，来自各国各地区的旅游者各有特点，通过比较、认识、归纳及划分而形成的旅游者分类系统，实际上是一个关于旅游者有关资料的存取系统（即信息系统），为人们从整体上分门别类认识旅游者创造了有利条件。旅游者分类系统的建立、补充，加深了我们对旅游市场整体或区域特征的认识，掌握其特点、规律，可为进一步开发旅游市场及科学研究服务。

二 旅游者类型的划分

目前对旅游者尚无统一的划分标准。旅游者类型因考虑的因素不同，研究的侧重点不同，划分的类型也有所差异。按照不同的划分标准区分出的旅游者类型，彼此之间都互有交叉。在实际工作中，有时也可以根据需要，采用两种及以上的标准对旅游者进行划分。

1. 从市场分析和统计角度划分

（1）从市场分析和统计的角度，一般是根据旅游者出行的目的划分，有观光型旅游者、度假型旅游者、公务型旅游者、家庭及个人事务型旅游者、文化型旅游者、宗教型旅游者、购物型旅游者、特种旅游者等。

（2）从旅游者统计特征的角度，可按照年龄、性别、经济收入及职业特点来划分。

按旅游者年龄划分，可分为青少年旅游者、中青年旅游者和老年旅游者。

按旅游者性别划分，可分为男性旅游者和女性旅游者。

按旅游者收入划分，可划分为豪华型、经济型等。

按旅游者职业划分，可分为商人、学生、公司员工等多种类型的旅游者。

2. 从旅游类型角度划分

许多学者常常把旅游者类型的划分与旅游的类型划分联系在一起，有何种类型的旅游活动，就有何种类型的旅游者。

按旅游目的划分，有观光旅游者、娱乐消遣旅游者、文化知识旅游者、公务旅游者、宗教旅游者、医疗保健旅游者等。

按地理范围划分，有国际旅游者、国内旅游者等。

按组织形式划分，有团体旅游者、散客旅游者、家庭旅游者、自助旅游者等。

按享受程度划分，有经济型旅游者、标准型旅游者、豪华型旅游者等。

按费用来源划分，有自费旅游者、公费旅游者、社会旅游者、奖励旅游者等。

按旅行方式划分，有航空旅游者、铁路旅游者、汽车旅游者、自行车旅游者、徒步旅游者等。

按计价方式划分，有全包价旅游者、半包价旅游者、非包价旅游者等。

需要弄清楚的是，划分旅游者类型应该是出于实际工作需要进行的，并非为了划分而划分，类型划分只是为一定的研究目的服务的手段。

三　不同类型旅游者的基本特点

1. 娱乐消遣型旅游者

娱乐消遣型旅游者，是指以娱乐、消遣，求得精神松弛，享受临时变换环境所带来的欢愉为主要目的的旅游者。由于现代社会是个高度竞争的社会，人们的生活节奏不断加快，使得人们的社会角色和工作压力不断加大。

为摆脱这种压力，去异地娱乐消遣旅游，求得暂时的精神松弛，成为人们的必然选择。因此，该类旅游者在不断增多，并逐步发展成为当今世界旅游者的主要类型。

娱乐消遣型旅游者的主要特点如下：

(1) 对价格较为敏感，但追求物有所值。为了达到尽兴的目的，有时花费再多也在所不惜。

(2) 重游率较高。只要该地旅游产品内涵丰富，又有较多的参与性节目，能达到精神放松的目的，旅游者往往会重返该旅游目的地。

(3) 对娱乐项目的要求相对较高。其出游主要目的在于逃避主流社会，求得精神解放，对那些有吸引力、有影响力的旅游项目一般较为注重。例如山东潍坊的风筝节、洛阳的牡丹花节、哈尔滨的冰灯节等，都吸引了众多的娱乐消遣型旅游者。

2. 观光型旅游者

观光型旅游者，是指传统意义上的以观光游览为目的而外出旅游的旅游者。他们希望通过参观、游览异国他乡的自然景观和人文景观，增长见识，扩大视野，获得美、特、新、奇等感受。

在20世纪90年代以前，观光型旅游者是世界各国最普遍、最常见的旅游者。日本每日新闻社曾作过调查，在日本公民出国旅游者中，以单纯观光旅游者最多，占出国旅游人数的62.5%。观光型旅游者在所有旅游者中占绝大多数。这一类型的旅游者也成了旅游者的主要类型。

观光型旅游者的主要特点如下：

(1) 外出旅游的季节性强。这是由两个方面的原因决定的：一方面，旅游目的地的地理位置、气候条件以及旅游资源的特点存在着季节性的差异，导致各个旅游景点在不同的季节吸引力不同；另一方面，从旅游需求方面看，旅游者外出旅游主要是利用带薪假期和节假日，而世界各国规定的带薪假期和节假日都相对集中，这也在客观上形成了旅游的淡旺季。

(2) 对旅游目的地的选择自由度较大。旅游者在选择旅游目的地时，既要看旅游景点的知名度和吸引力的大小，又要看旅游产品的质量，同时还要考虑旅游活动中的安全等因素。旅游者可能会因为安全等因素而改变计划。

(3) 对产品价格较为敏感。这是由于观光型旅游者大多是自费旅游，一般来说对价格较为敏感。如果旅游目的地或旅游交通提高价格，旅游者会选择其他旅游目的地或者改乘其他交通工具。

3. 公务型（差旅型）旅游者

公务型（差旅型）旅游者，是指以业务为主要目的，兼顾观光旅游的人，包括公务旅游者、商务旅游者、学术教育旅游者（会议旅游者）等。公务型（差旅型）旅游者是旅游业的重要市场部分。

公务型（差旅型）旅游者的主要特点如下：

（1）出行的频率较高。在经济全球化、一体化的背景下，国际间的经济、技术和文化等方面的交流日益频繁，使得有关人员外出出差的机会日益增多，他们往往在工作之余进行旅游。所以，差旅型旅游的队伍日益扩大，这类旅游者往往因工作需要会经常光顾某些旅游目的地。

（2）出行的季节性不明显。由于他们出行是出于工作或业务的需要，因而没有季节性。

（3）对目的地的选择自由度较小，甚至根本没有选择余地。正因为如此，各旅游目的地在这一市场的经营上，基本上不存在竞争。

（4）消费水平较高。差旅型旅游者的旅行费用，一般由其所在单位或公司支付，而非自己承担。因此，他们在花费方面不大计较价格，而更多地强调服务的舒适与方便，因而其总体消费水平较高。例如，为了旅行便利，他们宁愿多花钱，也不会去购买附有限制条件的廉价机票，他们往往都选住高标准住宿设施等。

（5）对价格不太敏感。这一方面是因为他们的外出并非自费，另一方面则是因为他们没有选择和更改目的地的自由，只要工作或业务需要，即使其应去的目的地的旅游产品价格有较大幅度的上升，他们仍会前往。

4. 家庭及个人事务型旅游者

家庭及个人事务型旅游者，是指探亲访友、疗养治病、购物及因其他家庭事务和个人事务而外出旅行的人。

家庭及个人事务型旅游者的主要特点如下：

（1）利用带薪假期探亲访友，可节省个人费用的支出。

（2）具有合家消遣的特点。

（3）对出游时间、旅游目的地缺少选择的自由。

（4）对旅游消费精打细算。

（5）对旅游价格十分敏感。

材料3-2

旅游者的主要权利和义务指南

一、旅游者的主要权利

1. 知悉真情权

旅游者有权知悉其购买的旅游产品和服务的真实情况。

旅游者有权就包价旅游合同中的行程安排、成团最低人数、服务项目的具体内容和标准、自由活动时间安排、旅行社责任减免信息，以及旅游者应当注意的旅游目的地相关法律、法规和风俗习惯、宗教禁忌，依照中国法律不宜参加的活动等内容，要求旅行社作详细说明，并有权要求旅行社在旅游行程开始前提供旅游行程单。

2. 拒绝强制交易权

旅游者有权自主选择旅游产品和服务，有权拒绝旅游经营者的强制交易行为。

旅行社未与旅游者协商一致或未经旅游者要求，指定购物场所、安排旅游者参加另行付费项目，以及旅行社的导游、领队强迫或者变相强迫旅游者购物、参加另行付费项目的，旅游者有权拒绝；也可以在旅游行程结束后 30 日内，要求旅行社为其办理退货并先行垫付退货货款、退还另行付费项目的费用。

3. 合同转让权

除旅行社有正当的拒绝理由外，旅游者有权在旅游行程开始前，将包价旅游合同中自身的权利义务转让给第三人，因此增加的费用由旅游者和第三人承担。

4. 合同解除权

包价旅游合同订立后，因未达到约定人数不能出团时，旅游者不同意组团社委托其他旅行社履行合同的，有权解除合同，并要求退还已收取的全部费用。

旅游行程结束前，旅游者解除合同的，组团社应当在扣除必要的费用后，将余款退还旅游者。

因不可抗力或者旅行社、履行辅助人已尽合理注意义务仍不能避免的事件，导致旅游合同不能继续履行，旅行社和旅游者均可以解除合同；导致合同不能完全履行，旅游者不同意旅行社变更合同的，有权解除合同；合同解除的，旅游者有权获得扣除组团社已向地接社或者履行辅助人支付且不可退还的费用后的余款。

5. 损害赔偿请求权

旅游者有权要求旅游经营者按照约定提供产品和服务。旅游者人身、财产受到损害的，有依法获得赔偿的权利。

景区、住宿经营者将其部分经营项目或者场地交由他人从事住宿、餐饮、购物、游览、娱乐、旅游交通等经营的，旅游者有权要求景区、住宿经营者对实际经营者给旅游者造成的损害承担连带责任。

旅行社具备履行条件，经旅游者要求仍拒绝履行合同，造成旅游者人身损害、滞留等严重后果的，旅游者还可以要求旅行社支付旅游费用1倍以上、3倍以下的赔偿金。

6. 受尊重权

旅游者的人格尊严、民族风俗习惯和宗教信仰应当得到尊重；旅游者有权要求旅游经营者对其在经营活动中知悉的旅游者个人信息予以保密。

7. 安全保障权

旅游者有权要求旅游经营者保证其提供的商品和服务符合保障人身、财产安全的要求。

旅游者有权要求为其提供服务的旅游经营者就正确使用相关设施设备的方法、必要的安全防范和应急措施、未向旅游者开放的经营服务场所和设施设备、不适宜参加相关活动的群体等事项，以明示的方式事先向其作出说明或者警示。

8. 救助请求权

旅游者在人身、财产安全遇有危险时，有权请求旅游经营者、当地政府和相关机构进行及时救助；中国出境旅游者在境外陷于困境时，有权请求我国驻当地机构在其职责范围内给予协助和保护。

9. 协助返程请求权

包价旅游合同在旅游行程中被解除的，旅游者有权要求旅行社协助旅游者返回出发地或者旅游者指定的合理地点；由于旅行社或者履行辅助人的原因导致合同解除的，旅游者有权要求旅行社承担返程费用。

10. 投诉举报权

旅游者发现旅游经营者有违法行为的，有权向旅游、工商、价格、交通、质监、卫生等相关主管部门举报；旅游者与旅游经营者发生纠纷的，有权向相关主管部门或旅游投诉受理机构投诉、申请调解，也可以向人民法院提起诉讼。

二、旅游者的主要义务

1. 文明旅游义务

旅游者在旅游活动中应当遵守社会公共秩序和社会公德，尊重当地的风俗习惯、文化传统和宗教信仰，爱护旅游资源，保护生态环境，遵守旅游文明行为规范。

2. 不损害他人合法权益的义务

旅游者在旅游活动中或者在解决纠纷时，不得损害当地居民的合法权益，不得干扰他人的旅游活动，不得损害旅游经营者和旅游从业人员的合法权益；造成损害的，依法承担赔偿责任。

3. 个人健康信息告知义务

旅游者购买、接受旅游服务时，应当向旅游经营者如实告知与旅游活动相关的个人健康信息，审慎选择参加旅游行程或旅游项目。

4. 安全配合义务

旅游者应当遵守旅游活动中的安全警示规定，不得携带危害公共安全的物品。

旅游者对国家应对重大突发事件暂时限制旅游活动的措施以及有关部门、机构或者旅游经营者采取的安全防范和应急处置措施，应当予以配合；违反安全警示规定，或者对国家应对重大突发事件暂时限制旅游活动的措施、安全防范和应急处置措施不予配合的，依法承担相应责任；接受相关组织或者机构的救助后，应当支付应由个人承担的费用。

5. 遵守出入境管理义务

出境旅游者不得在境外非法滞留，入境旅游者不得在境内非法滞留；随团出、入境的旅游者不得擅自分团、脱团。

思考与习题

❶ 解释下列概念。

可支配收入　可自由支配收入　闲暇时间　旅游动机

❷ 罗马会议对应纳入旅游统计的来访者是如何界定的？这一界定有哪些特点？

❸ 我国入境旅游者和国内游客是如何界定及分类的？有哪些具体规定？

❹ 一个人要成为现实的旅游者应具备哪些条件？

❺ 简述旅游动机的基本类型。

❻ 影响人们旅游动机的主要因素有哪些？是怎样发挥作用的？

❼ 比较娱乐消遣型旅游者、差旅型旅游者和家庭及个人事务型旅游者的特点。

第四章
旅游资源

➤**教学目标**　知识目标：了解旅游资源遭受损害和破坏的原因；熟悉旅游资源的类型和旅游资源的评价方法；理解旅游资源开发和保护原则；掌握旅游资源的概念和特点

能力目标：能区分旅游资源的类别并能分析旅游资源的开发与保护原则

➤**教学难点**　旅游资源的评价

➤**教学重点**　旅游资源的概念　旅游资源的特点　旅游资源的分类　旅游资源的评价　旅游资源的开发与保护

➤**主要内容**　旅游资源的概念　旅游资源的分类　旅游资源的评价　旅游资源的开发　旅游资源的保护

旅游资源是旅游活动的客体，旅游活动是凭借旅游资源而展开的。旅游资源的特色、丰富度、分布状况以及开发和保护水平，直接影响着一个国家或地区旅游业的发展。因此，旅游资源及其开发与保护成为现代旅游科学研究的一项重要内容。

第一节　旅游资源的概念

一　旅游资源的概念

1. 关于旅游资源的各种解释

旅游业发展迅速，为旅游业提供理论指导的旅游科学目前却还不成熟。因此，对旅游资源的概念尚未形成全面统一的认识，学术界和旅游界各执一词，莫衷一是，各有各的见解。

李天元、王连义认为：凡是能够造就对旅游者具有吸引力环境的自然因素、社会因素或其他任何因素，都可构成旅游资源。

陈传康、刘振礼认为：旅游资源是在现实条件下，能够吸引人们产生旅游动机并进行旅游活动的各种因素的总和。

郭来喜认为：凡是能为人们提供旅游观赏、知识乐趣、度假休闲、娱乐休息、探险猎奇、考察研究以及人民友好往来和消磨闲暇时间的客体和劳务，都可称为旅游资源。

保继刚认为：旅游资源是指对旅游者具有吸引力的自然存在和历史文化遗产，以及直接用于旅游目的的人工创造物。旅游资源可以是有具体形态的物质实体，如风景、文物，也可以是不具有具体物质形态的因素。

甘枝茂、马耀峰认为：凡能够吸引旅游者产生旅游动机，并可能被利用来开展旅游活动的各种自然、人文客体和其他因素，都可称为旅游资源。

孙文昌认为：凡是能激发旅游者的旅游动机，能为旅游业所利用，并能够产生经济效益、社会效益和环境效益的现象和事物，均可称为旅游资源。

班武奇认为：旅游资源是经过人类开拓创建、文化熏陶，有相对稳定的地理位置，供多数人游览观赏，或者说多数人公认有旅游价值的山川景物。

国家旅游局对旅游资源的定义是：自然界和人类社会凡能对旅游者产生吸引力，可以为旅游业所开发利用，并可产生经济效益、社会效益和环境效益的各种事物和因素，都可视为旅游资源。

2. 旅游资源概念内涵的界定

从上述各种定义可以看出，虽然它们各自的出发点和强调的重点有所不同，有一定的差异，但无论是哪种解释，都强调了产生旅游吸引力和客观实物等共同点。旅游资源必须具备以下两个特点：

（1）产生旅游吸引力。旅游资源必须是能激发旅游者产生旅游动机，并能为旅游业所利用，由此产生经济效益和社会效益的资源。也就是说，事物能否成为旅游资源，看其是否能对旅游者产生吸引力，能否吸引游客到异地进行旅游观赏、消遣娱乐、休憩疗养、登山探险、科学考察和文化交流等旅游活动；看其是否能被旅游业所利用，并产生良好的经济效益和社会利益。

但是，不是一切能引起人们兴趣的事物都可以成为旅游资源。比如上火星，世界上有很多人想探访火星，但目前却无法实现，因为条件还不具备，无法为旅游业所利用。

（2）客观存在的实在物。旅游资源与其他资源一样，属于客观存在的各种实在物。无论是自然界赋予的名山、大川、瀑布、湖泊、森林、动物等，还是人工创造的园林、宫殿、文化名城、珍贵文物等，这些有形的易感知的客观实体均是物质的。而诗词曲赋、神话传说、寓言故事等是无形的和不易感知的，究其实质，也是物质的，因它们是在物质基础上产生的，并依附于物质而存在。

3. 旅游资源概念的权威解释

2003 年 5 月，《旅游资源分类、调查与评价》（GB/T 18972—2003）国家标准颁发，对旅游资源的概念给予了权威的解释：自然界和人类社会凡能对旅游者产生吸引力，可以为旅游业所开发利用，并可产生经济效益、社会效益和环境效益的各种事物和因素就是旅游资源。

二　旅游资源的特点

吸引力是旅游资源区别于其他资源的本质属性，是旅游资源的核心要素。认识旅游资源的特点对于发展旅游业，特别是对于一个国家或地区的旅游规划和开发、旅游市场营销以及旅游资源的保护等工作都具有一定的实际意义。

1. 多样性

旅游资源是一个内涵非常广泛的集合概念，能够造就对旅游者具有吸引力环境的因素都可成为旅游资源。此外，旅游资源在表现形式上也具有多样性的特点。它可以是自然的，也可以是人文的；可以是历史的，也可以是当代的；可以是有形的，也可以是无形的。旅游资源的这一特点，是旅游者形成条件和心理特点的多样性以及由此决定的千差万别的旅游需求推动下的产物。总之，旅游资源的多样性特点是客观世界的复杂性决定的，也是与人们旅游动机的多样性分不开的。

2. 区域性

旅游资源的区域分异，是受自然地理和人类社会活动的一般规律所决定的，并由此形成了旅游资源的地带性分布特性和垂直地带性分布特性。由于旅游资源的区域性特征产生于宏观尺度的背景之下，就使得旅游资源产生于一种特有的宏观环境之中，致使各种旅游资源体和区域旅游资源往往都离不开其生成的环境，也难以与原来存在的背景相剥离。如社会风情旅游资源不仅具有时间上的长期性和文化上的遗传性，更具有空间上的相对封闭性，人们无法把构成一地独特社会风情的综合因素加以分解；勉强分解的结果，只能是使之成为失去旅游价值的一般社会现象。实际上，这种区域分异是造成人们以旅游形式达到愉悦目的的根本原因。正是由于旅游资源在区域上的差异分布，才形成了旅游者的空间流动。

旅游资源的这种区域性特征，赋予一国或一地区对该种旅游资源具有了不可替代的地域垄断性。简单的仿制由于脱离了历史和环境，无法与本体旅游资源相比拟，从而失去了意义和魅力。

3. 不可转移性

旅游资源大多是自然形成、客观存在的，既有其时间发展的必然性，也有其空间位置的客观性。

旅游活动产生之前，自然资源是人类赖以生存的根本条件。从旅游活动发展历史来看，人类与大自然的关系经历了恐惧—回避—崇拜—赞美的过程。自然资源的发展是自在自然的，是客观存在的，对自然资源旅游属性的发现和利用是人类自身发展成熟的表现。人文旅游资源也有其存在的历史轨迹，是历史发展的必然产物，是不以当今人类的意志而转移的客观存在。无论是皇陵、庙宇还是文物、遗迹，产生的历史大多与旅游无涉。只有当其历史的沉淀与当今的文化形成强烈的对比和反差，对当今的旅游者构成足够的吸引力时，其旅游资源的价值才客观形成。

所以，旅游资源的不可转移性包含了三方面的内容：一是旅游资源的本体不能朝向旅游者移动，否则从根本上就将不存在旅游者了，该种资源也不会成为旅游资源；二是当旅游资源被开发成旅游产品并被出售时，资源乃至产品的所有权不能转移；三是旅游资源个体的小尺度搬迁，如塔、庙等的近距离迁移，并没有在根本上改变旅游资源的不可转移性。旅游资源的不可转移性与旅游的异地性，是双方互为前提、缺一不可的。

4. 定向性

旅游资源的吸引力在某种程度上涉及主观效用。就某项具体的旅游资源而言，它可能对某些旅游者吸引力颇大，而对另外一些旅游者则无多大吸引力甚至根本没有吸引力。所以，任何一项旅游资源都具有吸引力定向的特点，只能吸引某些市场部分，而不可能对全部旅游市场都具有同样大的吸引力。

5. 易损性

旅游资源的客观性和垄断性，使其自然地排斥人造的资源和人为的痕迹。改动（甚至移动）痕迹过重的文物被称为伪文物，对旅游者的吸引力大大降低。所以，旅游资源如果利用和保护不当，是很容易遭到破坏的。有形的旅游资源是如此，无形的旅游资源也有同样的问题。一项使用过度的有形资源可能被毁坏，甚至不可再生。一项维护不当的无形资源一旦遭到破坏，在短期内也难以修复。任何旅游景区景点日接待游客量大大超过其环境承载的能力，其生态系统就会发生无可挽回的损坏。少数民族旅游地过度商业化的民俗表演，天长日久则难以体现民俗文化原始的魅力。

6. 可创新性

旅游资源在不断地被发现、利用，甚至创造。随着时间的推移和人们的兴趣、需要以及时尚潮流的变化，资源的创新就成为必要和可能。此外，一些传统旅游资源匮乏的地区为了发展旅游业，也可能会凭借自己的经济实力而人为地创造一些旅游资源。如各类主题公园、花会、节会等旅游活动，都是人造旅游资源创新的例证。

材料4-1

旅游资源的羡余现象

在不少旅游区内，并非每个景区景点都能吸引游客，一些较高品质的旅游资源在经营中显得“多余”“无用”。这种现象被称作旅游资源的羡余现象。

一、旅游资源羡余现象产生的原因

旅游资源羡余现象产生的原因是多方面的，它们交互作用，造成一些景区景点的羡余。

1. 阴影效应

“在高等级的吸引物旁出现同类型的低等级吸引物时，该低等级吸引物将失去市场。”即使是吸引物类型不同，可以在一定程度上互补的风景区或其他旅游资源也会产生阴影效应。安徽南部的黄山、九华山、天柱山和齐云山四个山岳型国家重点风景名胜区中，列为四大佛教名山之一的九华山、道教四大名山之一的齐云山、曾被称为“南岳”的天柱山，各具特色，但它们都只能委屈于世界文化与自然双重遗产——黄山的阴影内。号称“黄山情侣”的太平湖，各方投巨资想把它打造成客人游罢黄山之后的度假地，丰富目前以观光为主的产品形态，却没有多少游客领情。

2. 互代性

相似的旅游资源互代性强，容易引起游客的心理疲劳。云南石林县发育有近 20 处集中成片的石林，其中的大小石林（通常所讲的路南石林）和乃古石林相距 8 千米，可进入性一样好，在景观质量上，大小石林丰富多姿，乃古石林地上、地下喀斯特奇观融于一体更是气势磅礴。但是在知名度上，两个石林有天壤之别。大小石林有数百年的游览史，成为同类景观的典型代表，是云南王牌景区；而乃古石林被发现才 20 年，虽然品质优、可进入性好，但完全被大小石林的光芒掩盖，经营不善，濒于关闭。西安的大雁塔和小雁塔同为唐朝古都长安留存至今的重要标志，建筑艺术各具特色。大雁塔从唐朝起即有“雁塔题名”的传统，自古就是登临胜地，在现代更是西安的代表性景点、游客的必游之地，而小雁塔则往往被忽视。

3. 旅游效率

缩短时间，延长距离，是旅游发展的趋势。受游程、游线、区位和可进入性的限制，区域或景区内往往有些高品质的景点被舍弃。漩塘是贵州龙宫风景区很有特色的景点，经营者当初开发漩塘的意图，是想用漩塘吸引游客停留在龙宫风景区，但实际上游客稀少。因为贵州西线一般把黄果树瀑布、龙宫安排为一日游，游了漩塘，便无法保证龙宫水溶洞和黄果树瀑布的游览时间，游客只好割舍漩塘。雁荡山方圆几百里，分8个景区，有500多个景点，而多数游客只去雁荡“三绝”，即灵峰、灵岩和大龙湫，其他景点虽有罕见的绝妙景色，游人却很少到访。

二、羡余旅游资源的作用

羡余的旅游资源，只是在一定的条件下不能直接产生旅游收益，但不是多余、无用的资源，它的存在并不浪费。

1. 提高旅游地旅游资源的丰度

在一个旅游地，羡余的旅游资源可以提高旅游地旅游资源的丰度，构成旅游地氛围，提升旅游地水平，增强吸引力。正是有羡余旅游资源充当了“无名英雄”，营造出浓厚的旅游地氛围，旅游目的地的形象才显现，“非羡余”的旅游资源才突出。如长城，最吸引人的只有几段，假定没有其他处于阴影下的地段部分，现在最著名的游览段只是一些孤立的古堡，旅游价值、文物价值将不可与万里长城同日而语。

2. 转变为“非羡余”

处于羡余状态的旅游资源也可设法冲破阴影，改变被替代、被忽视的地位。杭州西湖中的三岛，小瀛洲最大，构筑精巧，犹如盆景，抢尽湖中各岛风光。“资历”最浅、面积最小的阮公墩则很少有人上去。20世纪80年代中期，阮公墩上增建了仿古游乐园，弥补了西湖参与性、动态性旅游项目不足的缺陷，成为夜晚湖中游乐之处。“阮墩环碧”成为西湖新十景之一。但是，如果市场总量没有扩大，这种地位的改变可能致使处于有利位置的竞争产品沦为羡余，呈现此长彼消的现象。

3. 后备资源

羡余的旅游资源作为后备资源，在热点景区、景点超过容量时，可起分流作用。如随着旅游业的发展，游客出游的规模越来越大，苏州拙政园等名园已不堪重负，艺圃、藕园、怡园等园林也渐渐热了起来。而仍然处于羡余地位的其他园林，依旧发挥着提高整体旅游资源丰度、支撑着苏州“东方园林之都”美誉的作用。

第二节 旅游资源的分类

旅游资源几乎涵盖了自然、经济、社会等领域的一切事物和现象，因此其内容十分丰富。为了合理经营、科学管理旅游资源，我们应充分认识与理解旅游资源。对旅游资源进行分门别类，是认识旅游资源的一种最常用的方法。

一 旅游资源分类的基本原则与依据

所谓旅游资源分类，就是根据旅游资源存在的同质性和差异性，按一定目的、一定需要进行集合归类的科学区分过程。

1. 旅游资源分类的基本原则

对旅游资源进行分类，一般应遵循整合性、独立性、排他性、分级与分类相结合、实用性等分类原则。

（1）整合性原则：是指从不同角度将旅游资源的基本架构分解为几大部类，而这几大部类整合在一起仍能够保持旅游资源基本架构的整体性与完整性。

（2）独立性原则：是指所划分的几大部类相互之间应该是独立的，不会出现相互包容或重叠的情况。

（3）排他性原则：是指不能把不具有共同属性的旅游资源归为同一类；所划分出的同一级不同旅游资源，必须具有共同的属性，不同类型之间应具有一定的差异。

（4）分级与分类相结合原则：是指在分类时，可以把分级与分类结合起来，逐级进行分类，避免出现越级划分的逻辑性错误。

（5）实用性原则：就是指对旅游资源的分类原则是建立在一定意义基础之上的，它可以从选定的角度更加清楚地认识旅游资源的内容与特性，从而更有效地进行开发、利用与保护。

2. 旅游资源分类的依据

由于旅游资源的属性、特点，以及事物之间关系的多样性，因而分类标准也具有多样性，人们可以根据不同目的要求，选取不同的标准进行分类。关于旅游资源的分类，大体有以下几种划分方法：

（1）按旅游资源基本属性，划分为自然旅游资源和人文旅游资源。

（2）按旅游资源价值与管理级别，分为国家级、省级和市（县）级旅游资源。

（3）按旅游资源的功能，分为观光游览型旅游资源、参与型（体验型）

旅游资源、购物型旅游资源、保健休疗型旅游资源、文化型旅游资源和感情型旅游资源。

（4）按旅游资源的开发利用状态，分为已开发旅游资源、正在开发旅游资源和潜在旅游资源。

（5）按资源的可持续利用潜力，分为可再生性旅游资源与不可再生性旅游资源。

（6）按旅游资源的客体属性，分为物质性旅游资源、非物质性旅游资源和（物质与非物质）兼容性旅游资源。

（7）按旅游资源的科学属性，分为自然景观旅游资源、人文景观旅游资源和服务性旅游资源。

（8）按旅游资源的发育背景，分为天然赋存性旅游资源、人工创造性旅游资源和两者兼具的复合性旅游资源。

从不同的角度出发，旅游资源的分类形成了不同的分类体系，并分别满足不同需要。常见的旅游资源分类方案，见表 4-1。

表 4-1　旅游资源主要分类方案

分类依据（标准）	主要类型	分类依据（标准）	主要类型
旅游资源基本属性	自然旅游资源 人文旅游资源	旅游资源的客体属性	物质性旅游资源 非物质性旅游资源 （物质与非物质）兼容性旅游资源
旅游资源价值与管理级别	国家级旅游资源 省级旅游资源 市（县）级旅游资源	旅游资源的科学属性	自然景观旅游资源 人文景观旅游资源 服务性旅游资源
旅游资源的功能	观光游览型旅游资源 参与型（体验型）旅游资源 购物型旅游资源 保健休疗型旅游资源 文化型旅游资源 感情型旅游资源	旅游资源的发育背景	天然赋存性旅游资源 人工创造性旅游资源 复合性旅游资源
旅游资源的开发利用状态	已开发旅游资源 正在开发旅游资源 潜在旅游资源	旅游活动的性质	观赏型旅游资源 运动型旅游资源 休（疗）养型旅游资源 娱乐型旅游资源 特殊型旅游资源

续表

分类依据（标准）	主要类型	分类依据（标准）	主要类型
旅游资源的可持续利用潜力	可再生性旅游资源 不可再生性旅游资源	游客的体验性质	原始地区 近原始地区 乡村地区 人类利用集中地区 城市化地区
旅游动机	心理方面，如宗教圣地等 精神方面，如艺术欣赏等 健身方面，如休疗院等 经济方面，如土特产等 政治方面，如革命圣地等	旅游资源特性、旅游活动性质	利用者导向型游憩资源 资源基础型游憩资源 中间型游憩资源

二　旅游资源的分类方法

1. 按旅游资源基本属性分类

从旅游资源的本质属性出发，对旅游资源进行分类，是较为传统的旅游资源分类方法，也是目前应用最广泛的一种分类方法。一般来说，人们将其分为自然旅游资源和人文旅游资源两大类（即“二分法”）。但随着对社会旅游资源在现代旅游发展中重要作用的进一步认识，也有一些学者认为应将社会旅游资源从人文旅游资源中划分出来，形成自然旅游资源、人文旅游资源和社会旅游资源的“三分法”。

（1）“二分法”。“二分法”，是指将旅游资源分为自然旅游资源和人文旅游资源两大类，然后在此基础上，再进一步细分，又有各种不同的分类方法。

自然旅游资源是指以大自然造物为吸引力本源的旅游资源。人文旅游资源是指以社会文化事物为吸引力本源的旅游资源。人文旅游资源的构成比较复杂，包括有形的和无形的两种。在有形的人文旅游资源中，又可分为历史的人造资源和今人有意识建造的当代人造旅游资源。

这种旅游资源的“二分法”分类标准，以 1992 年中国科学院地理所编制的《中国旅游资源普查规范》为基础，以《旅游资源分类、调查与评价》（GB/T 18972—2003）国家标准为代表。它以旅游资源的性状，即现存状况、形态、特性、特征为划分原则，对稳定的、客观存在的实体旅游资源，以及不稳定的、客观存在的事物和现象进行划分。该标准首先将旅游资源划分为自然旅游资源和人文旅游资源，见表 4-2；再分为主类、亚类、基本类型三个层次，共有 8 个主类、31 个亚类、155 个基本类型，每个层次的旅游资源类型均有相应的代码，见表 4-3。

表 4-2 《中国旅游资源普查规范》的旅游资源分类结构

层次	数量	自然旅游资源	人文旅游资源
主类	8	地文景观 水域风光 生物景观 天象与气候景观	遗址遗迹 建筑与设施 旅游商品 人文活动
亚类	31		
基本类型	155	大部分按自然单元分类	大部分按人工建设单元分类，少部分按人类活动方式或活动结果分类

表 4-3 《旅游资源分类、调查与评价》的旅游资源分类

主类	亚类	基本类型
A 地文景观	AA 综合自然旅游地	AAA 山丘型旅游地　AAB 谷地型旅游地　AAC 沙砾石 AAD 滩地型旅游地　AAE 自然标志地　AAF 垂直自然地带
	AB 沉积与构造景观	ABA 断层景观　ABB 褶曲景观　ABC 节理景观 ABD 地层剖面　ABE 钙华与泉华 ABF 矿点矿脉与矿石积聚地　ABG 生物化石点
	AC 地质地貌过程形迹	ACA 凸峰　ACB 独峰　ACC 峰丛　ACD 石（土）林 ACE 奇特与象形山石　ACF 岩壁与岩缝　ACG 峡谷段落　ACH 沟壑地　ACI 丹霞　ACJ 雅丹　ACK 堆石洞 ACL 岩石洞与岩穴　ACM 沙丘地　ACN 岸滩
	AD 自然变动遗迹	ADA 重力堆积体　ADB 泥石流堆积　ADC 地震遗迹 ADD 陷落地　ADE 火山与熔岩　ADF 冰川堆积体 ADG 冰川侵蚀遗迹
	AE 岛礁	AEA 岛区　AEB 岩礁
B 水域风光	BA 河段	BAA 观光游憩河段　BAB 暗河河段　BAC 古河道段落
	BB 天然湖泊与池沼	BBA 观光游憩湖区　BBB 沼泽与湿地　BBC 潭池
	BC 瀑布	BCA 悬瀑　BCB 跌水
	BD 泉	BDA 冷泉　BDB 地热与温泉
	BE 河口与海面	BEA 观光游憩海域　BEB 涌潮现象　BEC 击浪现象
	BF 冰雪地	BFA 冰川观光地　BFB 常年积雪地

续表

主类	亚类	基本类型
C 生物景观	CA 树木 CB 草原与草地 CC 花卉地 CD 野生动物栖息地	CAA 林地　CAB 丛树　CAC 独树 CBA 草地　CBB 疏林草地 CCA 草场花卉地　CCB 林间花卉地 CDA 水生动物栖息地　CDB 陆地动物栖息地 CDC 鸟类栖息地　CDD 蝶类栖息地
D 天象与气候景观	DA 光现象 DB 天气与气候现象	DAA 日月星辰观察地　DAB 光环现象观察地 DAC 海市蜃楼现象多发地 DBA 云雾多发区　DBB 避暑气候地　DBC 避寒气候带 DBD 极端与特殊气候显示地　DBE 物候景观
E 遗址遗迹	EA 史前人类活动场所 EB 社会经济文化活动遗址遗迹	EAA 人类活动遗址　EAB 文化层　EAC 文物散落地 EAD 原始聚落 EBA 历史事件发生地　EBB 军事遗址与古战场 EBC 废弃寺庙　EBD 废弃生产地　EBE 交通遗迹 EBF 废城与聚落遗迹　EBG 长城遗迹　EBH 烽燧
F 建筑与设施	FA 综合人文旅游地 FB 单体活动场馆 FC 景观建筑与附属型建筑 FD 居住地与社区 FE 归葬地 FF 交通建筑 FG 水工建筑	FAA 教学科研实验场所　FAB 康体游乐休闲度假地 FAC 宗教与祭祀活动场所　FAD 园林游憩区域 FAE 文化活动场所　FAF 建设工程与生产地　FAG 社会与商贸活动场所　FAH 动物与植物展示地 FAI 军事观光地　FAJ 边境口岸　FAK 景物观赏地 FBA 聚会接待厅堂（室）　FBB 祭拜场馆　FBC 展示演示场馆　FBD 体育健身场馆　FBE 歌舞游乐场馆 FCA 佛塔　FCB 塔形建筑物　FCC 楼阁　FCD 石窟 FCE 长城段落　FCF 城（堡）　FCG 摩崖字画 FCH 碑碣（林）　FCI 广场　FCJ 人工洞穴　FCK 建筑小品 FDA 传统与乡土建筑　FDB 特色街巷　FDC 特色社区　FDD 名人故居与历史纪念建筑　FDE 书院 FDF 会馆　FDG 特色店铺　FDH 特色市场 FEA 陵区陵园　FEB 墓（群）　FEC 悬棺 FFA 桥　FFB 车站　FFC 港口渡口与码头　FFD 航空港　FFE 栈道 FGA 水库观光游憩区段　FGB 水井　FGC 运河与渠道段落　FGD 堤坝段落　FGE 灌区　FGF 提水设施

续表

主类	亚类	基本类型
G 旅游商品	GA 地方旅游商品	GAA 菜品饮食　GAB 农林畜产品与制品　GAC 水产品与制品　GAD 中草药材及制品　GAE 传统手工产品与工艺品　GAF 日用工业品　GAG 其他物品
H 人文活动	HA 人事记录	HAA 人物　HAB 事件
	HB 艺术	HBA 文艺团体　HBB 文学艺术作品
	HC 民间习俗	HCA 地方风俗与民间礼仪　HCB 民间节庆　HCC 民间演艺　HCD 民间健身活动与赛事　HCE 宗教活动　HCF 庙会与民间集会　HCG 饮食习俗　HCH 特色服饰
	HD 现代节庆	HDA 旅游节　HDB 文化节　HDC 商贸农事节　HDD 体育节

（2）“三分法”。“三分法”，是把旅游资源分为自然旅游资源、人文旅游资源和社会旅游资源三大类。

自然旅游资源与“二分法”所指的基本一致，主要包括：①地质旅游资源；②地貌旅游资源；③气象、气候旅游资源；④水文旅游资源；⑤生物旅游资源；⑥太空旅游资源。

人文旅游资源主要包括：①历史文化名城旅游资源；②古迹旅游资源（含地面上的和地下的历史遗迹、古迹等）；③宗教文化旅游资源（含各类宗教建筑、宗教园林、宗教艺术、宗教文化现象等）；④交通旅游资源（含古代的和现代的交通旅游资源）；⑤建筑与园林旅游资源（含古代与近现代建筑、园林及现代人造建筑）；⑥文学艺术旅游资源。

社会旅游资源主要包括：①民俗风情旅游资源；②购物旅游资源；③城市景观旅游资源；④会议旅游资源；⑤商务旅游资源；⑥体育保健旅游资源；⑦娱乐旅游资源。

在该分类系统中，自然旅游资源与人文旅游资源具有相对的稳固性和长期性，具有供人们反复、永久使用的价值，是静态的。而社会旅游资源与人类社会生活息息相关，不具有稳固性与长期性的价值，随着社会的发展而不断变化，是动态的。社会旅游资源与上述两种旅游资源的主要区别也在于此。

2. 按旅游资源价值与管理级别分类

按照旅游资源价值与管理级别高低，我国旅游资源可分为国家级、省级和市（县）级三种类型，分别由国务院、省级和市（县）级人民政府审定批准，具有较高的权威性。

（1）国家级旅游资源。国家级旅游资源具有极高的游览价值、历史人文价值和科学价值等，对旅游者能够形成较强的吸引力，其客源市场往往定位于国际游客及国内游客，并在国内外享有盛誉。这类旅游资源主要包括由国务院审定公布的国家重点风景名胜区、国家历史文化名城、国家重点文物保护单位，还有国家地质公园、国家级水利风景区，以及由国家林业局批准建立的国家级自然保护区和国家级森林公园。

（2）省级旅游资源。省级旅游资源在游览价值、历史人文价值和科学价值等方面较国家级旅游资源逊色，其客源市场往往定位于本省和近邻省的游客，在省内具有较大影响力。这类旅游资源主要包括为数众多的省级风景名胜区、省级历史文化名城、省级历史文化名镇、省级文物保护单位、省级自然保护区、省级森林公园等。

（3）市（县）级旅游资源。市（县）级旅游资源具有一定的观赏价值、历史人文价值和科学价值，其吸引力主要针对邻近地区或本地游客。这类旅游资源主要包括市（县）级风景名胜区、市（县）级文物保护单位以及众多的市（县）级自然保护区和森林公园等。

第三节 旅游资源的评价

所谓旅游资源评价，是在旅游资源调查的基础上，对一定区域内旅游资源的规模、质量、等级、开发条件等进行科学的评价，为旅游资源合理经营、科学管理提供依据。旅游资源的评价是一项极为复杂的工作，它涉及自然、历史、地理、生态、经济、文学、艺术、技术等各方面的知识，要求参与旅游资源评价的工作人员必须有多方面的知识修养，充分掌握各个领域的资料和成果，以保证旅游资源评价结果的科学性和准确性。

一 旅游资源评价的意义

没有旅游资源的可持续利用，旅游业的发展将成为“无源之水、无本之木”。因此，旅游资源的可持续利用，是旅游业可持续发展的基础与前提，合理经营、科学管理旅游资源，是实现旅游资源可持续利用的根本保障。要合理经营、科学管理旅游资源，就必须在充分调查旅游资源的基础上，对其进行系统认识和评价。

1. 旅游资源评价的调查

做好旅游资源评价工作的基础是旅游资源的调查。旅游资源是一个动态的概念，任何一地所赋存的旅游资源都会随着时间的推移和外部环境的变化而相应地发生数量性、结构性或功能性的变化。旅游资源调查的内容如下：

(1) 旅游资源形成的背景条件。包括：自然背景条件调查，如气候条件、地质地貌、水体环境、生态环境等；人文背景条件调查，如历史沿革、经济状况、社会文化环境等。

(2) 旅游资源赋存的现实条件。包括旅游资源类型、旅游资源规模、旅游资源组合结构、旅游资源开发现状。

2. 旅游资源评价的意义

旅游开发取决于旅游资源的特色和质量，因而对旅游资源进行正确评价是旅游开发的前提。对旅游资源进行科学系统的评价，包括明确旅游资源是否值得开发，是否具有开发的可行性，怎样去开发，开发方向如何，开发带来哪些不良后果等方方面面的因素。因此，通过对相关的旅游资源评价，可以为旅游地区的旅游资源开发和规划建设，以及区域旅游业发展决策提供科学依据。

(1) 通过对旅游资源的类型、规模、结构、质量、功能和性质的评估，为旅游区的开发和改造提供科学依据。

(2) 通过对旅游资源规模水平的鉴定，为国家和地区进行旅游资源分级规划和管理提供系统资料和判断对比的标准。

(3) 通过对区域旅游资源的综合评价，为合理利用旅游资源，发挥整体、宏观效应提供可行性论证，为确定不同旅游地的建设顺序准备条件。

二 旅游资源评价的基本原则

对旅游资源的评价情况复杂而多变。经过我国各领域专家学者的共同努力，目前已形成了对旅游资源相对统一的认识和评价标准，从而为旅游资源评价工作的客观、公正、准确和可靠性奠定了基础。对旅游资源的评价，是以《旅游资源分类、调查与评价》(GB/T 18972—2003) 为主要依据，并按下列基本原则对旅游资源进行评价。

1. 依纲靠本的原则

《旅游资源分类、调查与评价》国家标准，对旅游资源的评价做了比较全面和详细的规范。对旅游资源的评价，必须在遵循国家有关规定的前提下开展，才能使评价结果有据可寻、有理可依，得到国家和公众的认可。因此，旅游资源的调查与评价应主要以《旅游资源分类、调查与评价》国家标准为依据。

2. 系统全局的原则

旅游资源的价值和功能是多层次、多形式、多内容的，决定旅游资源的开发因素也是多方面的。对旅游资源进行评价时，不仅要注重旅游资源本身的美学价值、游憩价值、科学文化价值等要素的评价，还要将该旅游资源所处地域的区位、环境、客源市场、交通、经济发展水平等开发利用条件作为旅游资源开发系统的重要因素进行综合衡量、全面考虑，方能确切地反映旅游资源的整体价值。

3. 客观性的原则

旅游资源是实实在在的客观事物，而旅游资源的评价工作是人们的主观意识活动。在旅游资源评价过程中，要坚持尊重客观事实的原则，就是要求评价者运用美学、地理学、经济学、生态学、建筑学、历史学等相关学科的理论知识，对旅游资源的形成、本质、属性、价值以及开发的可行性等，做出实事求是的评价。

同时，旅游资源的自身特征和外界的社会经济、政治、文化环境都是不断变化的，这就要求旅游资源评价工作者必须具有动态发展的观点，用发展和变化的目光看待旅游资源的评价工作，使之不断地为旅游资源的开发和管理服务。

4. 协调发展的原则

旅游资源的评价要综合考虑经济效益、社会效益、生态效益三大效益。在过去的旅游资源开发中，经济效益既是出发点又是归宿点，以致旅游资源的评价过多地考虑经济效益，而忽略了其他两方面的效益。三大效益在一定的时间内存在尖锐的矛盾，但从长远的角度来看，它们是统一的、相辅相成的和互相促进的。它们之间的关系如果处理不好，就很可能导致旅游资源开发的最终失败。因此，在旅游资源的评价中就必须未雨绸缪，尽可能兼顾三大效益。

三　旅游资源评价的内容

旅游资源评价的目的是确定旅游资源的开发价值和开发顺序，明确建设方向。按照评价客体的不同，其内容分为三部分。

1. 资源本身的评价

主要包括旅游资源的质量特征，如其美感度、奇特度、医疗价值、体育价值等；丰度和集聚程度；环境容量；开发利用现状和开发潜力分析。

2. 开发利用可行性分析

包括气候条件对旅游业的影响（表现为旅游旺季和淡季的节律性变化），环境质量现状，铁路、公路和航空交通现状及交通建设的难易程度，服务、配套设施建设现状，旅游资源所在的区位距中心城市的距离，地区经济发展水平及对发展旅游业的扶持能力。

3. 客源市场分析

包括旅游资源对各层次游客的吸引力，确定目标市场、潜在市场及市场的地理区域。

四 旅游资源评价的方法

旅游资源评价工作在国外始于20世纪70年代，我国是在20世纪80年代开始的。初期多采用直观判断，以定性描述为主的经验法。当前的评价方法具有指标数量化、评价模型化、标准评定公众化三大特点。

1. 定性评价法

定性评价法，就是评价者在对旅游地资源进行详细考察的基础上，凭借自己的经验知识，对旅游地资源所作的主观色彩较浓厚的结论性描述。这种方法一般没有具体数量指标，也叫经验性评价法。该方法简单易行，见效快，但存在评价者个人意见的局限性。

（1）“六字七标准”评价法。“六字七标准”评价法，为黄辉实提出，是从旅游资源本身及其所处环境两方面对旅游资源进行评价。

对旅游资源本身的评价，采用六字评价指标，即美、古、名、特、奇、用。

①美，是指旅游资源给人的美感。美感是欣赏者对美的认识，以及由美引起的主观感情。美具有历史性和阶级性。在评价时，既要对美的欣赏共同性进行评价，又要对其差异性作出分析。

②古，是指具有悠久的历史。如古庙、古塔、古城等古建筑，古墓、古战场、古书院等遗址，这些旅游资源反映了古代文化和古人类生活，可以使人产生联想，增加新的感受。“古”的评价，要与美的评价相结合，以领略历史文物的艺术价值。

③名，是指具有名声或与名人有关的事物。如比萨斜塔、韶山等。

④特，是指特有的、别处没有或少见的资源。如四川大熊猫、陕西临潼的兵马俑等。“特”来源于资源的差异性，正是这种差异性对旅游者构成了极大的吸引力。

⑤奇，是指能给人以新奇之感的旅游资源。如峨眉山金顶佛光、云南大理的蝴蝶泉、广东仁化的丹霞阳元石等。这些资源多是由于当地诸多自然条件偶合形成，在时间上不易掌握，因此对游客有奇特的吸引力。

⑥用，是指对人有使用价值的旅游资源。这种资源在人文旅游资源中的手工艺品、日用品方面是很多的；在自然旅游资源中，如温泉、森林精气、

供观赏食用的奇花异果等，都是有使用价值的。

在评价资源所处的环境时，采用季节性、环境污染状况、与其他旅游资源之间的联系性、可进入性、基础设施、社会经济环境、客源市场七项标准进行评价。

（2）“三三六”评价体系。“三三六”评价指标体系，为卢云亭提出，是指“三大价值”“三大效益”“六大开发条件”评价体系。

①“三大价值”，是指旅游资源的历史文化价值、艺术观赏价值和科学考察价值。

②“三大效益”，是指旅游资源开发之后的经济效益、社会效益和环境效益（生态效益）。

③“六大开发条件”，是指旅游资源所在地的地理位置与交通条件、景象地域组合条件、旅游环境容量、旅游客源市场、投资能力、施工难易程度六个方面。

（3）三项评价方案。三项评价方案，是指旅游资源及其开发的吸引力、开发条件和效益。

①吸引力评价，包括观赏价值、文化价值、科学价值、观赏内容、环境评价、季节要素、特殊价值（土特产品等）等项目。

②开发条件评价，包括地区经济条件、可进入性、依托城市、通信条件、地方积极性和已有服务设施情况等项目。

③效益评价，包括投资和收入、客源预测和社会效益。

（4）一般体验性评价。一般体验性评价是评价者根据自己的亲身体验，对某个或某一系列的旅游资源就其整体质量进行定性评估。通常是通过问卷调查、专家评判、资料统计等方法，对有关旅游资源进行优劣排序。这种方法只局限于少数知名度较高的旅游资源开发地，无法用于一般类型或尚未开发的旅游资源。我国曾评选出的“中国十大名胜”“中国旅游胜地四十佳”，就是运用该方法得出的。

（5）美感质量评价。美感质量评价，属于专业性旅游资源美学评价法。这类评价通常是基于对旅游者或专家体验的深入分析，建立规范化的评价模型，评价结果多具有可比性的定性尺度或数量指标。其中对自然旅游资源的视觉美评价技术较成熟。

2. 定量评价法

定量评价法是通过统计、分析、计算，用具体的数量来表示旅游资源及其环境等级的方法。数量化是现代科技发展的趋势，定量评价较之定性评价，结果更直观、更准确。

（1）技术性单因子评价。技术性单因子评价，是评价者在进行旅游资源评价时，针对旅游资源的旅游功能，集中考虑某些起决定作用的关键因素，并对这些因素进行适宜性评价或优劣评判。

这种评价的基本特点是：运用大量技术性指标，一般限定于自然旅游资源评价，如登山、滑雪、海水浴等专项旅游。目前比较成熟的有气候适宜性评价、地形适宜性评价、旅游湖泊评价、海滩评价、海水浴场评价、溶洞评价、滑雪旅游资源评价等。

（2）综合性多因子定量评价。该评价方法是在考虑多因子基础上，运用一些数学方法对旅游资源进行综合评价。较成熟的方法有层次分析法、指数表示法、综合评分法、模糊数学评价法、价值工程法、综合价值评价模型法、旅游地综合评估模型法等。

（3）国家旅游局旅游资源评价方法。2003 年，中国国家旅游局公布了《旅游资源分类、调查与评价》国家标准，给出了旅游资源评价的赋分标准，依据旅游资源单体评价总分，将旅游资源分为五级。五级旅游资源称为“特品级旅游资源”，四级和三级旅游资源称为“优良级旅游资源”，二级和一级旅游资源称为“普通级旅游资源”。

第四节　旅游资源的开发

旅游资源的开发是一项目的性很强的人为活动。旅游开发的一个非常重要的目的，就是将旅游资源的潜在价值转化为现实，以发挥经济效益。因此，一个国家或地区的旅游业是否发达，不仅取决于客观上拥有的旅游资源的数量和质量，更关键的还取决于对旅游资源的合理开发和利用。

一　旅游资源开发的含义

旅游资源开发，是指人们根据旅游资源的特性，为了发挥、改善和提高旅游资源的吸引力，运用适当的资金和技术手段进行的旅游景区建设过程。旅游资源的开发过程，不仅能使旅游资源的特性和吸引力进一步增强，而且能把旅游资源潜在的特性和吸引力转变为现实吸引力，从而吸引更多的旅游者，增加旅游消费，以获得经济效益和其他多种效益。

因此，旅游资源开发的目的是为了巩固、改善和提高其吸引力，创造出新的更多和更高的价值，促进旅游业的发展。

二　旅游资源开发的可行性研究

旅游资源开发的可行性研究，主要是对旅游资源的开发前途、必要性、可行性、客源市场的稳定性等进行分析和探讨。研究的目的是为投资决策提供可靠的客观依据，然后再进行实际的规划设计工作。具体内容有：

1. 开发者的实力和资格分析

即分析、了解开发者的经济实力和经营资格。即使是由政府投资，也应根据量力而行的原则，对当地的经济实力和技术资格进行分析和评价。

2. 市场需求分析和预测

这是经济可行性研究的核心，主要通过市场调查研究，预测项目开发后的市场需求数量、游客来源、消费层次结构、竞争形势、价格趋势等。

3. 分析项目开发和经营中的微观条件

例如劳动力条件、工程技术条件、有关旅游资源本身的条件等。

4. 分析当地宏观社会经济条件

即项目经济效益的论证和研究，如开发后的经济效益情况及对当地社会经济发展的影响力。

严格地讲，可行性研究工作还包括不可行性论证，即从正反两方面进行论证，然后得出相同的结论。

三 旅游资源开发的基本原则

旅游资源是对旅游者有着旅游愉悦价值的客体，而不是必须要借助于开发才赋予其旅游价值的。开发的过程仅仅改变旅游资源的可接近性或可进入性，而并不是从根本上改变该资源的旅游价值结构。在现实的旅游资源开发实践中，正是由于一些人缺乏这种认识，才出现一边不惜重金在旅游资源分布区内搞所谓景观建设，做一些画蛇添足、似是而非、弄巧成拙等令人颇感遗憾的事情，一边同时也在破坏着旅游资源。因此，在旅游资源开发过程中，一定要坚持正确的原则。

1. 保护性开发原则

开发旅游资源的目的是为了利用。但在某种意义上，对某些旅游资源，特别是对自然旅游资源和历史旅游资源来说，开发的本身就意味着一定程度的破坏。不过，如果处理得当，开发未必会破坏，反而能起到保护这些资源的作用。因此，关键问题是如何将开发工作处理得当，也就是说，在开发旅游资源的同时，要注意着眼于对旅游资源的保护，不能单纯地片面强调开发而不顾对环境的破坏问题。

旅游资源的保护性开发，既体现在开发的工程建设阶段，也体现在后期的运行阶段。在工程建设阶段，要通过严格的环境效应评估，从可持续发展的高度对项目的环境、经济、社会文化效应进行评价，以避免项目运行带来的环境破坏、资源耗竭、社会震荡和文化颓败。在建设内容上，一方面不能过多地增加足以改变资源价值结构的景观项目，对包括道路、通信设施、住宿设施等附属设施的投资，虽能改变旅游资源的可进入性，但要以不破坏旅游资源的审美与愉悦价值为前提；另一方面，在有限地增加一些景观时，其内涵和形式也要与资源的整体风格相协调。

2. 突出独特性的原则

旅游资源贵在稀有，其质量在很大程度上取决于与众不同的独特性。这是它们能够对旅游者产生吸引力的根本所在。因此，突出旅游资源本身原有的特征，有意识地保存和增强这些特征具有十分重要的意义。

（1）尽可能保护自然和历史形成的原始风貌。任何过分修饰或全面毁旧翻新的做法都是不可取的，这种做法只会削弱它们对旅游者的吸引力。对于那些虽有记载或传说，实物遗迹却不存在的历史人文资源，可以根据史料或传说复建，但也要注意尽量反映其历史风貌，而不能用现代的建筑材料和建筑风格仿建。

（2）尽量挖掘当地特有的旅游资源，即所谓“人无我有，人有我佳”，以突出自己的优越性。不论是自然和历史遗产的开发，还是当代人造旅游资源的创新，都要通过强化旅游资源的独特性，以确保旅游资源的吸引力和竞争力。

（3）努力反映当地的文化特点。突出民族化，保持某些传统格调是为了突出自己的独特性，同时也有利于当地旅游形象的树立。突出的民族文化和地方文化，主要是指在环境外观上要使人有民族和地方的特点。对于旅游服务设施的内部环境和设施则非但不宜“旧”，还必须以符合游客的生活习惯，并使其具有熟悉感为原则。总之，应力求外“土”而内“洋”、外“旧”而内“新”，使来访游客在精神上有置身于异国他乡的新奇感，在生活上又享有如居故里之便利。

3. 社会营销导向性原则

旅游资源一般都是十分脆弱的资源，再生能力差，一旦失去，很难恢复。旅游活动既有毁坏自然生态环境的能力，也有摧毁传统文化的倾向，这对旅游本身可能是致命的。所以，旅游资源作为一种人类共有的极其稀缺的资源，应根据当地经济发展的需要和可能，有选择性地开发，尽量利用本地或本国的各种经济资源，旅游企业才有持续发展的可能。

以社会营销导向原则进行旅游资源开发，应遵循经济、社会、环境三大效益相统一。对此，有学者提出旅游资源在开发时必须满足以下几个条件：

（1）经济贡献。旅游资源开发能带来经济价值和就业机会的增加。

（2）环境影响。旅游资源开发在环境保护法律法规允许的范围内。

（3）社会文化影响。旅游资源开发没有危及到当地居民的道德和社会生活。

（4）竞争影响。旅游资源的开发对现有的旅游业形成互补的形势，而非形成同类旅游资源开发恶性竞争的局面。

（5）可行性。旅游资源开发的具体项目必须在经济上可行，并遵守地方政策和发展战略。

4. 综合性原则

综合开发通常是指在突出作为自己形象的重点旅游资源的同时，对其他各类旅游资源也要根据情况逐步进行开发。这是充分发掘该旅游目的地对外吸引力和努力克服来访旅游需求季节性波动的重要途径之一。通过综合开发，将吸引力各异的不同旅游资源结成一个吸引群体，从而使游客可以从多个方面发现其价值。对于一个地域较小的旅游目的地综合开发则多指在开发其旅游资源的同时，从行、游、住、食、购、娱等多方面考虑旅游者的需要，做好有关的设施配套和供应工作。

四　旅游资源开发工作的主要内容

旅游资源的开发，包括某一单项旅游资源的开发、多项旅游资源的综合开发、某一旅游点或旅游地的开发等。要将潜在的旅游资源转变成现实的经济优势，不仅要对旅游资源本身进行开发、利用，还要进行旅游配套设施的建设、相关外部条件的开发改造、旅游环境的建设等。

1. 景点或风景区的开发

旅游资源在开发之前，大多处于潜在状态，一般都缺乏现代旅游活动所需要的基本条件而难以融入旅游业被用于开展大规模的旅游接待活动。因此，对旅游资源的开发和建设即景点景区的开发和建设，是客观必要的。这种建设，从内容、形式上说，不仅指对尚未利用的旅游资源的初次开发，也可以是对已经利用了的景观或旅游吸引物的深度开发，或进一步的功能发掘；不仅指对一个从无到有的新景点的创造，也可以是对现实存在的旅游资源的归整和加工。从其性质来看，既可以以开发建设为主，也可以以保持维护为主。并且这种开发建设活动的内容、性质是一个发展变化的动态过程，在旅游点生命周期的不同阶段表现出不同的侧重点。

2. 提高旅游地的可进入性

可进入性是指旅游目的地同外界的交通联系，以及旅游目的地内部交通运输的畅通和便利程度。在旅游地的开发上，交通是首先需要解决的问题。但可进入性并不只是指旅游者由外界抵达旅游地，而且还包括旅游者进入旅游地后要“进得来，出得去，散得开”。也就是说，要使旅游者来得方便，在旅游目的地逗留期间活动方便以及旅游结束后离去得方便。

3. 建设和完善旅游配套设施

旅游者在旅游活动中的主要目标虽然是旅游吸引物，但在旅游过程中还有基本生活需要，这就决定了旅游地必须向旅游者提供相关服务所需要的旅游配套设施。旅游配套设施包括旅游服务设施和旅游基础设施。

旅游服务设施，是指可供当地居民使用，但主要是供外来旅游者使用的服务设施。这类设施主要包括宾馆饭店、旅游问讯中心、旅游商店、某些娱乐场所以及其他服务设施，其中一部分也为本地居民的生活需要提供服务。

旅游基础设施，是指为了旅游地居民生产生活需要所提供使用的设施。如一般公用事业设施中的供水系统、供电系统、供热系统、供气系统、排污处理系统、邮电通信系统、道路系统，以及与此有关的配套设施，如停车场、机场、火车站、汽车站、港口码头、夜间照明设施等。还有满足现代社会生活需要的基本设施或条件，如医院、银行、食品点、公园、治安管理机构等。这些基础设施并不直接为旅游者服务，但它们是旅游服务部门和企业必不可少的设施。

4. 加强培训，完善旅游服务

旅游服务，是由各种单项服务组合而成的综合服务，提供服务的人是来自旅游业各部门的从业人员及当地群众。服务质量的好坏，直接取决于服务人员自身素质的高低，同时又影响到旅游地对旅游者的吸引力。

因此，必须通过各种方式，根据客源市场的变化以及旅游业发展的要求，对从业人员不断地进行培训，以提高其服务水平和质量，达到完善旅游服务的目标。

5. 加强宣传促销，开拓旅游市场

市场开拓工作：一方面，景点建设及旅游活动的设置要与旅游需求趋向联系起来，即根据旅游者的消费行为特征进行旅游资源开发的具体工作；另一方面，通过多种媒介加强宣传促销，将旅游产品介绍给旅游者，不断开拓市场，扩大客源，实现旅游资源开发的目的。

材料4-2

旅游资源一体化及其实现形式

所谓“旅游资源一体化”，是指在尊重游客对旅游资源整体感知和遵循旅游业自身发展规律的前提下，结合各地实际，采取相应的方法来打破部门或区域的分割管理，统筹协调各方面力量，实现旅游资源的整体管理和开发，从而全面提高旅游资源保护和利用水平的一种措施。重要旅游资源是旅游业发展的主要依托，通过旅游资源一体化促进重要旅游资源的有效保护和科学利用是发展旅游业比较有效的做法。旅游资源一体化实现形式主要有三种：

一是职能一体化。这是目前推进旅游资源一体化的主要方式，也是被旅游业界所熟知的方式。由行政职能分割造成的旅游资源低效利用，是当前旅游业发展中比较突出的现象。如在一个旅游景区内，旅游资源可能分属建设、林业、水利、宗教、文物等部门，旅游部门作为行业管理部门很难协调各方利益，“各自为战”的结果不利于旅游资源的有效保护，同时也必然会削弱当地旅游业的整体竞争力。因此，通过整合部门职能的方式来实现旅游资源的一体化，可以使部门之间的外部矛盾在机构内部得到协调和化解。

二是区域一体化。这是通过调整行政权限或区划，将旅游资源富集地区单独划出来进行管理和开发，从而实现旅游资源一体化的做法。与“职能一体化”主要涉及与旅游相关部门职能的整合不同，区域一体化则是以更广泛和更深入的方式来打破旅游资源的区域分割和部门分割。对旅游业发展需求迫切，旅游资源丰富但旅游资源分割又很严重的区域而言，区域一体化的方式值得尝试。但由于这种方式牵涉面太宽，并不适宜作为旅游资源一体化的主要方式推行。

三是规划一体化。从理论上讲，以规划一体化促进旅游资源一体化不涉及区域和职能的调整，推行起来比较容易；但从实际情况看，通过总体旅游规划促进跨区域旅游资源整体利用成功的例子很少。伴随着《全国主体功能区规划》（国发【2010】46号）的出台，规划一体化有可能成为功能区开发建设的置顶性规划，在促进旅游资源一体化中发挥重要作用。

第五节　旅游资源的保护

一　旅游资源保护的含义

旅游资源保护，是指维护资源的固有价值，使之不受破坏和污染，保持自然景观和人文景观的原有特色，对已遭损坏的旅游资源进行治理。

旅游资源保护包括旅游资源所形成的景物、景观、环境和意境。其中，“景物”就是奇峰异石、林木植被等自然风景物体，以及古今人为的活动物体、历史文物等；“景观”就是与景物并存的“画面”，包括衬托景物的其他次要景物；“环境”就是景物存在的空间环境；“意境”指的是环境气氛，即环境给人的感受。

二　旅游资源保护的必要性

旅游资源是旅游开发的必备条件之一，是构成旅游产品的重要组成部分。没有旅游资源，也就没有旅游业存在和发展的基础。而旅游资源是脆弱的，常常会受到不同程度的破坏，有些可以在一定时间后自行修复，有些则会造成无法挽回的影响，减弱损毁旅游目的地的吸引力。保护旅游资源就是保护旅游业的发展。

旅游资源涵盖的范围十分广泛，既包括自然界赋予的自然旅游资源，也包括人类活动所创造的人文旅游资源。其中，前者是生态环境的重要组成因素，后者则是重要的文化遗产。保护旅游资源，对实现生态环境的保护和旅游地文化的保护起到决定性作用。

三　旅游资源遭受破坏的原因

旅游资源常常受到许多不利因素的影响，并且遭到破坏。自然性破坏和人为性破坏是旅游资源遭受破坏的两大原因。

1. 自然因素的影响

（1）缓慢性的侵蚀。自然界的风化、溶蚀、侵蚀、氧化、流水切割，以及温度变化和生物的生命规律等，对旅游资源都会产生影响。这些因素的影响比较缓慢，但影响的范围极其广泛。如风吹、日晒、雨淋、水浸等，对历史文物古迹造成的破坏尤其严重。体量较小的可以用防腐剂浸泡、喷洒防腐剂、架棚构屋以遮风避雨等方法来防止和减轻影响，而对于体量极大的物体，目前还没有比较有效的办法。

（2）突发性的灾难。自然界的某些突发性变化，如地震、台风、水灾、火山喷发、山体滑坡、泥石流、地层断裂或塌陷等自然灾害，至今多难以预测和有效制止。这些情况虽然不是经常性的，但一旦发生，破坏是非常严重的，有的甚至是毁灭性的。

（3）细菌和病虫害的破坏。细菌和病虫害对动植物和某些文物古迹的影响是比较明显的。如白蚁、鸟类等一些动物使古建筑受到破坏。目前，对这类破坏主要通过人工方法或生物方法加以防止。更重要的是应加强平常的防治意识。

2. 战争和政策失误的影响

战争会对社会的各个方面造成巨大损失，对旅游资源也不例外。中国历史上的辉煌建筑毁于战争的比其他任何原因都多。在和平时期由于政策失误、人类不合理的生产活动，可能导致难以挽回的损失。如泉城济南因长期开采深层地下水而使地下水位下降，造成泉水断流。对森林的过度砍伐、炸山采石、填湖造地、现代经济建设中对珍贵历史文物古迹的毁灭性破坏等，使得一些自然景观遭到巨大破坏，珍贵文物被人为毁坏。

3. 旅游发展中造成的破坏

（1）旅游开发中的“破坏性建设”。由于缺乏知识和考虑不周，建设不适宜工程，破坏了旅游资源景观及其环境。

如为修建道路进行大规模的开山劈石，在风景区内乱建房舍，紧邻海滨或湖滨修建大体量、外形呆板的旅游接待设施，过分绿化而隔断观赏视线，旅游开发中的房地产倾向，旅游度假区规划中的城市化倾向，自然风景区中的园林化倾向，中西杂陈、古今混合的建筑布局等，都破坏了旅游资源，有损于它们各自的风格。

（2）超负荷接待。为了追求高利润，或由于旺季景区内超负荷地开展旅游活动，游客人数超过合理的容量，导致旅游资源破坏，环境质量降低，有时甚至造成游人伤亡事件。

（3）旅游管理中的失误。旅游资源管理部门管理不善或不严，对某些破坏行为听之任之，对旅游资源缺乏必要的维修保护措施。

（4）游人增多造成的破坏。旅游者的地面践踏，影响着植物吸收水分和营养，使一些旅游景区内古树生长不良。游人呼出的二氧化碳以及散出的体热，造成封闭空间的环境变化，对文物造成不利影响。游人对野生动物的惊扰，打乱了它们的生活规律，以至它们被迫迁徙。交通工具所产生的废气、噪音污染，造成旅游环境恶化。

对上述情况，要采取相应的措施予以避免。如严格限制游人的数量，限制汽车接近旅游点中心，用围栏等在古树附近进行保护等。

（5）部分游人的不文明行为。部分旅游者的不当行为，如随地乱扔废物垃圾、随地吐痰、乱刻乱画、攀木折枝，在禁烟区内吸烟和一些不文明的举止，都会影响旅游环境和其他游人的游兴。对此，旅游管理部门应加强检查监督，及时制止；同时加强宣传，提高民众的素质，自觉抵制不文明行为。

四　旅游资源的保护

1. 旅游资源的保护方式

世界各国在旅游资源保护方面所采取的方式大致有两类：一是运用法律手段，实行立法，加强法治；二是根据旅游资源质量，将其划分为不同的级别加以保护。

2. 旅游资源保护的内容

处理好旅游资源与环境的关系，合理地开发与保护，是旅游业可持续发展的保证。因此，保护内容分为旅游资源和旅游环境两部分。

旅游资源保护，是指对具有旅游开发价值的景点、景物进行保护，主要包括文物、古迹、建筑、碑刻及革命文物等人文旅游资源的保护，以及山峰、象形石、水体和树木等自然旅游资源的保护。

旅游环境保护，是指对影响文物保护、游客旅游行为的周围环境进行保护，主要包括气候、水体、地形、林木及社会文化环境等。

五　旅游资源的保护规划

1. 旅游资源的保护

（1）旅游资源的保护等级划分。

①一级。具有较高的观赏价值、历史价值和科学价值与不可再生性的特点，属于旅游区内核心景观的景观资源。

②二级。其他旅游资源。

（2）旅游资源的保护措施。

①一级旅游资源的保护措施。在旅游资源开发中，必须保护其原有风貌及环境氛围，有效预防自然和人为破坏，保持文物古迹和自然景观的真实性和完整性。严禁随意开发建设。

建筑物体量和布局合理，色彩和风格一致，并与周边景观格调协调。建筑物墙面整齐，无污垢。游览场所无污水、污物，无乱建、乱堆、乱放现象。

在其周围划出一定范围，此范围内不得建设任何影响景观视角完整和美感的建筑，不得在此范围内摆摊设点。

区内造型地貌众多，在建设施工及开展旅游活动的过程中应特别加以保护，以免造成永久性破坏。

②二级旅游资源的保护措施。在一级旅游资源保护措施的基础上适当放宽，但也不能造成永久性破坏。

2. 旅游环境的保护

（1）等级划分。将景区分为重点保护区、一般保护区和外围保护区三部分。

①重点保护区：指旅游资源周围的环境，包括绿化、污染、施工、采石等活动涉及的问题。

②一般保护区：指旅游区内重点保护区以外整体环境的保护，主要包括大气、水质、噪声、垃圾及山体等。

③外围保护区：指位于旅游区内，但又处于各景区之外的旅游环境氛围营造地带。

（2）保护措施。

①空气中二氧化硫、氮氧化物浓度要符合二级标准，总悬浮颗粒物浓度基本符合二级标准。

②区内各项设施设备符合国家环保要求，不造成环境污染和其他公害，不破坏游览气氛。

③对林木病虫害坚持“以预防为主，综合防治”的原则，与林业部门配合，及时掌握林木病虫害的发生发展动向，采用生物、化学、物理等措施，控制与消除其危害。

④卫生措施。

垃圾箱标识明显，数量能满足需要，布局合理，造型美观、实用，与环境相协调。垃圾及时清扫，日产日清。

餐饮服务符合国家关于食品卫生的规定，配备消毒设施，禁止使用对环境造成污染的一次性餐具。

厕所引导标识醒目，数量满足需要，造型、色彩及格调与环境协调。所有厕所具备冲水、通风设备或使用免水冲生态厕所。厕所便池洁净，无污垢、无堵塞。室内整洁，无破损、无污迹、无异味。

公共场所全部达到国家规定的卫生检测标准。

⑤安全措施。

交通、机电、游览、娱乐等设备完好，运行正常，无安全隐患。危险地段防护设施齐备有效，标志明显。

认真执行旅游、公安、交通等有关部门的安全保卫制度。

建立紧急救援体系，或设立医务室，配备专职医务人员，配备游客常备药品，有较强处理突发事件的能力。

建立健全防火制度，配备必要防火器材，并在醒目处设立防火宣传牌，指导游客如何防火。

部分山体滑坡现象严重，对游客人身安全造成威胁，规划采用生物与物理防治相结合的方式予以解决。

⑥任何开挖山体的行动，都要得到有关部门的特别批准，在施工中还应特别小心，把对山体的破坏降到最低程度。

3. 社会文化的保护

旅游资源的开发、旅游业的发展会给社会文化带来一定的负面效应。这就要求旅游地在进行旅游资源开发以发展旅游业时，注意并加强对当地社会文化的保护。国际上，旅游地对付和解决旅游业对社会文化产生的负面效应的方法有：

（1）抗拒国际旅游者前来旅游，或尽量避免与外国旅游者接触，以保护当地文化。

（2）划清外来文化与当地文化的界限。

（3）复兴传统文化，使当地的文化能够很好地保存和流传下来。

思考与习题

❶ 解释下列概念。

旅游资源　自然旅游资源　人文旅游资源　可进入性　旅游基础设施

❷ 旅游资源有哪些特点？

❸ 决定一项旅游资源价值大小的主要因素有哪些？为什么？

❹ 旅游资源评价应怎样进行？

❺ 简述旅游资源开发工作的基本内容。

❻ 旅游资源开发工作应遵守哪些原则？为什么？

❼ 谈谈保护旅游资源的意义。

❽ 简述旅游资源的保护办法和对策。

第五章
旅游业

➤**教学目标**　知识目标：了解旅行社、饭店、旅游交通及旅游景点等旅游企业的业务和发展状况；熟悉旅游业的主要组成概况；理解旅游业的概念；掌握旅游业的主要构成和特点

能力目标：能分析旅游业各构成部分在旅游业中的作用

➤**教学难点**　旅游业的构成

➤**教学重点**　旅游业的概念与特点　旅游业的构成　旅游业的作用　旅游业主要组成概况

➤**主要内容**　旅游业的概念与特点　旅行社　饭店业　旅游交通业　旅游景区

旅游业是以旅游资源为凭借，以旅游设施为物质条件，为旅游者提供各种商品和服务的一系列相关联的行业。它是使旅游者完成旅游行动的重要保障。

第一节　旅游业的概念与特点

对于旅游的发展，特别是现代大众旅游的形成和发展，有效的供给支持和促进是十分必要的。旅游的发展也就是需求和供给两个方面联合作用的结果。这里所说的供给便是旅游业。

一　旅游业的定义

旅游业是以旅游者为对象，为其旅游活动创造便利条件，并提供其所需要的商品和服务的综合性产业。它是连接旅游者（旅游主体）和旅游资源（旅游客体）的重要纽带。旅游活动涉及社会的各个方面，需要许多相关的经济部门来提供相应的服务。在市场经济条件下，为旅游者的旅游过程服务的相关经济部门形成的相关产业，即为旅游业。

由于旅游业涉及其他产业，与其他产业存在着交叉关系，所以，旅游业的产业界限是模糊的。首先，旅游业是综合性产业，并非由同类企业所构成，这些企业的业务或产品自然也不尽相同。其次，旅游业的投入和产出很

难清晰地测算和确定。微观上，任何一个旅游企业的服务对象都不仅限于旅游者或游客，企业投入还有部分非旅游业务的投入。宏观上，旅游业并非一个界限分明的产业，其产品由相关的诸多产业或行业共同提供。在测算和确定旅游业的投入和产出时，只能在对相关的产业或行业进行调查、分析和综合的基础上进行估定。再次，绝大多数旅游企业都隶属于某一传统产业。

因此，旅游业的定义可概括为：旅游业是以旅游资源为凭借，以旅游设施为条件，以旅游者为对象，为旅游者的旅游活动创造便利条件，并提供其所需商品和服务的综合性产业。同其他传统产业的定义相比，旅游业的定义有两点明显的不同之处：一是旅游业的定义是以需求为取向的定义，而不是以供给为取向的定义；二是旅游业作为一个产业，其界定标准是其服务对象，而不是业务或产品。

二　旅游业的构成

旅游资源、旅游设施和旅游服务是旅游业经营管理的三大要素。但是旅游业的构成是相当复杂的，其构成可以从多方面来划分归类。

1. “三大支柱”说

根据联合国的《国际标准产业分类》，同时在对从事旅游业务的具体部门加以分析的基础上，旅游业可以分为三个主要的部分，即旅行社、交通客运部门、以旅馆为代表的住宿业部门。在我国，人们通常将旅行社、住宿业和交通运输业称为旅游业的“三大支柱”。

2. “五大部门”说

从国家或地区的旅游发展角度来看，旅游业主要由五大部分组成，即旅行业务组织部门、住宿接待部门、交通运输部门、游览场所经营部门和各级旅游管理组织。

3. 核心系统和支持系统

根据各行业与旅游者关联度的不同，旅游产业的行业群体可分为两大类：一类是旅游核心行业，即直接从事旅游服务的企业，专门或主要为旅游者提供旅游产品和劳务的行业，包括旅行社业、旅游住宿业、旅游交通业和旅游景观业。另一类是旅游业支持系统，即间接为旅游服务的辅助企业，也称为旅游依托行业。它是既为旅游者，同时又为其他社会公众提供产品和劳务的行业，如餐饮业、娱乐业、商业、水电业等。

三　旅游业的作用

1. 旅游业是旅游供给的提供者

一个旅游目的地的旅游供给包括旅游资源、旅游设施和旅游服务，这些大部分都是由旅游业提供的。

2. 旅游业是旅游活动的组织者

旅游业各部门，一方面根据市场需要组织一系列配套产品；另一方面通过各种方式组织客源。

3. 旅游业为旅游活动提供便利条件

有了旅游业提供的便利服务，旅游者的旅行以及在旅游目的地期间的生活和活动，都由有关的旅游企业为其安排，他们不必再为旅游过程中可能遇到的各种困难问题而担心，可以放心大胆地外出旅游。正是在这种便利作用的刺激下，旅游活动的规模才越来越大。

四　旅游业的特点

1. 综合性

旅游业融各种服务功能于一体，为满足旅游者食、住、行、游、购、娱等多种需求，就要有多种不同类型的企业为其提供服务，这必然涉及国民经济中的多个行业和部门。只有这些部门通力合作，才能保证旅游者的全部需求得到满足。

2. 依托性

旅游业是一个具有高度依托性的产业。这主要表现在三个方面：

（1）旅游业以旅游资源为依托。旅游资源是发展旅游业的客观基础，旅游资源的特点与丰度，在很大程度上影响着旅游业的发展。

（2）旅游业的发展依托于国民经济的发展。一方面，国民经济发展水平决定了人们的可自由支配收入水平的高低及闲暇时间的长短，从而决定了旅游者的数量、消费水平和消费频率；另一方面，国民经济发展水平又决定了旅游供给水平，表现为旅游资源和设施投入能力的提高。

（3）旅游业依托于各有关部门和行业的通力合作、协调发展。任何一个相关行业脱节，都会影响到旅游经营活动的正常进行。

3. 敏感性

即脆弱性。旅游业是一个非常敏感的产业，社会各种因素的变化都会对旅游产生影响，且反应迅速。从旅游业内部看，旅游活动的吃、住、行、游、购、娱各环节联系紧密，一个环节出现问题，就会出现一系列连锁反应，造成整个供给失调。从旅游业外部看，自然的、政治的、经济的和社会的因素，都可能对旅游业产生影响。例如，国际形势的变化、政治风云的变化都直接影响着旅游业；自然灾害也会对旅游业产生巨大的冲击；甚至一部畅销小说、一部受人欢迎的电影都会很快地刺激旅游业的发展。

4. 服务性

人们外出旅游除了必要的饮食等物化产品外，花钱购买的主要是非物质的服务产品，包括饭店服务（前厅服务、餐饮服务、客房服务）、交通服务、导游服务、代办服务、文化娱乐服务、商业服务等。

5. 劳动密集性

由于旅游业的产品是以提供劳务为主的旅游服务，同其他行业相比，不存在销售成本或销售成本较少，从而使工资成本在全部营业成本中占据着较大的比重，所以旅游业被称为劳动密集型行业：这是国际上所公认的。正因为这样，世界各国都一致把旅游业作为吸纳剩余劳动力的一个重要渠道。

第二节　旅行社

旅行社是为旅行提供服务的专门机构，为世界旅游业的三大支柱之一。由于这一行业是由众多旅行社企业所组成，因此“旅行社”一词既可以作该行业的总称，也可以用来指代旅行社企业。旅行社在我国旅游业的发展中扮演着极为重要的角色。

一　旅行社的概念

从行业的角度讲，旅行社应该属于旅行代理业。它一方面为旅游接待企业（景区、饭店、旅游商店、旅游交通等）代理营销业务，另一方面也接受旅游者委托而办理各种旅行手续。所以，旅行社是典型的旅游中介组织（日本称其为“斡旋业”）。从行业工作的特点看，旅行社是为旅游者提供服务的行业，欧美国家称其为“travel servise”（旅行服务）。

2009 年 5 月国务院颁布的《旅行社条例》对旅行社的定义为：旅行社是指从事招徕、组织、接待旅游者等活动，为旅游者提供相关旅游服务，开展国内旅游业务、入境旅游业务或者出境旅游业务的企业法人。

根据 2013 年颁布的《旅游法》，设立旅行社应取得旅游主管部门的许可，依法办理工商登记，具备下列条件：①有固定的经营场所；②有必要的营业设施；③有符合规定的注册资本；④有必要的经营管理人员和导游；⑤符合法律、行政法规规定的其他条件。

二　旅行社的作用

旅行社在旅游业中起到桥梁和纽带作用，通过旅游客源的组织和旅游产品的生产，将旅游业务与部门紧密联系在一起，从而使旅游业内部形成一个相互依存、相互制约的有机整体。

1. 旅游活动的组织者

从旅游者需求的角度看，旅游者在旅游活动中需要各种旅游服务，如交通、住宿、餐饮、游览、购物、娱乐等。而提供这些服务的部门和企业分别属于不同的行业，相互之间的联系比较松散。旅行社的经营活动，就是从分属于不同部门的企业购买各种旅游服务产品，再把这些产品组合起来系统地提供给旅游者，使旅游者的旅游活动得以顺利开展的行为。

旅游企业之间的相互衔接，也有赖于旅行社的组织协调。

由此可见，旅行社不但要组织旅游者的旅游活动，还在旅游业的各个组成部门之间起着组织和协调作用。旅行社既是旅游客源的组织者，也是旅游市场的开拓者。

2. 旅游产品的销售渠道

从旅游目的地的供给角度看，旅行社是旅游产品的销售渠道。与旅游活动有关的行业和部门，如交通运输、住宿业、酒楼餐馆、商业购物等部门，虽然也直接向旅游者出售自己的产品，但其大多数产品是通过旅行社销售给旅游者的。旅行社通过其产品的生产，将其他相关行业和部门的产品也销售给旅游者，成为这些企业旅游产品的销售渠道。

因此，旅游目的地在发布新的旅游路线或旅游产品时，往往采取同业促销的办法，邀请各大旅行社前来考察，希望各大旅行社将本地旅游路线列入旅行社的推广路线之中。

三 旅行社的分类

由于旅行社行业发展水平和经营环境不同，世界各国旅行社行业分工的形成机制和具体分工状况存在着较大的差异，这种差异决定了各旅行社企业的经营范围是不同的。因此，人们往往需要将旅行社划分为不同的类型。

1. 欧美国家旅行社的分类

欧美国家旅行社的分类，主要是按业务类型划分。这些国家一般根据旅行社所经营的业务类型，即是经营批发业务还是经营零售业务，将旅行社划分为旅游批发商、旅游经营商和旅游代理商（即旅游零售商）三大类。

（1）旅游批发商。旅游批发商是指以组织和批发包价旅游产品为主要经营业务的旅行社，主要经营批发业务。根据法律规定，旅游批发商不与旅游者发生直接关系，不直接向公众出售旅游产品，不从事旅游接待服务。

旅游批发商以最低价格批量预订交通、住宿、旅游设施及景点等使用权利，在对市场行情调查、分析和预测的基础上，将这些单项旅游服务包装、组合成整套旅游产品（旅游路线、项目和日程）后，以包价批发的形式出售给旅游经营商。

旅游批发商的规模一般都比较大，企业的数量相对较少。我国目前不存在此类企业。

（2）旅游经营商。旅游经营商是通过自己的零售网点或代理商向公众销售旅游产品的旅行社。它们从旅游批发商手中购买旅游产品后，负责组织旅游团和具体接待服务。这类旅行社的规模也比较大。

（3）旅游代理商。旅游代理商即旅游零售商，是主要经营零售业务的旅行社。旅游代理商是中介组织，主要工作是负责宣传、推销旅游产品和提供旅行服务。它代理旅游批发商和旅游经营商、交通部门或饭店等部门，向旅游者销售旅游产品、交通票据或预订客房。旅游代理商直接面对公众，具体招徕和组织客源。

旅游代理商提供的服务不向顾客收费，其收入主要来自由代理企业支付的佣金。20 世纪初，旅游代理商主要服务于商务旅行市场，为其代理车船票务，代理商的数目较少，规模也不大。直到 20 世纪五六十年代，航空交通运输的发展促进了大众旅游的发展，旅游代理商才开始大量出现和发展。

目前，现代信息技术在旅游问讯及预订方面的应用，增强了旅游经营商和旅游企业直接销售的力量，这给旅游代理商的发展前景带来了一定的威胁。

2. 我国旅行社的分类

我国的旅行社主要是按经营范围划分类型，既经营批发业务，也经营零售业务。1985 年公布的《旅行社管理暂行条例》将旅行社分为一、二、三类（级）旅行社。一类旅行社招徕、接待海外旅游者；二类旅行社只接待海外旅游者；三类旅行社只能经营国内旅游业务。1996 年公布的《旅行社管理条例》将旅行社分为国际、国内旅行社两类，其中出境旅游为部分国际旅行社特许经营业务。

2009 年 5 月开始施行的《旅行社条例》将旅行社分为两大类：一类是可以经营国内业务和入境业务的旅行社；另一类是可以经营国内业务、入境业务和出境业务的旅行社。申请设立旅行社，经营国内旅游业务和入境旅游业务的，应当具备下列条件：①有固定的经营场所；②有必要的营业设施；③有不少于 30 万元的注册资本。旅行社取得经营许可满两年，且未因侵害旅游者合法权益受到行政机关罚款以上处罚的，可以申请经营出境旅游业务。

3. 旅行社按服务性质的习惯称谓

按照旅行社服务性质，我们习惯上称组团旅行社、接待旅行社。

组团旅行社（简称组团社），是接受旅游团（者）或海外旅行社预订，制订和下达接待计划，并可提供全程陪同导游服务的旅行社。

接待旅行社（简称接待社），是接受组团社的委托，按照接待计划委派地方陪同导游人员，负责组织安排旅游团（者）在当地参观游览等活动的旅行社。

四　旅行社的业务

1. 旅行社的基本业务

根据《旅游法》规定，旅行社可以经营境内旅游、出境旅游、边境旅游、入境旅游和其他旅游业务。为了与日益多样化的各种旅游形态相适应，旅行社业务有以下分类：

（1）承接委托代办业务。委托代办业务，主要是针对散客的需要开办的。旅行社与相关单位和企业有着良好的业务关系，并能从这些部门及企业那里得到廉价的合同价格和各项服务。根据游客的具体需要，旅行社代办各项业务，提供多样化的服务，如代客订房、代办签证、代购车（船、机）票、代租汽车、接站送站等。

（2）设计、组织和促销旅游产品。旅行社根据不同的旅游市场，设计不同的旅游路线，并通过向旅游提供服务的部门或企业，如交通、住宿、餐饮、娱乐、旅游景区（点）、保险等，购买旅游要素，或直接购买接待社的旅游产品，将其包装并进行宣传、促销活动出售给旅游者。这种产品的业务形式被称作包价旅游，包价旅游一般以团体旅游者为主要服务对象。

（3）提供接待服务。接待服务包括两个方面：团队旅游接待服务和散客旅游接待服务。团队旅游接待服务又包括组团旅游业务和接团旅游业务。

组团旅游业务，是指旅行社预先制订包括旅游目的地、日程、交通或住宿服务内容、旅游费用等旅游计划，通过广告等推销方式招徕旅游者，组织旅游团队，为旅游者办理签证、保险等手续，并通过接待计划的形式与接团旅游业务进行衔接。

接团旅游业务，是指根据旅游接待计划安排，为旅游者在某一地方或某一区域提供翻译导游，安排旅游者的旅行游览活动，并负责订房、订餐、订票和与各旅游目的地的联络等，为旅游者提供满意的综合服务。

2. 旅行社开展业务的主要方式

根据旅游者的不同组织形式，旅行社的业务可以分为组织接待团体旅游和安排接待散客旅游两种形式；根据旅游产品所包含的不同内容，可以分为全包价旅游、部分包价旅游以及提供单项旅游服务等几方面业务内容。

（1）包价旅游。包价旅游，是旅行社经过事先计划、组织和编排活动项目，向旅游大众推出的包揽一切有关服务工作的旅游形式。它一般规定旅游的日程、目的地、交通、住宿、饮食、游览的具体地点，以及服务等级和各处旅游活动的内容安排，并以一定价格向市场推销成批量组合的旅游路线产品。包价旅游分为全包价和小包价两种：前者包括一次旅游活动的全部旅游服务；后者只包括其中主要的几项服务。

包价旅游通常以团体形式为主。按照国际上的行业惯例，所谓团体指人数至少 15 人的旅游团。根据我国旅游业中的现行惯例，作为团体的人数至少为 10 人。

（2）非包价旅游。非包价旅游是指旅行社根据旅游者需要，按单项计价的旅游活动。其主要对象是散客，所以非包价旅游又称散客旅游。

五　中国旅行社行业管理

1. 旅行社行业管理

1985 年国务院发布了《旅行社管理暂行条例》，这是中国旅游业第一部行政法规。1996 年，国务院在对《旅行社管理暂行条例》进行修订后正式发布《旅行社管理条例》，2009 年出台了新的《旅行社条例》。2013 年颁布的《旅游法》第四章对旅行社及导游人员管理进行了规定。

国家旅游局根据旅游业发展出台了涉及旅行社行业管理的系列部门规章，形成了比较完备的法律体系。为促进旅行社服务规范化管理，我国建立了旅行社服务系列标准体系，使旅行社服务质量不断提升。

2. 导游人员的管理

1987 年经国务院批准，国家旅游局发布了《导游人员管理暂行规定》，对导游人员管理作出全面规定，奠定了我国导游人员管理制度的基础。1999 年国务院发布《导游人员管理条例》，2013 年颁布的《旅游法》第四章对旅行社及导游人员管理进行了规定。在适应市场经济的条件下，我国建立起来的导游管理制度促进了旅游业的健康发展。

国家旅游局还出台了《导游人员管理实施办法》《导游证管理办法》等规章和规范性文件，建立了导游服务标准体系。

材料5-1

旅行社与智慧旅游

智慧旅游绝不只是新设备的购置，它是从游客的需求出发，让游客体验旅游的幸福感。这正是旅行社的核心价值与智慧旅游天然的契合。旅行社作为典型的服务业，应以游客为中心，建立一整套的智慧旅游服务体系。

旅行社可以从消费者的角度出发，针对整个操作流程（从萌生旅游意愿，到去旅行社咨询，最终成行的过程），把企业应该提供的所有服务的每个环节逐一细化并以制度的形式加以固化并落实，形成一整套的Q&A（问与答或疑难解答）系列，保证每个员工都有章可循、按图索骥。

对游客来说，原先看到的路线产品基本雷同，同样是“海南双飞5日游”，品质团、豪华团、购物团、纯玩团……因名称不同，其价格、行程安排、服务更是千差万别，难以让人有信任感。如果有一整套的“智慧旅游服务体系”在背后支撑，让游客在购买旅游产品时获得确凿的信息，让消费者看到应该享受的服务标准，对游客来说才是大旅行社的做法，才是信心保障。

互联网时代，旅行社应该成为旅游者身边的智慧旅游顾问，发挥应有优势，在每一个环节提供专业的服务；甚至在旅行结束后，也应该建立游客档案数据库，通过数据库分析找出个性化服务的依据，发现新的销售机会；通过电子邮件、直邮信函、邮件列表、游客论坛等方式与游客互动沟通，努力争取终身客户。

智慧旅游要落地，标准化建设是旅行社做大的必由之路。旅行社原先的门槛较低，良莠不齐也是业界共识，智慧旅游正是旅行社开展标准化建设的有利契机，如建设“智慧旅游服务体系”。目前，业界已经有中国国际旅行社等大社参考入境游的接待标准体系，打造标准化、中高端目的地地接体系。更多的同行可以采用拿来主义并结合自己的实际情况，将旅游产品中接待社、住宿、行车、餐饮、领队、导游等各项关键环节的每项服务标准逐一进行规范，并随着情况的不断出现进行培训及升级。

智慧旅游服务体系是每个新员工拿到的实用操作手册，这本手册要让每个员工知道什么是智慧旅游，为什么要标准化，要让每个人都理解及支持。对旅行社来说，产品上要实行智慧创新、差异化，针对特定区域市场和特定人群，推出有针对性的产品，做到人无我有，人有我优。

第三节　饭店业

饭店是依托服务设施向旅游者提供住宿、餐饮、购物、娱乐等服务的企业。在我国，它曾有各种称谓，如饭店、宾馆、酒店、旅馆以及旅社、旅店、客店、客栈等，若追溯到古代就更多了。目前饭店、宾馆、酒店大都是指设备设施标准和价格标准都较高的住宿业，其他则属于比较经济的住宿业，通常被称为社会旅馆。

一　饭店在旅游业中的作用

1. 旅游者的活动基地

在旅游者的旅游活动（吃、住、行、游、购、娱）中，饭店不仅是其中最基本的内容，而且还为旅游者提供住宿、饮食、商务、健身、购物、娱乐、社交等方面的信息服务，是旅游者食宿等基本生活的物质承担者，是旅游者游览观光或商务活动的生活基地，是旅游者旅游活动能够持续进行的物质保证。

2. 旅游服务体系的重要环节

在旅游服务体系中，饭店是构成旅游业的基本要素之一，是为旅游者提供基本生活服务的重要环节，不仅提供给旅游者必要的就餐和住宿服务以满足游客的需求，还提供购物、娱乐等服务。

3. 旅游发展的重要依托

饭店是现代旅游业的重要支柱，是重要的旅游基础设施。一个国家或地区饭店数量的多少和规模的大小，是一个国家或地区旅游接待能力的重要指标，反映了这个国家或地区的经济发展水平和旅游业发展水平。

二　饭店在现代旅游业中的作用

1. 旅游收入的重要来源

旅游饭店接待旅游者，住宿费、饮食费、娱乐费、有关服务费等是创造旅游收入的重要来源。尤其是在创造外汇收入的重要部门，饭店业营业收入可占旅游业总收入相当高的比例。

2. 解决就业的重要部门

饭店是以提供服务为主的劳动密集型产业，需要大量的管理和服务人员，与其他产业相比能较多地吸纳社会劳动力，提供大量就业机会。饭店的发展不仅可以创造直接的就业机会，还会给农业、食品加工业和水、煤、电、气等行业带来间接的就业机会。

3. 消费方式和结构发展变化的促进者

饭店可以为旅游者提供住宿、商务、饮食、购物、健身、娱乐、社交等多方面的良好服务，这些众多的服务项目必然会刺激和促进人们的消费方式和消费结构发生变化，也有利于社会经济的发展和科技文化的交流。

4. 多元化交流的重要场所

现代饭店功能多样，除能提供基本的食宿之外，一般还附设有会议室、多功能厅、咖啡厅、舞厅、酒吧、健身房、康乐厅等。来自五湖四海的宾客还可以在这里举行会议，开展科学文化交流、业务商谈、健身娱乐等多项活动，不仅促进了文化艺术和科学技术的交流，同时饭店提供的优雅环境如咖啡厅、茶坊和娱乐场所等也促进了社交活动的发展。

5. 其他行业辐射发展的带动者

饭店的发展可以创造无数直接和间接的就业机会，通过对社会其他行业就业的辐射，它又可以带动建筑业、装潢业、设备制造业、轻工业、食品加工业以及交通等行业或部门的发展，从而对活跃国民经济起到巨大的促进作用。

6. 地方经济发展的窗口

一个地区、一个城市的饭店构成了当地投资环境的重要组成部分，其发展水平在一定程度上标志着该地改革开放的水平，直接影响客商对当地投资环境的认可程度，因而也是各地经济发展的窗口。

三 饭店业的发展

世界饭店业的发展经历了一个漫长的过程，大致可分为简易客栈时期、豪华饭店时期、商业饭店时期和现代新型饭店时期四个阶段。

1. 简易客栈时期

简易客栈出现在公元前600年左右，距今已有2 000多年的历史，是饭店业发展历史中最漫长的阶段。古巴比伦、古埃及、古希腊、古罗马乃至中国春秋战国时期，都有不同类别的客栈。这种客栈设备极其简陋，只能提供睡眠设备和简单食品，可以保证投宿者最起码的生活需求，具有食宿与安全的功能。其组织方式是独立的、小规模的。投宿者为宗教徒、经商旅行者和政府官员。

2. 豪华饭店时期

19世纪末发展起来的大饭店，也称为豪华饭店。其外部装饰、内部设备、娱乐设施、烹饪方式都较讲究，是专为富有特权阶级服务的。这类饭店主要是迎合特权富裕阶层显示其社会地位与声望的心理，使之能在此进行社交活动和肆意挥霍，所以特别注重装饰和服务方式。这一时期的豪华饭店已发展成一定规模的独立机构，其中最著名的就是德国的巴登别墅。

3. 商业饭店时期

20世纪初出现的商业饭店，服务对象普及到社会各阶层，注重为商业活动提供方便，在价格上以廉取胜，增添了大量公共设施及通信工具，以吸引投宿者。此时的饭店开始注重成本，采取了薄利多销的经营方针，设备设施重视标准化、方便化、简朴化和实用性，随后又引进了电子计算机加强控制。这类饭店迎合了20世纪商业旅行逐年增多，而大多数旅客不愿光顾简陋客栈，又住不起豪华饭店的局面。

4. 现代新型饭店时期

20世纪50年代以来，由于经济的繁荣、人民生活水平的提高，各种目的的旅行游览形式越来越多，商业饭店在功能和服务上显示出其局限性。于是，新型饭店在商业饭店的基础上相继出现。它的经营方针是以市场需求为准则，开展多种多样的经营，设备设施尽可能达到现代化和多样化。新型饭店，即为现代饭店，这种饭店建造规模巨大，设备豪华，提供多方面、多层次的现代化服务，成为包含多种服务设施的综合体。

四　饭店的类型

1. 根据饭店特色及客人特点分类

（1）商务型饭店。商务型饭店设施齐全，服务项目较多，档次较高。地理位置一般在城市中心或交通发达地区。接待的客人以商务旅行者为主。

（2）度假型饭店。度假型饭店康乐设施完备，如保龄球、网球、游泳池等。位置一般在海滨、山城景区或温泉附近。接待的客人以度假旅客为主。

（3）会议饭店。会议饭店会议相关设备完备，如多媒体设施、同声翻译装置等。位置一般设置在大都市和政治、经济中心，或交通方便的游览胜地。接待的客人以会议客人为主。

（4）汽车饭店。汽车饭店停车场较大，价格便宜。位置一般在公路旁。接待的客人为自驾车旅游者。

2. 按饭店经济类型划分

按经济类型划分，饭店有国有饭店、集体经济饭店、联营经济饭店、股份制经济饭店、私营经济饭店、外商投资饭店和港澳台投资饭店等。

3. 按饭店的规模划分

饭店的规模，一般以客房间数为依据。客房600间以上为大型饭店；客房600～300间为中型饭店；客房300间以下为小型饭店。

4. 按饭店计价方式划分

（1）欧式计价饭店：客房价格不含食品和饮料价格。世界各地绝大多数饭店属于此类。

（2）美式计价饭店：客房价格包含一日三餐费用。

（3）修正美式计价饭店：客房价格包含早餐及午餐或晚餐费用。

（4）欧陆式计价饭店：客房价格包含一份简单的欧陆早餐，即咖啡、面包和果汁。

（5）百慕大计价饭店：客房价格包含美式早餐的费用。

5. 按饭店的星级划分

为了控制饭店产品的质量，维护旅游目的地的对外形象和保护消费者的利益，各国都很重视对饭店等级的评定工作。许多国家主要根据饭店的建筑、装饰、设施、设备及管理和服务水平等情况把饭店划分为不同的等级。旅游者在住宿时，可以根据饭店不同的等级进行选择。各国对饭店等级的划分不一，有的划分为四个等级（如法国），有的划分为五个等级（如荷兰、英国）等。

在一些发达国家，饭店的等级一般由饭店行业组织或者消费者代表（如旅行社和出租汽车司机组织）进行评定。

五　我国饭店的星级评定

我国饭店的星级评定依据国家标准《旅游饭店星级的划分与评定》（GB/T 14308—2010）进行，由旅游行政管理机构设立的旅游星级饭店评定委员会负责组织对饭店的分等定级工作。星级标志有效期为三年。

我国饭店星级的评估指标主要有三个方面：①必备项目，即必须具备的硬件设施和服务项目，每个项目都必须达标，缺一不可；②设施设备，即饭店硬件设施的档次；③饭店运营质量，包括饭店各项服务的基本流程、设施维护保养和清洁卫生方面等。

我国星级饭店评审各级的权限：五星级，国家旅游局评定；四星级，省、自治区、直辖市旅游局评定；三星级及以下，计划单列市和地市级旅游局评定。

饭店星级标志应置于饭店前厅的最明显位置，接受公众监督。饭店星级标志使用必须严格按照《星级饭店图形证明商标使用管理规则》执行。任何单位或个人未经授权或认可，不得擅自制作和使用。同时，任何饭店以“准X星”“超X星”或者“相当于X星”等作为宣传手段的行为均属违法行为。饭店星级证书和标志牌由全国旅游星级饭店评定委员会统一制作、核发。

六　现代饭店集团

饭店集团是以饭店企业为核心，以经营饭店资产为主体，通过产权交易、资本融合、管理合同、人员派遣以及技术和市场网络等制度制约而相互关联的企业集团。现代饭店集团是指直接或间接控制两个以上的饭店，并以相同的店名、店徽，统一的经营程序、管理水平、规章制度、操作规程和服务标准，联合经营的饭店企业集团，也被称为连锁饭店或联号饭店。

1. 现代饭店集团发展的概况

现代饭店集团是第二次世界大战之后逐渐发展起来的。在 20 世纪 50 年代，国外联号酒店蓬勃发展，特别是在以美国为首的西方国家。随着交通运输业的迅速发展，许多大的联号饭店应运而生，并从某一国家内部的联号饭店逐步走向世界，向海外发展。

目前，全世界较大的联号饭店已达几百家，控制着全世界客房总数的绝大多数，并产生了号称世界联号饭店三大巨头的假日、喜来登和希尔顿饭店管理公司。据国际权威杂志 *HOTEL* 统计，2002 年全球跨国饭店集团十巨头依次为圣达特、六洲、万豪、雅高、选择国际、希尔顿、最佳西方、喜达屋、卡尔逊、凯悦。

2. 现代饭店集团的类型和管理方式

（1）现代饭店集团的类型。现代饭店集团中的连锁或联号成员主要有四种类型。

①饭店集团自己经营并拥有产权的饭店。这类饭店由饭店集团直接投资兴建或控股。它是连锁饭店的核心。

②饭店集团租赁经营的饭店。这类饭店是饭店集团和饭店业主签订租赁合同，从业主手中租来进行自主经营的，集团公司对饭店只有经营权而没有所有权，须向业主交纳租金。它也是连锁饭店的核心。

③饭店集团代管经营的成员饭店。这类饭店由饭店集团派出管理人员，对饭店按联号饭店的要求和管理模式进行管理。我国的许多饭店就是采用这种方式，由国外的饭店管理公司进行管理。

④成员饭店以饭店集团特许以联号的名义进行经营。成员饭店的各种管理程序、产品标准等必须符合联号饭店的统一要求，并向饭店集团交纳一定的联号使用金。

（2）现代饭店集团的管理方式。

①带资管理。通过“买断”“控股”或“参股”等直接或间接的投资方式获取饭店经营管理权，并对其下属系列饭店实行相同品牌标识、相同服务

程序、相同预订网络、相同采购系统、相同组织结构、相同财务制度、相同政策标准、相同企业文化及相同经营理念的管理方式。这种模式一般出现在饭店集团的创建初始阶段。

②委托管理。通过饭店业主与集团公司签署管理合同，约定双方的权利、义务和责任，以确保集团公司能以自己的管理风格、服务规范、质量标准和运营方式向被管理的饭店输出专业技术、管理人才和管理模式，并向被管理饭店收取一定比例的“基本管理费”（约占营业额的2%～5%）和“奖励管理费”（约占毛利润的3%～6%）的管理方式。这种模式一般出现在饭店集团的定型阶段。

③特许经营。通过认购特许经营权的方式，将集团公司所拥有的具有知识产权的品牌名称、注册商标、定型技术、经营方式、操作程序、预订系统及采购网络等无形资产的使用权转让给少许饭店，并一次性收取特许经营权转让费或初始费，以及每月根据营业收入而浮动的特许经营服务费（包括公关广告费、网络预订费、员工培训费、顾问咨询费等）的管理方式。这种模式一般出现在管理集团的成熟阶段。

④联销经营。饭店联销集团，是由众多单体经营管理的饭店自愿付费参加，并通过分享联合采购、联合营销、联合预订、联合培训、联合开发等资源共享服务项目组成的互助式联合体。这种模式既分享集团规模效益，又改变了单休饭店经营方式。

⑤顾问咨询。顾问咨询是一种介于委托管理和特许经营之间的管理模式。其特点是管理公司仅派咨询顾问或管理副手协助饭店筹建开业和日常管理，并按所提供的顾问服务内容与管理咨询形式进行收费。

第四节　旅游交通业

旅游交通是旅游者抵达目的地的手段，同时也是在目的地内活动往来的手段。旅游交通的任务就是要解决旅游者在定居地与旅游目的地之间的往返，从一个目的地到另外一个目的地，以及在一个目的地内的各地区间便利往来的问题。

一　旅游交通的作用

交通运输对旅游的发展有着十分重大的影响。一方面，交通的发展缩短了旅游客源地和旅游目的地之间的感知距离；另一方面，特色交通方式本身成为一种旅游吸引物。同时，旅游业的发展也刺激了交通运输业的发展。

1. 旅游交通是旅游业产生和发展的先决条件

从需求方面来看，旅游交通是旅游者完成旅游活动的先决条件。旅游者外出旅游时，首先要解决从居住地到旅游目的地的空间转移问题，通过适当的旅行方式抵达旅游地点。同时，采用不同的旅行方式所耗费的时间和费用，也是需要考虑和解决的问题。

旅游者可用于旅游的闲暇时间总是有限的，如果克服空间距离所占用的时间超过一定限度，旅游者就会改变对旅游目的地的选择，甚至会取消旅游计划。所以，旅游的发展与交通运输的发展之间是相互制约、相互促进的。现代旅游业之所以有今天这样的规模，其活动范围之所以会扩展到世界各地，一个重要原因便是现代交通运输的发展。

2. 旅游交通是旅游地社会经济发展的重要推动力

从供给方面来看，旅游交通是发展旅游业的命脉。旅游业是依赖旅游者来访而生存和发展的产业，只有旅游者光临，旅游业的各类设施和服务才能真正发挥作用，才能实现它们的使用价值和价值。

因此，解决旅游目的地的可进入性，才能使旅游者大量地、经常地前来访问，该地的旅游业才会有不断扩大和发展的可能。但是旅游交通又是人们出游的限制性因素，是影响人们出游和选择旅游目的地的重要因素，因而旅游交通是旅游地社会经济发展的重要推动力。

3. 旅游交通是旅游业重要的收入来源

交通运输业作为旅游业的重要组成部分，本身也是旅游收入和旅游创汇的重要来源。就国内旅游而言，在任何国家的旅游收入中，旅游交通运输收入都占有突出的比重。

由于统计一个国家或地区的国际旅游收入时，一般不包括旅游者从定居地至目的地的国际间往返交通费，所以，从旅游者一次旅游的全部消费构成来看，交通费用在其中所占的比重就会很大。

4. 旅游交通是旅游活动的重要内容

旅游交通提高了旅行的舒适程度，丰富了旅游活动的内容。旅游者乘坐交通工具开始旅行，受到的接待和经历的事物都会有异于日常生活的体验。乘飞机旅行，可居高临下俯瞰大地；借助汽车旅行，车移景异，可观赏沿途风光；乘船旅行，可眺望沿岸城市、乡村和水上风光；乘坐未曾乘坐过的交通工具以及地方特色和民族风格突出的交通工具，就更可为旅游活动增添色彩，例如骑骆驼穿越沙漠、乘直升机旅游等。总之，交通工具的多样化使旅游活动的内容更为丰富。

二　现代旅游交通的类型

乘坐汽车、飞机、火车和轮船，是人们外出旅游的主要旅行方式。这些旅行方式的相互配合和相互补充，为旅游活动的开展提供了便利的物质条件。

1. 铁路旅游交通

火车曾经是人们外出旅游的主要交通工具，对旅游的发展有过重大的影响。20 世纪 50 年代，铁路在游客交通方面一直发挥着主要的作用。在我国，铁路旅游至今仍是国内旅游的主要旅行方式。

(1) 铁路旅游交通的优点。铁路旅游交通运载能力大、票价低廉，在乘客心目中安全性最强，乘客能在车厢里自由走动和放松，途中不会遇到交通堵塞，对环境的污染较小。游客在乘坐火车时，还可以饱览铁路沿线的自然风光，开阔视野。

(2) 铁路旅游交通的服务。面对现代社会远途游客大量乘坐飞机出游、短途游客大量乘坐汽车出行的竞争压力，世界上不少地区的铁路客运在不断地改善服务质量和增加服务内容，以增加乘坐火车的吸引力。其重点是改进运输和运营技术，发展高速铁路和高速列车，减少旅途时间，增加旅客的舒适度。例如，1991 年，德国在曼海姆和斯图加特两个城市间开通了高速列车；西班牙、瑞士、瑞典和意大利等国都投入巨资提高铁路的质量；英国城市间客运列车改为高速运行；日本在继续改进其著名的“子弹列车”并扩大运行线路网络。

铁路运输公司在提高服务质量的同时，更加重视市场营销和提高铁路运输形象的工作。例如，英国铁路公司与一些旅游公司联合经营的“金色铁路”包价旅游，使铁路在其国内旅游度假市场上的份额有所增加。

(3) 特色铁路旅游项目。利用铁路组织专项旅游，是将铁路沿线景观和文化结合而开发的特色旅游项目。游客乘坐火车主要是对火车本身感兴趣，而不是为了解决交通问题。例如，印度推出的“流动宫殿”游、南非推出的“蓝色列车”游以及横贯欧亚的古老东方快车的复兴，都说明这类列车不是作为单纯的交通运输手段，而是已成为特定的旅游项目或旅游内容。我国大同、沈阳等地的铁路部门开发的蒸汽机车展览馆，便是这种项目的典型。

(4) 中国铁路旅游交通。我国的铁路运输始于近代。1876 年，英国商人在上海修建淞沪铁路，这是中国国土上的第一条铁路。到 2012 年铁路营业里程为 9.76 万千米，年客运量超过 18.93 亿人次。我国国际铁路运输线路通往河内、平壤、乌兰巴托和莫斯科，还有欧亚大陆桥的新线路。铁路旅游交通在我国虽然居于主要地位，但在激烈的市场竞争中，铁路部门仍采取了提高运速、加强旅游景点旅客运输、优化旅客列车运行、完成车辆升级换代等改进措施，以吸引游客乘坐火车旅行。

1997 年以来，我国铁路连续进行了多次大规模提速，基本上形成了铁路客运 500 千米的城市之间实现“朝发夕至”，1 200～1 500 千米距离基本实现“夕发朝至”，2 000～2 500 千米距离基本实现“一日到达”。2008 年京津城际铁路正式运营，中国铁路步入高速化时代。到 2012 年中国高铁总里程超过 1.3 万千米，全国高速铁路网正在形成。

材料5-2

高铁对旅游业发展的影响

一、加快国民旅游市场的发育

高铁是 21 世纪影响国民旅游的最显著因素之一。曾具有类似影响的因素还有 GDP 增长、闲暇增多、高速公路和民用航空发展等。高铁对国民旅游市场的直接影响，在于花费少、运量大、通达性强，具有全域性、普适性、惠民性特征，对不同发展层次的地区均有影响。它有以下优点：一是全天候开行，运量很大，是飞机空运和高速公路所不能比拟的；二是“公交化”运营，方便快捷，极适合散客出行；三是减少过夜，节省花费。

高铁不仅提高了“行”的速度和质量，还拉动了“游”“住”两大要素，使“快旅慢游”逐步变为现实，既缩短了旅途时间，也节省了旅途花销，可以达到使周末双休变为 3 天的效果，有利于激发中低收入或闲暇较少的群体出游，有利于提高国民出游率和普及率，其影响应类似于长周末和黄金周。

二、拓展区域旅游的新格局

高铁的陆续开行，带来了旅游空间的一场革命，有利于激发居民出游，也创新了旅游开发和市场营销的传统理念。

一是城际旅游市场一体化。高铁拉近、融合了区域关系，使城市之间、地区之间的旅游发展，由传统的松散型、概念性合作变为实质性的同城化、一线式。如京沪高铁造就了京津冀、长三角、山东半岛联动的全新“旅游三圈”。

二是城乡旅游市场紧密化。高铁所连贯的数百、上千千米沿线的停靠站点，形成了多点辐射、点线相连、连线成网的市场格局。如沪杭高铁途经上海市闵行、松江、金山区和浙江省嘉兴、杭州市，直接辐射和带旺了松江、乌镇、海宁、嘉兴、宋城等地的散客游。

三是东中西部旅游市场贯通化。高铁大大缩短了地理上的空间阻隔，使昔日遥不可及的中西部变为一天、一昼夜即可抵达的目的地，由此而缩短了游客的心理距离，拉近了东部与中西部的市场空间，为中西部市场开发增添了活力，并最终为旅游业的“中部崛起”“西部大开发”带来战略性影响。

三、扩大旅游资源配置的市场空间

高铁改变了传统的营销理念，空间距离不再是影响出游的关键因素，旅途时间则成为研究市场的最新要素。

京沪高铁将1 200多千米的行驶时间压缩为5小时，大幅度拉近了客源地与目的地的市场距离，成了名副其实的“短途游”。兰州至乌鲁木齐1 776千米，高铁开通后将只需8小时，以前一周到10天的旅游路线可优化为3至4日游。随着高铁的增多和普及，过去难以企及的客源市场拉近了，长期偏处一方的旅游目的地可迎来大量的中远程客源。一些靠自然发展需一二十年才能迎来市场机遇的地区，随着高铁的开通一跃成为投资热点，并很快发展为崭新的投资平台。

四、快速改变全国客源的流向与分布

高铁的开通与普及，将明显影响国民旅游的传统流向与分布。以往呈现的点状辐射、近程为主、季节反差、畸冷畸热的客源流向，随着高铁开行将逐步发生改变，陆续出现以高铁线路为主干、以停靠站点为集散地、以沿途周边为辐射的客源流向新格局。

随着高铁主干和网络布局的铺开，旅游客源将顺势而动，并明显地流向中小城镇和广大中西部地区，这有利于全国客源流向的均衡与疏散。这种现象的实质，就是高铁开行所带来的影响大大超越了客源流向的自然蔓延与缓慢调节，加速了全国客源流向与布局调整，由此快速影响到旅游市场开发与目的地建设，对旅游业转型升级具有重要的现实意义。

五、拉近与区域性国际市场的距离

我国高铁向边境地区开行和与邻国铁路的贯通，将大幅拓宽和提升边境旅游的交通条件，不仅运量猛增、时间缩短，还很可能催生或衍生一批旅游新亮点，丝绸之路、澜（沧江）湄（公河）跨国游等，可能成为真正意义上的国际化旅游精品。

2. 水路旅游交通

水路旅游交通包括内河航运、沿海航运和远洋航运。水路旅游客运业务主要有四种，即海上远程定期班轮服务、海上短程渡轮服务、游船服务和内河客运服务。现代水路旅游交通为了提高竞争力，使用了气垫船，大大加快了速度。20 世纪 90 年代之后，世界豪华游轮业呈现出快速发展的趋势，1996 年乘坐国际豪华游轮的度假人数达 550 万人次，2008 年达到1 300万人次。

（1）水路旅游交通的优缺点。水路旅游交通具有运载力大、能耗小、成本低、舒适等优点。大型游轮一次可以运载数百乃至上千名旅客，远远超过了大型飞机的运载量。在各种旅游交通的价格中，乘坐轮船的价格最便宜。

船在水中行驶平稳，船上活动空间大。游客在客轮上可食、可宿、可乐、可健，能够尽情地观赏湖光山色、两岸美景和海上日出。因此，旅游客轮被人们誉为“流动的旅馆”或是“水上浮宫”。

水路旅游交通不利的方面是：行驶的速度慢，易受季节、气候和水情的影响，准时性、连续性和灵活性相对较差。所以，自 20 世纪 50 年代以后，随着航空运输技术的发展，固定航线的远程定期班轮服务逐渐衰落。

（2）短程海上渡轮。20 世纪 60 年代大众旅游的兴起，使短程海上渡轮业务有了较大的发展。这主要是由于私人小汽车增加后，人们喜欢自行驾车外出旅游，从而扩大了对游轮业务的需求。游轮公司针对这一市场的需要，也不断采用新型轮船（包括水翼艇和气垫船），制定新的舒适标准，配置快速装卸设备，增添新的服务项目，扩充航线的抵达范围等。

就世界范围来看，这种渡轮业务主要是在欧洲，特别是在希腊海域、英吉利海峡、爱尔兰海、地中海等地区流行。另外，新西兰南、北岛之间的库克海峡也是世界游轮业务较多的地区之一。

（3）海上巡游。在远洋客运交通衰落的同时，作为度假形式的海上巡游开始发展起来。海上巡游是指利用游船在海上巡游度假，其特点是悠闲、舒适。在海上巡游的过程中，人们既可在不同的地点登岸旅游，又可随时回船休息，免除了每到一地后上下搬运行李和寻找旅馆的麻烦。此外，游船也提供各种消遣娱乐设施，因此人们常称这种游船为“漂浮的度假胜地”或“漂浮的旅馆”。但是，这种游船旅游通常比较豪华，价格昂贵，加之游船航行速度不能太快，比较耗费时日，所以游客主要为高收入人群。

20 世纪 70 年代初期，海上巡游比较盛行，英国每年有大约 50 万人选择海上巡游的方式度假；20 世纪 70 年代中期以后，海上巡游逐渐衰落；从 20

世纪 80 年代中期开始，这种旅游形式又重新兴起。世界上有许多著名的游船，如英国的“伊丽莎白女王 2”号、希腊的“金奥特沙”号、丹麦的“北欧宝珠”号、挪威的“皇家之星”号、日本的“樱花丸”号、苏联的“普希金”号等，都曾到访我国旅游港口。

目前，最流行海上巡游的区域，在加勒比海海域和地中海海域。这些地区气候温暖，可登陆参观游览的旅游地多，而且彼此相距不是很远，因而是较为理想的游船活动区域。此外，北美的阿拉斯加海域也是夏天游船活动较为集中的海域。

由于游船航行速度较慢，而人们的假期时间又有限，所以大部分参加海上巡游的游客都是先乘飞机到巡游区域，然后登船巡游度假，巡游结束后，再乘飞机返回定居地。

（4）内河航运。在一些国家，内河航运是旅游交通的重要组成部分。例如，我国的长江、北美的密西西比河、南美的亚马逊河、爱尔兰的香农河、欧洲的多瑙河以及英国的泰晤士河等，都是重要的内河航运河道。大多数内河航运业务实际上已向游船服务业务发展，或者已形成水上旅游项目，单纯交通运输方面的意义已经不大。

（5）中国水运旅游交通。1949 年，中国的内河通航里程仅 7.36 万千米，水上运输客运量只有1 562万人次，旅客周转量 15.2 亿人千米。1949 年后，特别是 1978 年以来，我国水上运输业得到长足发展，江海沿岸各旅游城市大都有客轮运营，尤以海上客运较为繁忙。2012 年全国内河航道通航里程为 12.5 万千米，完成水路客运量 2.58 亿人，旅客周转量 77.48 亿人千米。

内河航运方面，很多航线都具有运输和游览的双重功能。内河旅客运输较发达的有长江、珠江、黑龙江、漓江、京杭大运河和淮河水系。随着旅游业的发展，不少内河航线上都开设了游船业务，古老的运河也已用于发展水上旅游项目。自 1980 年以来，从长江游轮开始发展起游轮业，在长江航道运行的豪华游轮目前已有 60 多艘，总客位数达 58 万个。《内河旅游船星级的划分与评定》（GB/T 15731—1995）国家标准已经颁布。

我国的短途海上游轮也在 20 世纪 90 年代起步。

我国有众多的河流、湖泊，海岸线长，但我国的水上运输还未真正进入旅游时代，水上旅游还未普及，水运交通在旅游方面发展潜力极大。

3. 公路旅游交通

公路旅游交通是最重要和最普遍的短途旅客运输方式。乘汽车外出旅游，包括私人小汽车和公共客运汽车或长途公共汽车两种，汽车旅游是世界旅游交通发展的大趋势。目前，在西方发达国家由于高速公路网的建立和家庭轿车的普及，乘坐汽车外出旅游的人占据绝对多数。在我国，随着高速公路的修建和轿车进入家庭，汽车旅游也呈现出强劲的发展势头。

（1）公路旅游交通的优点。公路旅游交通最大的优点是自由灵活，可以随时随地停留，任意选择旅游地点，实现“门到门”的运送。

旅客乘坐汽车旅游有许多优点：一是对自然条件适应性强，一般道路都可以行驶，能随时停留，可以任意选择旅游点，把旅游活动扩大到面；二是用途多，既可以代步，又可以捎带简易的炊具、卧具，解决食宿；三是旅游交通线路建设投资少、占地少，工期短、见效快。

汽车旅游交通也有其局限性，运载量小、速度慢、运费高、受气候变化影响大和安全性较差，一般适于短途旅游。

（2）自驾车旅游。20 世纪 50 年代以来，随着社会经济的发展，很多国家，特别是欧美国家中拥有私人小汽车的家庭比例不断上升。由于自己驱车外出度假灵活方便、行动自由，并且可使家庭外出旅游的交通费用相对下降，特别是人们往往只注意到私人汽车旅行的直接费用，而不顾及磨损、折旧之类的间接费用。而且自驾车旅游还有容易携带行李和娱乐器具、可以观赏沿途风光等优点，因而在欧美国家中，人们普遍喜欢自己驾车在国内旅游，尤其是一日游和短期度假。在一定距离的国际旅游中，特别是在前往邻国旅游时，如欧洲各国间的旅游，美国与加拿大及美国与墨西哥之间的旅游，人们也经常是自己驾车前往。

针对人们喜欢自己驾车旅游的特点，许多国家的旅游业也设置了相应的业务来迎合这一市场的需要。其中包括：组织由游客自己驾车旅行的包价旅游；开办租车业务，以满足不便携带或没有自用汽车的旅游者的需要；开展铁路、飞机、轮渡等联运业务，将游客连同其汽车一起运送到度假目的地；沿公路发展适应这一市场需要的汽车旅馆、咖啡厅和餐馆等中转服务和休息设施。

自驾车旅游的发展也带来了一些问题，如旅游地的拥挤和污染问题。目前，世界许多旅游热点地区对此采取了一些控制措施，要求驾车旅游者把自用车辆停放在游览区以外的规定地点，然后乘公共运输工具进入游览区。

（3）乘坐汽车旅游。由于汽车旅游客运的运输成本较低，在旅游公司利用汽车组织包价旅游的情况下，公司可派车接送游客，十分方便，从而克服了行车和转车的问题。在乘车旅游的过程中，除旅游公司派导游人员外，通常情况下都是汽车司机兼任导游。所以汽车包价旅游不仅受老年市场欢迎，而且也吸引着越来越多的消费层次较低的旅游者，特别是青年学生。

从国际上看，美国的全国性汽车客运经营公司较多，有名的灰狗汽车公司（Grey Hound）和大陆汽车公司（Trail Ways）已建立起纵横美国大陆的庞大线路网，并且经营通往加拿大和墨西哥的汽车客运服务。但人们一般认为乘汽车外出旅游的距离不宜过长，最好是不超过 2 小时的旅行路程，否则会使人感觉不舒服。

（4）中国公路旅游交通。1901 年，上海首先出现了两辆进口汽车。1906 年，中国的第一条现代化公路在友谊关至龙津间建成。1949 年新中国成立时，全国公路通车里程为 8.07 万千米。2012 年我国公路通车里程已达到 423.75 万千米，其中高速公路 9.62 万千米，汽车客运量 355.7 亿人次，旅客周转量 18 467.55 亿人千米。

4. 航空旅游交通

20 世纪 50 年代民用喷气式客机出现之后，航空旅游发展非常迅速，到了 20 世纪 70 年代宽体客机又得以发展，使得飞机的载客量大为增加，也更为舒适，成为人们远程旅行的首选。

（1）航空旅游交通的优缺点。航空旅游交通，是速度最快、线路最长，可以跨越地面各种自然障碍而航行于相距遥远的世界各地的旅游交通方式。乘坐飞机舒适、安全、省时，尤其适用于远程旅行，是现代大众旅游的主要旅行方式之一。就远程旅游而言，航空旅游是比较经济的，特别是考虑到时间时更是如此。

但是，航空旅游交通也有其不足之处：飞机的购置费用太高，能耗大，运量相对小，受气候条件的影响大，只适合远距离、点对点之间运送游客，不适合近距离和面状旅游之用。因为这些弱点，航空旅游交通必须和其他交通工具相互配合，取长补短，共同完成旅游交通服务。

（2）定期航班。定期航班，是民航公司按照对外公布的航班时刻表飞行的民航服务。定期航班服务的最大特点是经常运营且有保证，旅行省时而抵达迅速。因此，它不但能够吸引重视效率的商务旅游者，而且受那些不愿在旅途上耗费时间和精力的消遣旅游者的欢迎。

由于成本方面的原因，定期航班也是最昂贵的交通方式，特别是在飞短程航线时更是如此。当然，为了保证航班的航位利用率，尽量减少乘客临时更换航班现象的发生，以及为了尽早地将乘客争取到手，航空公司也采取了一系列推销性的廉价策略。例如提前预付款旅行机票（APEX）和当场付款旅行机票（LPEX）的推出，都属于这方面的典型例子。前者是向按规定提前一定时间预订并付款的乘客提供的一种减价机票，订票之后不得更改航班；后者则是一种在航班到期或到期之前的某一时期或某个时间向乘客推出的减价机票。同时，航空公司还通过国际航空、旅游代理人分销系统（GDS）销售航空产品。

（3）包机服务。旅游包机服务是一种不定期的航空包乘服务业务，它可以按旅行社的要求定时间、定航线，很受旅游者的欢迎。随着20世纪60年代以来大众旅游的兴起，旅游包机业务有了很大的发展。很多国家的旅游经营商在组织包价旅游，特别是包价国际旅游时，都利用包机作为主要的旅行方式。在欧美国家中，规模较大的旅游经营商都拥有自己的包机公司，或者同经营包机业务的航空公司有着密切的合作关系。

同定期航班业务相比，包机业务有一定的经营优势。主要表现在：一是票价较低廉，因而对市场的吸引力较大；二是不必按固定的时间表飞行，一般也没有固定的经营航线，很适合消遣度假者的旅行。

（4）中国民航旅游交通。我国的民航运输业始于20世纪20年代。新中国成立后，于1949年11月成立了中国民用航空局，着手现代化民用航空体系的建设。到2012年年底，我国民航定期航线总数达2 457条，其中国内航线2 076条、国际航线381条。定期航班通航的国内城市178个，通航机场183个，40个内地城市通航香港，7个内地城市通航澳门，38个大陆城市通航台湾。我国民航运输机队伍不断壮大，到2012年年底共有航空运输公司46家，民航机队的整体结构跨入国际先进水平。2012年，民航全年完成旅客运输量3.19亿人次，其中国内航线2.96亿人次，国际航线2 336万人次。

5. 特种旅游交通

特种旅游交通主要是指在旅游景区景点的渡船、索道、缆车、轿子、滑竿、马匹、骆驼等旅游交通方式。

（1）特种旅游交通的优缺点。特种旅游交通的优点是便于游客通过一些难行路段，可以辅助老、弱、病、残游客完成旅游，有些还带有娱乐、观赏性质，可以提高旅游价值，招徕游客。不足之处是有些特种旅游交通，如索道、缆车等，与风景名胜景观不协调，甚至对风景景观造成了破坏。

（2）特种旅游交通工具的特点。特种旅游交通工具一般用于旅游景区景点内，是与旅游活动相适应的。这些工具可用于运载，但更主要的是用于游乐，因为它们各具特色，更富有娱乐性，但常受地形环境的限制，不宜普及推广。

三　旅游交通工具选择的影响因素

旅游者对交通运输的普遍要求是安全、便利、快捷、高效、舒适和经济。这当然很难通过一种交通方式就解决。人们在外出旅行时往往对旅行交通方式有不同的选择。影响人们选择旅行方式的因素很多，归纳起来主要有旅行目的、运输价格、旅行距离、旅行偏好和经验等。

1. 旅行目的

不同类型的旅游者，如差旅型旅游者、消遣型旅游者、个人及家庭事务型旅游者，由于其旅游的目的不同，对旅游交通方式的选择是不一样的。

差旅型旅游者外出旅行的目的是办理公务。他们不能改变旅行目的地，不能选择动身的时间，在一定程度上不太考虑旅行费用，最关心的是安全、便利、快速和舒适，因而一般选择航空、铁路和小汽车的旅行方式。

消遣型旅游者，包括当日往返的短程游客在内，外出旅行的目的是消遣度假。他们动身的时间没有严格受限，对旅行方式的选择性较大，对价格比较敏感，首要考虑是安全、经济和高效。在条件允许的情况下，消遣型旅游者喜欢自驾车旅游。在远程旅游时，特别是出国旅游的情况下，乘飞机或火车则是他们常选用的旅行方式。

个人及家庭事务型旅游者的需求特点虽然难以定论，但有两个共同点：一是旅行目的地都是固定的，没有其他选择；二是具体的动身时间有一定的选择余地，既不像消遣型旅游者有很大的选择自由，也不像差旅型旅游者几乎无选择的余地。所以，他们选择旅行方式的标准一般是既要安全、高效，又要价廉。

2. 运输价格

运输价格是影响旅游者选择交通方式的又一个重要因素，除差旅型旅游者对运输价格不敏感外，其他各类旅游者对运输价格都很敏感。

3. 旅行距离

旅行距离通常包括空间距离和时间距离两个方面。空间距离越长，完成旅行所需要的时间也就越多，旅行的代价也就越大。人们外出度假的时间是有限的，为了有效地利用有限的度假时间，就必须努力缩短用于交通方面的时间。因此，对于长距离的旅行，特别是1 000千米以外的旅行，人们通常会选择航空旅行方式。这不仅是因为航空旅行速度快，而且因为它相对比较经济。反之，对于中、近距离的旅行，人们则较倾向于选择铁路或汽车作为旅行方式，因为它不但比航空旅行经济，而且比较便利。

4. 旅行偏好和经验

旅行经验使旅游者对某些旅行方式具有认同感，它可以消除游客离家外出旅行的陌生感和恐惧感。初次外出旅行的人对某种旅行方式的偏好，主要受其个性或心理类型的影响。帕洛格关于旅游者心理类型的理论，将人的心理类型划出两个极端，即自我中心型和多中心型。自我中心型的人远不及多中心型者富有冒险精神，因而表现在对旅行方式的选择上，喜欢自己开车去某一旅游目的地而不愿乘飞机前往；而多中心型的人恰恰相反，喜欢乘飞机而不是自己开车去该目的地。

人们对某种旅行方式的偏好，往往产生于自己过去的旅行经验。例如，不论是在中国还是在其他国家，不少人都喜欢乘火车外出旅行，因为他们的旅行经验使他们深信乘火车旅行比其他旅行方式安全。

5. 其他环境因素

旅游者选择旅行方式的影响因素还有许多环境因素，例如出游时的天气、旅游目的地的地理位置特点等。同时，各种因素又相互作用、相互联系，共同影响旅游者旅游方式的选择。

第五节　旅游景区

旅游业体系中，旅游景区或旅游景点是最重要的组成部分，是导致游客产生旅游动机并作出购买决策的主要因素。它是旅游产品的核心，没有景区（点），旅游实际上是不存在的。

一　旅游景区的概念

一般而言，旅游景区是一个可供人们前来休闲、娱乐、游览、观光、度假的专门场所，该场所应具有明确的范围界限和专业化的组织管理。但对旅游景区的定义，目前尚无一个公认的说法。

1. 旅游景区的定义

（1）国家标准对旅游景区的定义。1999 年，《旅游区（点）质量等级的划分与评定》（GB/T 17775—1999）国家标准颁布，对旅游景区进行了定义：旅游景区是经行政管理部门批准成立，有统一管理机构，范围明确，具有参观、游览、度假、康乐、求知等功能，并提供相应旅游服务设施的独立单位，包括旅游景区、景点、主题公园、度假区、保护区、森林公园、动物园、植物园、博物馆、美术馆等。

2003 年修订的《旅游区（点）质量等级的划分与评定》（GB/T 17775—2003）国家标准，界定旅游区是以旅游及其相关活动为主要功能或主要功能之一的空间或地域。这一标准对旅游景区的定义是：旅游景区是具有参观游览、休闲度假、康乐健身等功能，具备相应旅游服务设施，并提供相应旅游服务的独立管理区。该管理区应有统一的经营管理机构和明确的地域范围，包括风景区、文博院馆、寺庙观堂、旅游度假区、自然保护区、主题公园、森林公园、地质公园、游乐园、动物园、植物园及工业、农业、经贸、科教、军事、体育、文化艺术等各类旅游区（点）。

（2）对旅游景区概念的理解。根据国家标准，可以从以下几个方面对旅游景区的概念进行理解：

①旅游景区是一种空间或地域，在这一空间或地域中，旅游及其相关活动是其主要功能。

②旅游景区可以是某单一类型的旅游景点，也可以是多种类型的旅游地域综合体。在多种类型的旅游景区中，单一以发展旅游为目的的旅游景区很少，绝大部分景区是在现有休闲娱乐设施和公共服务设施的基础上开展旅游接待的。如世界文化遗产地的主要目的是为了保护人类共同的文化，但为弘扬这一文化，使之成为全人类共同拥有的文化，就必须对公众开放，文化遗产自身的历史文化价值和魅力也就成为一种重要的独特吸引物；再如各类森林公园和一些专题植物园，其建设之初的本意主要是为了保护森林资源，开展专题研究，但也成为吸引人们前往观光、休闲和进行专题教育的重要场所。

③旅游景区是由某一组织或企业对其行使管理的旅游景点，即有明确的界线同外界相隔，设有固定的出入口，对游人的出入行使有效控制的以游览点或参观点为主要组成部分的区域。所谓明确的界线，是指该景点的区域范围或建以围墙，或设以栅栏，或借助某种天然条件（例如河流、山沟等难以逾越的自然屏障）形成边界，使人们不能随便出入。

（3）旅游景区与旅游景点的关系。国际旅游学术界有人对旅游景点作出如下定义：旅游景点是指“专为来访公众参观、游乐和增长知识而设立和管理的长久休闲活动场所”。

旅游景点一般包含在旅游景区内，是旅游景区的一个组成部分。同时，旅游景点通过发展和建设相关的基础设施和服务设施也可以成为旅游景区。

有时人们往往将旅游景点和旅游景区看成是一个概念。因为旅游景点是通俗的称谓，从广义上讲，任何一个可供旅游者或来访游客参观或开展休闲活动的场所，都可以称为旅游景点。这种场所的地理概念可小可大，小的如一座建筑、一处故居、一所博物馆等，大的可以成为一个旅游景区，如杭州的西湖、美国的大峡谷、肯尼亚的野生动物保护区等。

严格地讲，旅游景区和旅游景点应该是有区别的。旅游景区是一个区域，由一个或一个以上的景点组成，有相应的旅游基础设施和服务设施；在空间上旅游景区包含旅游景点；旅游景区有明显的区域界限，而旅游景点的界限可以是模糊的。

2. 旅游景区的特点

根据旅游景区的定义，旅游景区应具备以下几个特点：

（1）专用性。旅游景区是指专供游人参观、游览或开展休闲活场的场所。这种专用性的指定，说明旅游景区的职能是不可改变的，如有改变，就不属于旅游景区的范畴。如工厂、学校、乡村和部队军营都可以成为旅游者参观或游览的对象，但它们都不属于旅游景区，因为它们的职能都不是专供游人参观的。

（2）长久性。旅游景区都必须有长期固定的场址。这里对其长久性的强调，主要是用以同那些没有固定场址的吸引物相区别。例如某时某处临时举办的展览、娱乐活动、流动演出及盛会等。

（3）可控性。旅游景区必须有人行使管理，能够对游人的出入进行有效控制；否则，便不属于真正的旅游景区，而只能是一般的公众活动区域。

旅游景区并非仅限于收费的旅游景区，同时也包括那些有人行使管理，但对游人实行免费参观的景区。后者多见于政府部门和社会团体出于社会公益目的兴办和管理的游览场所。

二　旅游景区在旅游业中的地位和作用

随着现代经济社会的不断发展，人们的旅游需要正在持续快速增长，旅游景区作为旅游资源的聚集地和集中展示地，在整个旅游经济中的作用和地位也更加重要和突出。

1. 旅游景区是旅游业的核心组成部分

旅游景区是旅游业发展的基础，也是旅游业发展的主体。首先，构成景区基础的是当地的旅游资源。在很多情况下，旅游景区往往是展现当地旅游资源精华的场所。因此，旅游景区在旅游业中的地位和旅游资源的地位是同等的。其次，对旅游景区的需求是人们的根本性需求。相比之下，景区对旅游者的来访起着激发或者吸引的作用。人们对旅游目的地的选择，首先考虑的是景区产品的特色与丰富程度，然后考虑交通、住宿等其他配套设施的完善情况。再次，旅游景区是旅游业的核心组成部分。在旅游的“食、住、行、游、购、娱”六大要素中，“游”是旅游的核心内容，旅游者前往旅游景区旅游，从而产生了对交通、住宿、购物、娱乐、餐饮等方面的需求。

2. 旅游景区是旅游业获得经济效益的前提

旅游地经济收入的多少主要取决于该地所能提供的旅游景区、旅游设施、购物场所和各种服务的能力，其中以旅游资源为核心的旅游景区是影响该地旅游收入的最重要因素。

旅游者的旅游行为，主要是受旅游资源的吸引。旅游景区是在旅游资源的基础上形成的，是人们出游的动力。旅游景区产品对旅游者的来访起着一种激发或吸引的作用，旅游者之所以去某地访问，从根本上讲是受该地旅游资源吸引的结果。也就是说，如果没有旅游资源的吸引，旅游者是不会去该地旅游的。而一个地方旅游资源越丰富、越有特色，越会吸引更多的旅游者前往，该地的旅游收入也就越多。

从旅游景区在旅游活动中的地位和作用、旅游消费构成以及旅游业总收入的构成来看，旅游景区是旅游经济的重要支柱之一，是旅游业活动获得经济效益的前提。

3. 旅游景区是塑造旅游业形象的窗口

旅游景区是地方形象的突出代表。在市场经济条件下，各地旅游的发展都要树立自己的品牌，形成自己的亮点，而比较容易达到目标的途径之一，就是旅游景区。

旅游业是综合性的行业，涉及很多领域，一个地方旅游景区的发展可以展示当地的形象，弘扬地方文化，保护民族文化。旅游景区的发展能带动地方的全面发展，所以人们常常通过打造旅游精品景区来打造本地区的品牌。

三　旅游景区的质量等级

1. 旅游景区的分级

根据《旅游区（点）质量等级的划分与评定》（GB/T 17775—2003）国家标准，旅游景区（点）质量等级划分为五级：AAAAA 级、AAAA 级、AAA 级、AA 级、A 级。

旅游景区（点）质量等级的标志、标牌、证书由国家旅游行政主管部门统一规定，由全国旅游景区质量等级评定委员会负责颁发。

2. 旅游景区质量分级标准的内容

《旅游区（点）质量等级的划分与评定》（GB/T 17775—2003）国家标准，适用于接待海内外旅游者的我国各种类型的旅游景区。凡在中华人民共和国境内正式开业从事旅游经营业务一年以上的旅游景区，都可申请参加质量等级评定。景区评定标准主要有以下内容：

（1）旅游交通、旅游景区游览以及旅游服务提供方面。旅游交通要有较好的可进入性，交通设施完备，高级公路、高级航道、车站码头等布局合理规范，与景观环境要协调。旅游景区内有功能齐全的游客中心，符合《旅游景区游客中心设置与服务规范》（LB/T 011—2011）规定的要求，有美观便利的引导标识、优秀的导游员，旅游购物场所规范，布局合理。景区内邮电通信设施一应俱全，通信方便。景区内的游览配套设施齐全，设计精美。

（2）旅游景区安全、景区旅游环境方面。旅游景区的安全，是指绝对保证严格执行公安、交通、劳动、质量监督、旅游等有关部门制定和颁布的安全法规，消防、救护等方面设备齐全、安全有效，突发事件应急处理能力极强。旅游景区环境整洁、卫生，各类场所达到《文化娱乐场所卫生标准》（GB 9664—1996）规定的要求，餐饮场所达到《饭馆（餐厅）卫生标准》（GB 16153—1996）规定要求，游泳场所达到《游泳场所卫生标准》（GB 9667—1996）规定要求，公共厕所布局合理，设计规范方便。旅游资源环境保护合理，空气质量、噪声质量、地面环境质量、自然景观保护等均达到国家有关标准和规定，景区环境氛围优良，各项设施设备符合国家关于环境保护的要求。

（3）旅游景区经营管理方面。旅游景区管理体制健全，经营机制有效，旅游质量、旅游安全、旅游统计等各项经营管理制度健全有效，贯彻措施得力，并定期检查监督，管理人员配备合理。旅游景区拥有正式批准的总体规划，开发建设符合规划要求。同时景区拥有自己独特的产品形象、良好的质量形象、鲜明的视觉形象和文明的员工形象等。

（4）旅游景区资源质量方面。旅游景区要有吸引力，有观赏游憩价值或历史价值、文化价值、科学价值等。景区有市场吸引力，有一定的知名度和美誉度，市场辐射力强。旅游景区年接待国际、国内旅游者人次数要达到一定的标准，游客抽样调查满意度也应有一定的满意率。

3. 评定的总体情况

为了加强旅游景区质量等级评定工作的组织与管理，根据《旅游区（点）质量等级的划分与评定》（GB/T 17775—2003），国家旅游局成立了全国旅游景区质量等级评定委员会，负责全国旅游景区质量等级评定的组织指导工作，并具体负责评定全国 AAAAA 级和 AAAA 级旅游景区；各省、自治区、直辖市旅游局相应设立了地方旅游景区质量等级评定机构，负责本地区旅游景区质量等级的评定工作，具体负责本地区 AAA 级、AA 级、A 级旅游景区的评定，并向全国旅游景区质量等级评定委员会推荐本地符合条件的 AAAAA 级和 AAAA 级旅游景区。

截至2011年年底，全国共有A级旅游景区5 573家，具体情况如表5-1所示。

表5-1 全国A级景区统计表（截至2011年年底）

年份	AAAAA	AAAA	AAA	AA	A	总计
2000年	/	187				187
2001年	/	230	108	213	42	593
2002年	/	360	167	463	63	1 053
2003年	/	443	173	648	94	1 358
2004年	/	486	173	648	94	1 401
2011年	130	1 814	1 840	1 661	128	5 573

四 我国主要旅游景区的类型

1. 风景名胜区

风景名胜区是指具有观赏、文化或科学价值，自然景观、人文景观比较集中，环境优美，具有一定规模和范围，可供人们游览、休息或进行科学考察、文化活动的地区。风景名胜资源是国家自然及历史遗产资源的一部分，具有自然生态和文化遗产保护、生态环境保护、科学研究和旅游发展等多重价值。风景名胜资源非常珍贵同时又十分脆弱，具有明显的不可再生性。

我国风景名胜区保护工作于1979年启动，1985年国务院颁布《风景名胜区管理暂行条例》，国家级风景名胜区从审定、命名到规划审批全部上交国务院。截至2012年年底，国务院分批设立国家级风景名胜区225处，面积约10.36万平方千米；省级风景名胜区737处，面积约9.01万平方千米。

2. 博物馆

根据1989年修订的《国际博物馆协会会章》，博物馆是一个不追求盈利的、为社会和社会发展服务的、向公众开放的永久性机构，以研究、教育和娱乐为目的，对人类和人类环境的见证物进行搜集、保存、研究、转播和展览。博物馆是我国社会主义科学文化事业的重要组成部分，是各地区重要的旅游吸引物，是奠定我国及各地方旅游特色的重要旅游产品。

据不完全统计，截至2012年年底，全国博物馆达到3 866家，其中国有博物馆3 219家、民办博物馆647家，在我国旅游产业发展过程中发挥了显著的作用。

3. 森林公园

森林公园是为了保护我国自然森林生态系统的多样性和完整性，促进林木资源的保护和持续利用，而在一些森林生态资源丰富和独特的地区设立的区域。大多数森林公园是在原国有林场的基础上转轨组建而成的。森林公园分为国家森林公园、省级森林公园和市（县）级森林公园三种，均设有专门管理机构。

1982 年，我国第一个森林公园——张家界国家森林公园建成。至 2012 年年底，全国建立森林公园 2 855 处，面积 1 738.21 公顷，其中国家级森林公园 764 处，省级森林公园 1 315 处，市县级森林公园 775 处。

4. 自然保护区

自然保护区的名称源自世界自然保护联盟（IUCN），联合国教科文组织（UNESCO）则称之为人与生物圈（MAB）自然保护区。我国对自然保护区的定义是：有代表性的自然生态系统，珍稀濒危野生动植物物种的天然集中分布区，有特殊意义的自然遗迹等保护对象所在的陆地、陆地水域或者海域，依法划定一定面积予以特殊保护和管理的区域。

1956 年 2 月，广东省肇庆市东北郊的鼎湖山保护区成立，这是我国第一个自然保护区。到 2012 年年底，全国自然保护区总数为 2 669 个，总面积达 14 979 万公顷，自然保护区陆地面积约占国土面积的 14.94%。其中，国家级自然保护区 363 个，面积约 9 415 万公顷。

5. 世界遗产

世界遗产是全人类共同继承的文化及自然遗产，它包括了世界文化遗产、世界自然遗产、世界文化与自然双重遗产、世界文化景观遗产和世界人类口头与非物质遗产五种类型。1972 年 11 月 16 日，联合国教科文组织第十七次大会上正式通过了《保护世界文化和自然遗产公约》。1976 年，世界遗产委员会成立，并建立了《世界遗产名录》。

自 1987 年世界遗产委员会第十一届会议批准中国的故宫等 6 处遗产列入《世界遗产名录》，至 2014 年 6 月，中国已有 48 处物质文化遗产列入《世界遗产名录》，其中文化遗产 29 项，自然遗产 11 项，文化和自然双重遗产 4 项，文化景观遗产 4 项。

6. 地质公园

中国国家地质公园，是以具有国家级特殊地质科学意义、较高美学观赏价值的地质遗迹为主体，并融合其他天然景观与人文景观而构成的一种独特的自然区域。

2000 年 8 月，国土资源部成立国家地质遗迹保护（地质公园）领导小组及国家地质遗迹（地质公园）评审委员会，制定了有关申报、评选办法。到

2012 年，中国已批准建立国家地质公园 158 个。

2004 年 2 月 13 日，在法国巴黎召开的联合国教科文组织会议上，中国有 8 家国家地质公园被评为世界地质公园，到 2012 年总数达 27 家。

7. 主题公园

主题公园是指具有特定的主题，由人创造而成的舞台化的休闲娱乐活动空间，是一种休闲娱乐产业。它包括文化教育公园、露天娱乐公园、娱乐主题公园、水上主题公园等类型。

1989 年 9 月 21 日深圳锦绣中华的开业，是中国主题公园建设开始的标志。由于锦绣中华的轰动性和示范效应，我国的主题公园事业随之兴盛，如雨后春笋般涌现并逐渐壮大。

8. 国家水利风景区

水利风景区，是指以水域（水体）或水利工程为依托，具有一定规模和质量的风景资源与环境条件，可以开展观光、娱乐、休闲、度假或科学、文化、教育活动的区域。

2001 年 9 月 27 日，国家水利部公布了 18 个水库为首批国家水利风景区。到 2012 年，我国已有 518 个国家水利风景区，其中水库型 274 个、自然河湖型 96 个、城市河湖型 71 个、湿地型 34 个、藻区型 22 个、水土保持型 21 个。

思考与习题

❶ 解释下列概念。

旅游业　直接旅游企业　旅行社　旅游批发商　旅游经营商　旅游零售商　包价旅游　旅游景点　风景名胜区　自然保护区　森林公园

❷ 同制造业相比，旅游业有哪些基本特点？

❸ 简述旅行社的作用。

❹ 简述饭店在旅游业中的作用。

❺ 同独立自营的饭店相比，饭店连锁集团有哪些经营优势？

❻ 什么是饭店连锁集团？饭店集团内部各饭店之间的所属关系如何？

❼ 旅游交通有何作用和特点？

❽ 影响人们选择旅行方式的主要因素有哪些？

❾ 分析旅游景区的特点及其在旅游业中的作用。

第六章 旅游产品

➤**教学目标** 知识目标：了解旅游产品的构成；熟悉旅游产品的概念和特点；理解旅游产品生命周期；掌握旅游产品的开发内容和原则

能力目标：能分析影响旅游产品生命周期的因素

➤**教学难点** 旅游产品的生命周期

➤**教学重点** 旅游产品的概念和特点　旅游产品的构成　旅游产品的生命周期及开发

➤**主要内容** 旅游产品的概念和特点　旅游产品的生命周期　旅游产品的开发

旅游产品是旅游经济活动的主要对象，是现代旅游业存在和发展的基础。旅游业具有不同于一般产业的特点，相应地，旅游产品也有不同于一般产品的特点。对旅游产品及其特点、旅游产品开发创新及生命周期进行研究，对于旅游目的地的发展和旅游企业的成功经营，都具有十分重要的意义。

第一节　旅游产品的概念和特点

从旅游的概念和特征可以看出，旅游产品是一种服务业的产品。目前，人们已普遍认识到服务业的产品实际上是由有形的制品和无形的服务组成的，旅游产品也不例外。

一　旅游产品的概念

旅游产品是整个旅游开发活动的核心，是旅游业一切经营活动的主体。由于人们从不同的学科基础、研究方法、研究目的出发，对于旅游产品概念的认识，主要从以下三个角度进行不同的定义：

1. 从旅游市场角度对旅游产品的定义

所谓产品，从现代市场营销观念出发，是指向市场提供的能满足人们某种需要和利益的物质产品和非物质形态的服务。这里的产品大多是指制造业中的有形产品。在旅游市场学中，旅游产品既有有形的内容，也有无形的服务，它是一个整体概念。它既要满足旅游者的物质需求，又要满足旅游者的精神需求，是旅游活动中的食、住、行、游、购、娱六大要素的综合体。所以，从旅游市场角度看，旅游产品是指旅游者和旅游经营者在市场上交换的主要用于旅游活动中消费的各种物质产品和服务的总和。

2. 从旅游需求者角度对旅游产品的定义

从需求者即旅游者的角度看，旅游产品是指旅游者花费一定的时间、精力和费用所获得的一段旅游经历和感受。

旅游者通过对旅游产品的购买和消费，获得心理上和精神上的满足。旅游者眼中的旅游产品，不单是其在旅游过程中所购买的饭店的一个床位、飞机或火车的一个座位，或是一个旅游景点的参观游览、一次接送和陪同服务，而是旅游者对所有这些方面的总体感受，是一次经历。

3. 从旅游供给者角度对旅游产品的定义

从旅游供给者的角度来看，旅游产品是指旅游经营者凭借一定的旅游资源和旅游设施，向旅游者提供的满足其在旅游过程中综合需求的服务。通过旅游产品的生产与销售，旅游经营者达到盈利的目的。这里，旅游产品最终表现为活劳动的消耗，即旅游服务的提供。旅游服务是与有一定使用价值的有形物结合在一起的服务，只有借助一定的资源、设施、设备，旅游服务才得以完成。旅游供给者提供的旅游产品有广义和狭义之分。

从狭义的角度理解，旅游产品是指旅游经营者为满足旅游者的游览与休闲等旅游需求，通过开发、利用旅游资源而形成的旅游吸引物（旅游景点、旅游路线或游乐项目）、旅游商品及相关的旅游服务组合。

从广义的角度来理解，旅游产品是指旅游经营者在旅游市场上销售的物质产品和活劳动提供的各种服务的总和。它又可分为整体旅游产品和单项旅游产品。整体旅游产品是满足旅游者旅游活动中全部需要的产品（或服务），如一条旅游路线、一个专项旅游项目。单项旅游产品则指住宿产品、饮食产品及交通、游览娱乐等方面的产品（或服务），整体旅游产品由单项旅游产品构成。

从上述广义和狭义上对旅游产品的定义来看，狭义的概念更为适宜。旅游产品仅限于旅游经营者提供的有关服务和商品，而不包括非专业旅游经营者提供的服务和商品。

二　旅游产品的构成

现代市场营销理论认为，任何产品都是由三个部分所组成的，即产品的核心部分、形式部分和延伸部分。核心部分是指产品满足消费者需求的基本效用和核心价值；形式部分是指构成产品的实体和外形，包括款式、质量、商标和包装等；延伸部分是随产品销售和使用而给消费者带来的附加利益。现代旅游产品也同样由核心部分、形式部分和延伸部分所组成。

1. 旅游产品的核心部分

核心部分是整个旅游产品的最基本构成，向旅游者提供基本的、直接的使用价值以满足其旅游需求。它包括旅游吸引物和旅游服务，满足旅游者在旅游活动中最基本的需要。

（1）旅游吸引物。旅游吸引物是指一切能够吸引旅游者的旅游资源及各种事件，它既是一个地区能否进行旅游开发的先决条件和旅游者选择旅游目的地的决定性因素，也是构成旅游产品的基本要素。旅游吸引物的存在形式，既可以是物质实体，也可以是某个事件，还可能是一种自然或社会现象。旅游吸引物按属性可划分为自然吸引物、人文吸引物和特产吸引物三大类。自然吸引物包括气候、森林、河流、湖泊、海洋、温泉及火山等自然风景资源；人文吸引物包括文物古迹、文化艺术、城乡风光、民族风情及建设成就等人文旅游资源；特产吸引物则主要包括土特产品、风味佳肴和旅游工艺品等。

（2）旅游服务。旅游服务是旅游产品的核心内容，是依托旅游资源和旅游接待设施向旅游者提供的各项服务。旅游产品，除了在餐饮和旅游活动中消耗少量的有形物质产品外，大量的是接待服务和导游服务等，因此旅游服务是旅游产品的核心内容。按照旅游活动的过程，旅游服务可分为售前服务、售中服务和售后服务三部分。售前服务是旅游活动前的准备性服务，包括旅游产品设计、旅游路线安排、出入境手续、货币兑换等；售中服务是在旅游活动过程中向旅游者直接提供的食、住、行、游、购、娱及其他服务；售后服务是当旅游者结束旅游后离开目的地时的服务，包括送到机场、车站，办理有关离境手续，托运行李，委托代办服务等。

2. 旅游产品的形式部分

旅游产品的形式部分，通常是指旅游产品的载体、质量、特色、风格、声誉及组合方式等，是旅游产品核心价值部分向满足人们生理或心理需求转化的部分，属于旅游产品向市场提供的物质产品和劳务的具体内容。

（1）旅游产品的载体。它主要指各种旅游接待设施、景区景点、娱乐项目等，是以物化劳动表现出来的具有物质属性的实体，是整个旅游产品不可缺少的载体。尽管有的旅游吸引物，如阳光、气候、海水、森林、名山大川等属于自然生成物，不包括任何人类劳动的成分，但这些自然物却是旅游产品不可缺少的自然基础；而文物古迹、园林景观、文化遗址、历史名胜等则属于古代人类的劳动结晶，其蕴含的丰富的文化价值也是旅游产品不可缺少的载体。

（2）旅游产品的特色和声誉。质量、特色、风格和声誉，是旅游产品依托各种旅游资源、旅游设施而反映出来的外在价值，是激发旅游者的旅游动机、吸引旅游者进行旅游活动的具体形式。由于旅游资源和旅游接待设施等方面存在差别，从而形成了旅游产品不同的品位、质量、特色、风格和声誉，即旅游产品的差异性。

（3）旅游产品的组合方式。旅游产品是一种组合性产品，即对构成旅游产品的各种要素进行有机组合，以更好地满足旅游者的多样性需求。因此，组合方式也成为旅游产品的形式部分，而不同的组合方式则形成不同的旅游产品。

3. 旅游产品的延伸部分或辅助部分

旅游产品的延伸部分或辅助部分是指旅游者购买旅游产品时获得的优惠条件、付款条件及旅游产品的推销方式等，是旅游者进行旅游活动时所得到的各种附加利益的总和。

虽然延伸部分并不是旅游产品的主要内容，但旅游者在旅游过程中购买的是整体旅游产品，因而在旅游产品核心部分和形式部分的基本功能确定之后，延伸部分往往成为旅游者对旅游产品进行评价和决策的重要促成因素。旅游经营者在进行旅游产品营销时，必须注重旅游产品的整体效能，除了要突出旅游产品核心部分和形式部分的特色外，还应在旅游产品的延伸部分上形成差异性，才能赢得旅游市场的竞争优势。

旅游经营者在进行旅游产品营销时，应注重旅游产品的整体效能，并在外形部分和延伸部分上形成自身产品的差异化，以赢得竞争优势。质量是旅游产品差异化的基础。目前，许多旅游企业都把提高产品质量和改进产品延伸部分作为吸引顾客、参与竞争的有效手段。旅游产品的延伸部分有安全保障、信息服务、信贷服务等。饭店业产品的延伸部分包括预订、客房用餐服务、信息服务、信贷服务、折扣、对儿童和残疾人的照顾等。延伸部分为顾客提供了许多附加利益，能形成对顾客的独特吸引因素，从而提高顾客对产品和企业的信赖度，有助于旅游企业保持和扩大市场。

材料6-1

旅游产品与旅游资源、旅游吸引物的关系

旅游吸引物与旅游产品、旅游资源属于不同的概念。旅游产品是一个经济学上的概念，用于交换是它存在的前提。旅游资源是客观存在的资源，在经济上的价值是潜在的，只有经过开发才能体现它的价值。旅游吸引物是一个更为泛化的概念，在经济学上缺乏规定性，它本质上是由所有足以将旅游者从家中吸引出来的要素（如可供观赏的风景、可参与的活动等）构成的。

从旅游的吸引因素来看，旅游产品和旅游资源是构成旅游吸引物的核心主体，是吸引旅游者的最根本因素。而旅游目的地的各种旅游支持系统，如住宿设施和各种基础设施，以及旅游目的地传达的各种信息，无疑也都构成了对旅游者的吸引力的成分，但它们既不是旅游资源，也不是旅游产品。

因此，对旅游产品、旅游资源和旅游吸引物三者的关系可以理解为：一是旅游资源经开发才能形成旅游产品，即所有已经开发出来并作为商业旅游观赏地的旅游资源，都已经成为旅游产品，为资源依托型旅游产品。二是旅游产品不一定以旅游资源为基础，所有为人类创制的商业化旅游观赏地或观赏设施，已经成为旅游产品的，均为资源脱离型旅游产品。三是旅游吸引物是一个旅游系统，旅游资源和旅游产品是构成部分。旅游吸引物是由作为核心的旅游资源和旅游产品与处于支持层次的旅游者及旅游标识物构成的旅游系统。

三　旅游产品的特点

旅游产品作为一种特殊商品，与一般产品有着明显的不同，具有以下特点：

1. 综合性

旅游产品的综合性是由旅游活动的性质和要求决定的。旅游是一种综合性的社会、经济、文化活动，其主体是旅游者。同时，旅游者的需求是多方面的，不同旅游者的需求是有差异的。在市场经济条件下，旅游业经营者经营旅游产品，是为了通过满足旅游者的多种需求而获取利润。因此，旅游产品包含的内容十分广泛，既有物质的，又有精神的，是一种组合型产品。

2. 功能上的愉悦性

旅游产品的效用，就是满足人们旅游愉悦的需要。旅游者购买旅游产

品，通过愉悦感官，求得心理上的美感享受，陶冶性情。因此，人们普遍将旅游产品看作一种经历，这种经历是从访问旅游地的打算和旅行的计划开始的，包括前往旅游地和离开旅游地的旅行，以及在旅游中的活动，最终形成旅游的整体印象。

3. 空间上的不可移动性

旅游产品的不可移动性，是指旅游产品的生产必须依附于当地特定旅游资源，离不开一定的空间条件。它与旅游资源的区域性以及不可转移性特点是对应的和一致的，因此也是判断是否是旅游产品的最基本标准。这一特点使旅游与居家休闲有着根本的不同。

旅游产品固定于一定的空间，几乎所有的旅游地点都是确定不变的，而且往往是在远离旅游者的某个空间位置上。在旅游活动中，发生空间转移的不是旅游产品，而是购买旅游产品的主体——旅游者。它的流通不是以物流形式出现的，而是以信息传播的形式出现的。旅游企业不可能像其他企业那样将旅游产品通过运输的手段来异地销售，必须是旅游者根据需要亲自前往旅游产品的生产地进行消费。这样，旅游产品吸引力的大小就成为旅游企业经营成功与否的关键。

4. 生产与消费的同步性

旅游产品的生产（或经营）和消费，常常发生在同一时空背景条件下，密不可分，往往处于一个过程的两个方面。旅游产品的生产过程与消费过程是高度统一的，在生产开始的同时，消费也即刻启动，消费结束时生产也不再进行。这一特性使旅游产品与一般消费品表现出巨大的差异，并深刻地影响着旅游企业管理原则的建立和管理方式的选择。

旅游产品的生产者与消费者直接发生关系，旅游者只有而且必须加入到生产的过程中，才能最终消费到旅游产品。在旅游产品的生产过程中，由于旅游者的参与，旅游企业才能有效地引导旅游消费者参与旅游产品的生产过程，即旅游的体验过程。旅游企业与旅游者的互动行为，影响着旅游产品中所包含的服务的质量，以及旅游企业与旅游者的关系。

旅游企业在某种程度上按照旅游者的具体要求来生产产品，而旅游者的需要存在着差异，对产品的看法与其本身的经历、知识水平和爱好等方面相关，因而对旅游产品的质量评价因人、因时、因地而异。所以，提供旅游服务的员工的服务态度、行为举止和形象等都影响着游客的旅游经历，严重影响游客对产品的看法，生产和向顾客提供产品的员工本身就是产品的一部分。这就要求员工要有足够的应变能力，以确保旅游服务能达到每一个旅游者所期望的质量水平。

5. 时间上的不可储存性

旅游产品不能像一般商品那样可以被有效地储存起来，以备将来出售，它是具有时效的。旅游者购买旅游产品后，旅游企业在规定的时间内交付有关产品的使用权，一旦旅游者未能按时使用，就须重新购买，所以旅游消费者只享有旅游产品的暂时使用权。而在此期间，旅游企业为生产所付出的人力、物力和财力资源，就是一种浪费。因为销售机会的丧失，折旧已经发生，人力已经闲置，资金已经占用，造成的损失永远也得不到补偿。

6. 所有权的不可转让性

旅游产品出售后，转让的仅仅是在一定时间内的使用权，而不是像销售一般消费品那样同时转让所有权。旅游者在购买这种使用权的同时，不仅不能将旅游产品都带走，而且要保证在使用期间旅游产品物质和非物质构成的完好无损。旅游产品的这一特点，由于旅游者对购买某一旅游产品可能怀有较高的风险预期，往往造成旅游产品促销和销售的困难。

第二节　旅游产品的生命周期

旅游产品与其他产品一样，都会经历一个产品从进入市场开始到最后退出市场的过程，这个过程大体经历了推出、成长、成熟、衰退的周期性变化，每个变化阶段都有其不同的特点。对这一过程的研究，将有助于根据旅游产品的不同发展阶段采用相应的策略，以延长旅游产品的生命周期，或者根据旅游需求及时进行产品的更新换代，适时开发旅游新产品。

一　旅游产品生命周期的概念

产品的生命周期是指产品从正式投放市场开始，直到最后被市场淘汰、退出市场为止的整个过程，产品大体上经历了类似人类生命模式的周期性规律。旅游产品的这一规律成为旅游产品的生命周期。旅游产品的生命周期一般包括四个阶段，即投入期、成长期、成熟期和衰退期。

投入期：也称作引入期或介绍期，是产品引入市场、销售缓慢增长的时期。

成长期：产品被市场迅速接受和利润大量增加的时期，生产和销售费用都有所下降。

成熟期：产品已被大多数的潜在购买者所接受，市场需求量渐趋饱和而造成销售增长趋缓的时期。

衰退期：产品销售下降的趋势日益增强，利润迅速减少的时期。

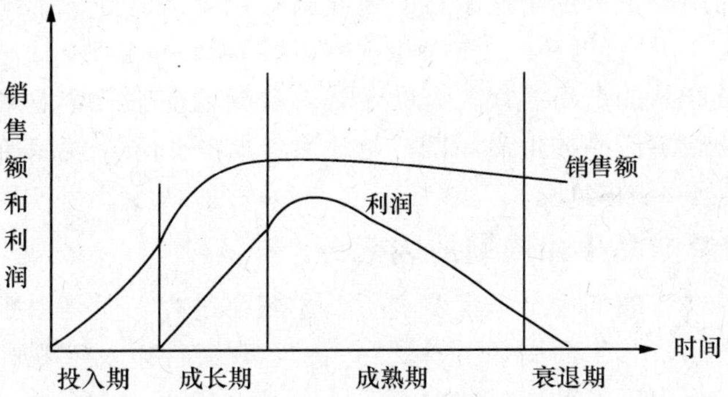

图 6-1 旅游产品的生命周期曲线

产品生命周期的各个阶段通常是以销售额、企业所获利润额的变化来衡量的。在大多数有关产品生命周期的讨论中，人们都把典型的产品销售历史描绘成 S 形曲线。图 6-1 为一典型的旅游产品生命周期曲线。旅游产品的生命周期通常以接待游客人次或旅游收入来衡量，典型的旅游产品生命周期一般也被认为经历了上述四个阶段。

在有关旅游产品生命周期的研究中，研究重点多集中于旅游地的生命周期。一般来说，世界上接待规模较大的旅游目的地的生命周期也大体呈 S 形曲线形式，而接待规模较小的旅游地生命周期曲线则呈现不规则变化状态。R. Butler 把旅游地生命周期划分为六个阶段：探索、起步、发展、稳固、停滞、衰落或复兴，并且引入了被广泛使用的 S 形曲线来加以描述，如图 6-2 所示。

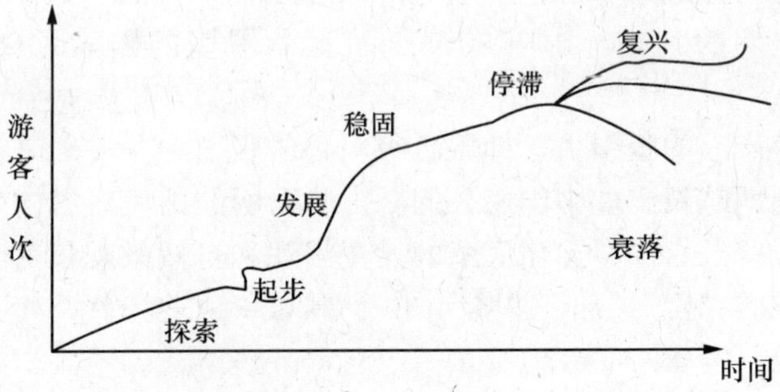

图 6-2 旅游地生命周期曲线

旅游地的衰落往往与接待量超过一定的容量限制或过度商业化有关，它与旅游产品都有一个有限的生命过程，都会或早或晚被市场所淘汰。了解旅游产品的生命周期，有助于旅游目的地或旅游企业针对处于不同生命周期阶段的旅游产品所具有的特点，作出相应的市场营销决策和及时进行产品的创新，促进旅游产品的更新换代；有助于旅游目的地或旅游企业采取各种营销活动，以延长旅游产品的生命周期，延缓衰退期的到来，使旅游地在激烈的市场竞争中立于不败之地。

二　影响旅游产品生命周期的因素

旅游产品在一般的情况下都要经历上述四个过程，但是由于旅游产品是一种综合性产品，其生命周期更易受到主、客观条件以及宏观和微观等各种因素的影响，而出现各种变异情况。

1. 旅游产品生命周期的变异

一项旅游产品的生命过程往往受多种因素的影响与制约，所以有时某些旅游产品甚至会出现各种非典型或非正常的变化现象，我们称之为产品生命周期的变异。如某种专项旅游产品作为时尚产品，生命周期可能只表现为快速成长和快速衰退两个阶段；某旅游目的地在成长阶段时，可能由于自然灾害或战争等一些偶发因素，没有经过成熟期就直接进入衰退阶段；某饭店产品因管理混乱或选址错误，会在开张不久即关门倒闭退出市场；某旅行社经营的一条旅游路线在进入成熟期后，由于企业努力促销或大力改进产品，从而促使产品销量突发性地扩大，在成熟期内又出现一个成长期等。

2. 影响旅游产品生命周期的因素

影响旅游产品生命周期的因素很多，有些是可控的，有些是不可改变的。旅游业经营者应清楚地认识到这些影响因素及产品所处的生命周期阶段，以便有针对性地采取相应的策略，尽量缩短产品的投入期，延长成熟期，延缓衰退期的到来。影响旅游产品生命周期的因素主要有以下几个方面：

（1）旅游产品的吸引力。即旅游吸引物的吸引力。一般来说，吸引力越大，其生命周期越长。如中国悠久的历史和秀丽的山河对海内外游客具有很大吸引力，一些具有深厚文化底蕴的人文景观和自然景观长盛不衰。而一些近几年刚建成的“宫”“庙”“城”，由于雷同和缺乏特色，相互间地理位置距离太近而门可罗雀。

（2）目的地的自然环境与社会环境。旅游产品的吸引力不仅来自产品本身的吸引力，更大程度上还依赖于目的地的自然环境和社会环境，如居民的友好态度，优美、卫生的环境，安全、便捷的交通等。正是从这个意义上说，目的地政府必须树立“大旅游产品”的观念，用系统工程的方法来统一规划，不仅要重视旅游景点的物质文明建设，更要重视精神文明建设，这样才可能使本地区旅游业可持续地高速发展。

（3）消费者需求的变化。消费者可能因时尚潮流的变化而发生兴趣转移，从而引起客源市场的变化，导致某地旅游资源吸引力的衰减。消费观念的变化、收入的增加、新的旅游景点的出现、目的地的环境污染或服务质量下降，都会影响消费需求的变化。

（4）经营策略和方针。在旅游业市场竞争日趋激烈的今天，改变经营观念，加大促销与宣传力度，实施正确的产品组合策略和市场细分战略，才可能保持可扩展的客源市场，才能延长旅游产品的生命周期。

三　旅游产品生命周期的调控

旅游产品生命周期的调控，主要是根据旅游产品生命周期不同阶段的特点，采用相应的策略，尽量缩短产品的投入期，延长成熟期，延缓衰退期的到来，并不断开发新产品以适应旅游者日益变化的需要。旅游产品生命周期的调控主要采用如下方法：

1. 深化产品内涵

强调对原有产品的加工和提升，深化产品内涵，增加产品吸引力。如都江堰，在20世纪90年代末，环境容量超载，旅游产品老化，游客量急剧下滑，沦为成都市郊公园。21世纪初，都江堰及时地申报世界遗产，并在此过程中加强环境整治，深化并突出了其文化内涵，慢慢走向了复苏。

2. 重塑产品形象

顺应地方文脉，扬长避短，避免盲目模仿，发挥隐藏的优势，延展并突出其原有形象，推出特色旅游产品，使旅游地焕发生机。如丹霞山是广东三个国家级风景名胜区之一，位列广东四大名山之首，是我国丹霞地貌的典型代表。在20世纪80年代中后期及90年代初，由于其特色形象弱化，吸引力减小，旅游市场停滞不前，旅游地走向衰落。后来当地政府提出开发阳元石景区，重塑丹霞山（丹霞地貌）形象，带动丹霞山走出了困境。

3. 改善旅游环境

主要针对基础设施落后或生态环境破坏严重的旅游地，从核心吸引物的外围入手，改善旅游地的整体氛围，从而达到维持市场的目的。如乐山大佛，在20世纪末，旅游出现滑坡，主要原因是核心资源遭到严重自然侵蚀，影响了其吸引力和长远发展。于是该旅游地便开展了修饰保护工程，收到了较好的效果。

4. 正确使用营销策略

在旅游产品生命周期的不同阶段应选择不同的营销策略。

（1）规划预防。这种策略是指在规划旅游地时，在打造每一项旅游产品时，预测其生命周期，及时地更新换代。它主要用于人造景观的开发。如深圳华侨城，自1989年以来相继推出了锦绣中华、中国民俗文化村、世界之窗、“欢乐谷”一期、“欢乐谷”二期等主打产品，每隔几年都有新的产品问世，产品一步一步地由陈列观光型、表演欣赏型向主体参与体验型升级，使得华侨城发展长盛不衰。

（2）产品组合。这种策略强调以新的产品样式丰富原有的产品，配套组合，克服原产品的弱点，全面提升品位和档次。

（3）事件激活。这种策略充分利用注意力经济的思想，制造和利用轰动的“外部事件”激活市场。如现在各地最为通用的方法就是举办相关的节事活动，突出旅游地的旅游形象。这种方式起到了很好的营销推广作用，在相当程度上激活了中远程旅游市场，旅游地在一定程度上得到复苏。

第三节　旅游产品的开发

旅游产品开发是根据市场需求，对旅游资源、旅游设施和旅游服务等进行规划、设计、开发和组合的活动。旅游产品的合理开发及有效利用，对旅游业发展起着重要作用。要做好旅游产品的开发，就要根据旅游产品的开发原则、具体方法和途径开发设计旅游产品。

一　旅游产品开发的内容

旅游产品的开发涉及一个地区的经济、文化、社会环境等诸多领域，是一个系统工程。其具体内容包括对旅游地的开发和旅游路线的开发两个方面。

1. 旅游地开发

旅游地是旅游产品的地域载体，是游客的目的地。旅游地开发就是在一定地域空间上开展旅游吸引物建设，使之与其他相关旅游条件有机结合，成为旅游者停留、活动的目的地。旅游地开发通常可分为五种形式，具体如下：

（1）以自然景观为主的开发。以保持自然风貌的原状为主，主要进行道路、食宿、娱乐等配套设施建设，以及环境绿化、景观保护等。自然景观只要有特点就可以，不必非要具备良好的生态环境，比如沙漠、戈壁开发好了都是值得一游的旅游吸引地。但是自然景观式景点的开发，必须以严格保持自然景观原有面貌为前提，并控制景点的建设量和建设密度，自然景观内的基础设施和人造景点应与自然环境协调一致。

（2）以人文景观为主的开发。对具有重要历史文化价值的古迹、遗址、园林、建筑等，运用现代建设手段对之进行维护、修缮、复原、重建等工作，其恢复原貌后，自然就具备了旅游功能，成为旅游吸引物。但是人文景观的开发一定要以史料为依据，以遗址为基础，切忌凭空杜撰。

（3）在原有资源和基础上的创新开发。主要是利用原有资源和开发基础的优势，进一步扩大和新添旅游活动内容和项目，以达到丰富特色、提高吸引力的目的。如在湖滨自然景观旅游中增添一些水上运动项目，诸如飞行伞、划艇、滑水等都是不错的项目，不仅未破坏原有景观，还可以和原有的湖光山色相映成趣，成为新的风景点。

（4）非商品性旅游资源开发。非商品性旅游资源一般是指地方性的民风、民俗、文化艺术等，它们虽然是旅游资源，但还不是旅游商品，本身并不是为旅游而产生，也不仅仅为旅游服务。对这种资源，应在挖掘、整理、改造、加工和组织经营的基础上将其开发成各种旅游产品。

（5）利用现代科学技术成果的开发。运用现代科学技术所取得的一系列成就，可经过精心构思和设计，再创造出颇具特色的旅游活动项目，如迪斯尼乐园、未来世界等就是成功的例子。现代科技以其新颖、奇幻的特点，融娱乐、游艺、刺激于一体，大大开拓和丰富了旅游活动的内容与形式。

2. 旅游路线开发

旅游路线是旅游产品的具体表现方式，也是对单个旅游产品进行组合的具体方式，是旅游地向外销售的具体形式。旅游路线开发就是把旅游资源、旅游吸引物、旅游设施和旅游服务按不同目标游客的需求特点进行特定组合。在旅游路线的组合中，单项旅游产品只是其中的一个组件，开发者并不对单项旅游产品进行实质性的改动，而是考虑不同游客的需求特点、支付能力进行相应的搭配。因此，旅游路线开发实质上是根据不同目标市场游客的需求特点，对旅游产品进行组合搭配。旅游路线开发可从不同角度进行分类。

（1）按旅游路线的性质分类，可以划分为普通观光旅游路线和特种专项旅游路线两大类，当然也可以是二者结合的混合旅游路线，比如在度假旅游中加入观光。

（2）按旅游路线的游程天数分类，可以分为一日游路线与多日游路线。

（3）按旅游路线中主要交通工具分类，可以分为航海旅游路线、航空旅游路线、内河大湖旅游路线、铁路旅游路线、汽车旅游路线、摩托车旅游路线、自驾车旅游路线、自行车旅游路线、徒步旅游路线以及几种交通工具混合使用的综合型旅游路线等。

（4）按使用对象的不同性质分类，可分为包价团体旅游路线、自选散客旅游路线、家庭旅游路线等。

二　旅游产品开发的原则

在旅游产品开发中，无论是对旅游地的开发，还是对旅游路线的组合，都首先要对市场需求、市场环境、投资风险、价格政策等诸多因素进行深入分析。根据对这些因素的分析和比较，旅游地可提出一系列的旅游产品设计方案和规划项目，从中选择既符合市场旅游者的需要又符合目的地特点，既能形成特殊的市场竞争力而企业又有能力运作的方案进行开发。为此，旅游产品开发中必须遵循下述开发原则：

1. 特色性原则

旅游产品无论在资源开发、设施建设，还是在服务的提供上，都应具有鲜明的特色，合乎个性，做到“你无我有，你有我优，你优我奇”。鲜明的特色和个性往往能减弱与其他旅游产品的类似与冲突，使旅游者产生深刻的印象，因而具有更强的吸引力。突出特色、发展个性已成为现代旅游竞争中获胜的“法宝”。

2. 市场性原则

旅游产品的开发必须牢固树立市场观念，以旅游市场需求作为旅游产品开发的出发点。没有市场需求的旅游产品开发，不仅不能形成有吸引力的旅游目的地和旅游产品，而且还会造成对旅游资源的浪费和生态环境的破坏。

旅游产品的开发，一方面要在市场分析和市场定位、遵循市场经济规律、满足旅游者需求的基础上，作出正确的商业价值判断；另一方面要根据市场的变化和产品生命周期理论，考虑旅游产品的升级换代，以新的产品去迎合和满足旅游者的需求。

3. 效益性原则

无论是旅游地的开发，还是某条旅游路线的组合，或是某个旅游项目的投入，都必须先进行项目可行性研究，认真进行投资效益分析，不断提高旅游目的地和旅游路线投资开发的经济效益。在旅游地开发规划和旅游路线产品设计中，要考虑当地社会经济发展水平，要考虑政治、文化及地方习惯，要考虑人民群众的心理承受能力，形成健康文明的旅游活动，并促进地方精神文明的发展。旅游地按照旅游产品开发的规律和自然环境的可承载力，以开发促进环境保护，以环境保护提高开发的综合效益，从而形成“保护—开发—保护”的良性循环，创造出和谐的生存环境。

4. 产品形象原则

旅游产品是一种特殊商品，是以旅游资源为基础，对构成旅游活动的食、住、行、游、购、娱等各种要素进行有机组合，并按照客源市场需求和一定的旅游路线而设计组合的产品。因此，拥有旅游资源并不等于就拥有旅游产品，而旅游资源要开发成旅游产品，还必须根据市场需求进行开发、加工和再创造，组合成具有竞争力的旅游产品，从而组合成适销对路的旅游产品。旅游地应树立旅游产品的形象，充分考虑旅游产品的品位、质量及规模，突出旅游产品的特色，努力开发具有影响力的拳头产品和名牌产品。

5. “大旅游产品”原则

旅游产品的开发应根据现代旅游业的高度关联性和高度依附性的特点，打破行政区和行业界限，同时考虑旅游业内外的各种因素，树立“大旅游产品”的观念和良好的旅游形象，努力开发高品位、高市场占有率和高效率的特色旅游产品。

三　旅游产品开发

旅游产品开发不能盲目进行。当今的旅游消费市场越来越多样化，旅游者对旅游产品的选择也更加多样化，决策更加理性化。

1. 旅游地开发

旅游地开发最直接的表现形式就是景区、景点的开发建设。旅游地开发的策略，根据人工开发的强度及参与性质可分为以下几种：

（1）资源保护型开发。对于罕见或出色的自然景观或人文景观，要求完整地、绝对地进行保护或维护性开发。因位置特殊、不允许直接靠近开发的景观，其开发效用只能在周围景区开发中得以体现。这类旅游地的开发，要求绝对保护或维持原样。

（2）资源修饰型开发。对于一些旅游地，主要是充分保护和展现原有的自然风光，允许通过人工手段适当加以修饰和点缀，使风景更加突出，起到“画龙点睛”的作用。如在山水风景的某些地段小筑亭台，在天然植被风景中调整部分林相，在人文古迹中配以环境绿化等。

（3）资源强化型开发。指在旅游资源的基础上，采取人工强化手段烘托优化原有景观景物，以创造一个新的风景环境与景观空间。如在一些自然或人文景点上搞园林造景，修建各种陈列馆和博物馆以及各种集萃园和仿古园等。

(4) 资源再造型开发。不以自然或人文旅游资源为基础，仅是利用旅游资源的环境条件或基础设施条件打造一些人造景点和景观形象。如兴建民俗文化村、微缩景区公园等。

2. 旅游路线组合

旅游路线开发以最有效地利用资源，最大限度地满足旅游者需求和最有利于企业竞争为指导，遵循旅游产品开发的原则，具有以下几种旅游路线产品的组合策略：

(1) 全线全面型组合。即旅游企业经营多条旅游产品线，推向多个不同的市场。企业采取这种组合策略，可以满足不同市场的需要，扩大市场份额，但经营成本较高，需要企业具备较强的实力。如旅行社经营观光旅游、度假旅游、购物旅游、会议旅游等多种产品，并以欧美市场、日本市场、东南亚市场等多个旅游市场为目标市场。

(2) 市场专业型组合。即向某一特定的目标市场提供其所需要的旅游产品。企业能够集中力量对特定的一个目标市场进行调研，充分了解其各种需求，开发满足这些需求的多样化、多层次的旅游产品。但由于目标市场单一，市场规模有限，企业产品的销售量也受到限制，所以在整个旅游市场中所占份额较少。如旅行社专门为日本市场提供观光、寻踪、考古、购物等多种旅游产品；或针对青年游客市场，根据其特点开发探险、新婚、修学等适合青年口味的旅游产品；或针对老年游客市场，开发观光、怀旧、度假、养老旅游产品等。

(3) 产品专业型组合。即只经营一种类型的旅游产品来满足多个目标市场的同一类需求。因为产品线单一，所以旅游企业经营成本较少，易于管理，可集中企业资金开发和不断完善某一种产品，进行产品的深度加工，树立鲜明的企业形象。但采取这种策略使企业产品类型单一，增大了旅游企业的经营风险。如旅行社开发观光旅游产品推向欧美、日本、东南亚等市场。

(4) 特殊产品专业型组合。即针对不同目标市场的需求提供不同的旅游产品。旅游企业有针对性地开发不同的目标市场，能使产品适销对路，但投资较多，成本较高，企业应进行周密的调查研究。如对欧美市场提供观光度假旅游产品，对日本市场提供修学旅游产品，对东南亚市场提供探亲访友旅游产品；或者经营探险旅游满足青年市场的需要，经营休闲度假旅游满足老年市场的需要等。

材料6-2

欧美国家旅游产品类型及其开发模式

一、欧美国家的旅游产品类型

欧美国家的旅游产品主要有批发和零售两种类型，由旅游经营商和旅游代理（零售）商分别推出。

1. 旅游经营商（TO）的旅游产品

一般来讲，旅游经营商提供的整体旅游产品有夏季旅游产品项目、冬季旅游产品项目和最低价格组合旅游产品三种类型。根据市场细分，它又分为四种类型。

（1）大众市场经营商（MMO）。MMO 的产品主要是推出前往 3S（sun、sea 和 sand）目的地的旅游项目，满足大众市场需求。而根据地理位置 MMO 又将市场细分为不同地区推出各种产品。

（2）专业经营商（SO）。SO 一般为特定旅游者提供特定的组合旅游产品。根据业务产品专业化领域，SO 又划分为特定目的地、特定客源、特定住宿设施、特定交通工具、特定兴趣爱好五种旅游产品组合。

（3）国内经营商（DO）。DO 主要从事组装和出售整体旅游产品给国内旅游者。

（4）接团经营商（ITO）。ITO 主要为海外团提供各种地面服务。

2. 旅游代理（零售）商（TA）的旅游产品

TA 的传统职能是代理销售大多数旅游供应企业的单项产品和旅游批发商的组合产品。一般来说，TA 提供以下四种形式的旅游产品：

（1）包价旅游产品（PTS）。包价旅游产品是围绕特定的旅游者群体开发设计而成的。

（2）陪同旅游产品（ETS）。陪同旅游产品，就是指由一个有经验的导游全程护送、陪同、照顾，并处理途中的基本事务。

（3）无陪同包价旅游产品（UPTS）。这种形式灵活，旅游者可以任意选择旅游产品组合。

（4）团队旅游产品。

二、欧美国家旅游产品的开发设计

欧美国家 TO 和 TA 产品不同，它们的开发设计也有所不同。

1. TO 产品开发设计的一般步骤

一项新的旅游产品的开发设计具有强烈的市场导向，从酝酿到推向市场要经过一个很漫长的开发过程，一般要经过两年时间。

(1) 市场调查。由于TO产品的优势主要在于其低廉的价格和物有所值，因此，除准确的市场定位外，还需调查各种影响成本的因素。

经过调研，缩小潜在的旅游目的地选择范围，确定可能性最大的两至三个旅游目的地，对它们进行现实可行性评估与对比。评估内容包括目前此地吸引旅游者的数量、过去几年的游客增长率、目前竞争对市场占有和分配情况、今后的一年和随后几年预期达到的市场份额预测。

然后，根据旅游目的地情况，确定每个旅游团的接待力、行团时间并设计旅行日志，包括要游览的城市、每到一处的停留天数、城市间的交通方式、一个简单的时间顺序表等。

(2) 与主要供应商谈判。一旦旅游目的地、旅游季节、要运送顾客数量和起程日期确定后，就需要与航空公司、饭店和其他供应商谈判直至最后签约。

(3) 行政管理。这一阶段的工作包括确定兑换率、进行必要的人员培训、确定最终价格、印刷旅游小册子和建立预订系统。

(4) 市场营销。TO通过大量营销活动将旅游新产品推向市场，在这期间的工作重点按时间顺序为：旅游小册子的分发，旅游产品向旅游代理商的促销和试销，大量广告和促销策略运用，导游人员的招聘和培训，首次出国。

2. TA散客旅游产品的开发设计

TA为满足散客旅游的有关需要，向其提供个性化服务。产品开发设计主要有以下几个步骤：

(1) 顾客向TA提出自身需求意向，要求提供一项特别的旅游产品，如文化旅游产品、宗教旅游产品。

(2) TA根据顾客的需求，评价确定为其设计的旅游经历（产品）中应该包含的因素，如旅游的范围、启程时间、必需的各种服务等。

(3) 在评估的基础上，为顾客设计旅行日志并向顾客通报估算最大成本。顾客认可后，TA编制详细的成本预算，包括交通、住宿、服务、运行成本，并以书面文件形式传给顾客。

(4) 获得顾客的积极反馈后，TA的运营部门开始为顾客预订交通及各项其他服务。

(5) 将各种票据、单据、专门的旅行日志以纸质形式提交给顾客。

思考与习题

❶ 解释下列概念。

旅游产品　旅游产品的生命周期　旅游服务

❷ 简析旅游产品的特点。

❸ 旅游产品开发应遵循哪些基本原则?

❹ 影响旅游产品生命周期的因素有哪些?

❺ 旅游路线的规划要考虑哪些要素?

第七章 旅游市场

➤**教学目标** 知识目标：了解旅游市场细分的概念和意义；熟悉旅游客流及其运动规律与我国国际旅游市场的竞争情况；理解影响旅游客流运动的因素；掌握旅游市场细分的基本概念和世界旅游市场的基本情况

能力目标：能分析影响我国国际旅游市场竞争的因素

➤**教学难点** 旅游客流及其运动规律

➤**教学重点** 旅游市场的概念和特点　旅游客流及其运动规律　世界旅游市场

➤**主要内容** 旅游市场的概念和特点　旅游市场的细分　旅游客流及其运动规律　世界旅游市场

旅游活动是商品经济高度发展的产物，在当前旅游总供给量大于总需求量的基本状况下，旅游市场的竞争必然存在并十分激烈。因此，研究旅游市场的特点、客源市场划分、旅游者活动规律，对旅游企业制定促销策略、增强竞争实力、满足旅游消费者的需求、有效地开发市场营销活动具有重要意义。

第一节　旅游市场的概念和特点

一　市场与旅游市场

1. 市场

对于“市场”一词，有多种不同的解释。根据我国的《简明社会科学词典》和西方国家的《管理词典》，“市场”一词通常有以下几种释义：

（1）市场是商品买卖的场所。

（2）市场是商品交换关系的总和，是不同的生产资料所有者之间经济关系的体现。它反映社会生产与需求之间，商品可供量与有支付能力的需求之间，生产者与消费者之间及国民经济各部门之间的关系。

（3）市场是在一定时间、一定地点以及在一定的人群和企业之间，决定商品交易数量与性质的条件。这种条件包括可供商品量（或可供的服务能力），对可供商品的需求、价格以及政府或其他组织机构的参与管理。

（4）市场是指某一特定产品的经常购买者或潜在购买者。

（5）市场是指具有某些相同特点，被认为是某些特定产品的潜在购买者的人群或企业。

2. 旅游市场

旅游市场是整个商品市场的一个组成部分，它是随着旅游活动的发展而形成和发展起来的。旅游市场是在商品生产和商品交换充分发展的基础上，实现旅游产品需求者与旅游产品供给者之间经济联系的场所。

旅游市场有广义与狭义之分。广义的旅游市场，是指旅游交换过程中各种经济活动和经济关系的总和。它反映了旅游者和旅游经营者之间的一切供求关系。狭义的旅游市场是旅游产品交换的场所。从市场学的角度来看，旅游市场反映了某种特定旅游产品的现实购买者和潜在购买者。

在旅游业中，人们通常狭义理解旅游市场为买方市场，仅把服务对象作为市场来进行研究。因此，狭义的旅游市场又称为旅游需求市场或旅游客源市场，它是由不同地域、不同国度、不同阶层、不同年龄层次的游客构成的。

二　旅游市场的构成要素与功能

1. 旅游市场的构成要素

从经济学的角度来看，旅游市场是由市场主体、市场客体、市场中介三个要素构成的。

（1）市场主体。旅游市场的主体，是指参与旅游产品交换的买方和卖方，即旅游产品的使用者（或消费者）和旅游产品的生产者（或供应者）。前者是指具有旅游意愿和出游条件的旅游者；后者是指具有独立的经济利益和自主决策权的经济法人，包括提供旅游产品和服务的企业、个人和其他社会团体。

（2）市场客体。旅游市场客体，是指可供交换的旅游产品。它包括各种有形的和无形的旅游资源和服务。

（3）市场中介。旅游市场中介，是指联结旅游市场各主体的各种有形的和无形的媒介与桥梁，如价格、竞争、旅游信息、旅游中间商或其他中介机构、旅游问讯服务中心、旅游质量监督机构等，它们组成了旅游产品供应者与旅游产品消费者之间以及旅游产品供应和旅游产品消费之间的媒介体系。

2. 旅游市场的功能作用

旅游市场是伴随着群体性旅游活动和旅游经营活动的产生而产生的。它反过来又推动了旅游活动的全面展开，促进了旅游经营活动的进一步完善。旅游市场的功能作用主要表现在以下几个方面：

（1）提供市场信息。旅游市场是旅游供给者获取旅游需求信息的主要来源。生产什么样的旅游产品、生产多少，都必须以旅游市场的需求为依据，即以需定产。否则，生产的旅游产品就会在销售上遭受困境，甚至销售不出去，旅游产品供给者在经济上就要受到很大损失。同样，旅游产品需求者要获知旅游产品的信息，即市场上有哪些类型的旅游产品、各自的价格如何，也主要通过旅游市场获取。

旅游市场通过自身传递信息，为旅游目的地国家或地区制定旅游业发展规划和经济决策提供依据。作为旅游企业，一方面将旅游产品信息传递给市场；另一方面根据市场反馈的旅游需求信息和市场供求状况，调整旅游产品价格，组织适销对路的旅游产品；另外，也从旅游市场上获得经济信息，指导、调整和变更旅游需求。总之，旅游市场通过信息传递，成为旅游经济活动的"晴雨表"，综合反映着旅游经济的发展状况。

（2）提供交易条件。旅游产品的交易是一种无形产品的交易，旅游需求者要购买旅游供给者生产的旅游产品，或者旅游供给者要将其生产的旅游产品销售给旅游产品需求者，主要是通过各种旅游市场中介，即各类旅游中间商和各种广告媒体。它们是促成旅游产品进行交易的必要条件。

旅游市场是联结旅游产品生产者和旅游需求者的纽带。旅游产品生产者通过市场为自己的产品找到买者，旅游需求者通过市场选择并购买自己感兴趣的旅游产品，因而旅游市场是实现旅游产品供给者和需求者之间交换的桥梁。旅游市场把旅游需求和供给衔接起来，解决了供求之间的矛盾，从而更好地满足旅游者的需求，更充分地发挥旅游接待设施的能力，促进旅游经济的健康发展。

（3）提供调节机制。市场机制主要有供求机制、价格机制和竞争机制。旅游产品供求矛盾就是通过旅游市场上这些机制进行调节的，即在价格杠杆和竞争的推动下，旅游产品供求双方自行调节、自行组织使之趋于平衡。

旅游市场的调节作用首先表现在调节旅游供求平衡上。当供求双方出现矛盾时，旅游经济活动就会受到影响，就会引起旅游市场竞争加剧和价格波动，于是就要通过市场竞争机制和价格机制的作用调节生产和消费，使供求重新趋于平衡。其次，实现社会经济资源的优化配置。旅游企业根据市场供求状况调整旅游产品结构、投资结构以适应旅游者需要，获得较高效益。

三　旅游市场的特点

旅游产品不同于一般的产品，它是由旅游资源、旅游设施、旅游服务等多种要素组成的特殊产品，其中既有有形的物质要素，也有无形的精神要素。由此决定了旅游市场也不同于一般的市场，它具有自身独有的特点。

1. 整体性

人们外出旅游，通过旅行、食宿、游览、购物、消遣、娱乐等各方面的活动获得物质和精神上的享受，要求提供综合性服务，其内容和质量是统一的，是一种整体性的需求。经营者必须了解客源市场的这一特点，把综合性服务在地区上和时间上协调一致。这是提高旅游业整体经济水平的关键。

2. 指向性

旅游产品有不可转移性，旅游者必须到旅游供给地消费，从而引起旅游者从旅游需求地向旅游供给地的运动。这种市场指向与一般商品市场的指向情况相反，一般商品市场的供给是从产地向需求地的运动。旅游市场的这一特点，要求旅游经营者必须认真研究和采取有效的经营战略和策略，形成适应市场需求的旅游供给，促使旅游者向特定的旅游供给地（旅游目的地）流动。

3. 高弹性

旅游需求弹性，是指由于价格、个人收入、汇兑替换性、旅游目的地形象等各种经济及非经济因素的变化引起的旅游需求变化的程度。旅游作为一种社会经济现象，其覆盖面几乎是整个社会，许多因素都可能对旅游需求产生很大影响，使其发生这样或那样的变化。另外，尽管旅游业在世界各国尤其是在中国发展很快，但旅游需求还远未成为人们生活中的基本需求。对大多数人来说，旅游仍是生活中的奢侈品，受各种综合因素的影响，表现出高弹性特点。因此，旅游经营者应努力掌握其规律，保持其相对稳定性。

4. 季节性

旅游市场受自然条件、旅游者闲暇时间以及人们外出旅游的传统习惯的影响，季节性十分明显，有淡旺季之分。旅游市场在时间上分布的不均匀现象，导致旅游企业的市场经营具有明显的淡旺季差别。流量明显地集中在一定季节，这就影响到旅游供求之间的比例，造成旺季供不应求、淡季设施和人员闲置现象。

第二节　旅游市场的细分

旅游市场的细分是旅游开发和发展的依据，旅游市场细分便于旅游市场定位和制定旅游市场开拓策略。

一　旅游市场细分的概念和意义

1. 旅游市场细分的概念

所谓旅游市场细分，是从旅游消费者的需求差异出发，根据旅游消费者消费行为的差异性，将整个的旅游市场划分为具有类似性的若干不同的消费群体——子市场，并据此选择具有发展潜力的子市场，作为旅游业发展的目标市场的过程。

2. 旅游市场细分的意义

对旅游市场进行细分，具有以下两个方面的意义：

（1）制定正确的营销策略。通过市场细分，旅游企业可了解到不同的旅游消费群体有哪些消费特点，其中哪些得到了满足，满足程度如何，哪些还未得到满足或充分满足。那些没有得到充分满足的部分，就是旅游企业的市场机会。旅游市场细分使旅游企业发现市场机会，制定正确的市场营销战略，扬长避短，发挥优势，从而有效地与竞争对手相抗衡。

（2）实行正确的市场定位。市场细分有利于旅游企业正确地选择目标市场和进行正确的市场定位，提高产品的市场占有率。

二　旅游市场细分的标准和方法

1. 旅游市场细分的标准

可用于对旅游市场进行细分的标准很多。不同的旅游目的地，特别是不同的旅游企业，应根据自己的情况和需要，选用对自己的经营工作具有实际意义的细分标准。我国旅游业经营实践中最常见的旅游市场细分标准如下：

（1）地理因素标准细分。以旅游客源产生的地理位置或行政区域这类地理因素为标准，对旅游市场进行划分。对于国际旅游市场的划分，这类标准可以是洲别、世界大区、国别或地区。对国内旅游市场的划分而言，这类标准通常是地区、省（州）、市等行政辖界。

世界旅游组织根据自己研究工作的需要，并根据世界各国旅游发展的情况和世界旅游客源的集中程度，将全世界国际旅游市场分为六大市场，即欧洲市场、美洲市场、东亚及太平洋地区市场、南亚市场、中东市场和非洲市场。

各国际旅游接待国则往往根据其国际游客来源的数量主次，按游客来源的国别或地区，将其划分和排列为不同的客源市场。

（2）消费者特点标准细分。常用的标准有：

①人口统计因素。如年龄、性别、职业、受教育程度、家庭收入水平，等等。

②游客的来访目的。

③游客来访的旅行方式。

④游客的来访形式。如散客、团体，等等。

以这类标准对旅游市场进行细分一般是在已经确定了已有或潜在的市场区域情况下，用于对该客源市场的进一步细分。这主要是因为某一地理区域内的人口不大可能都成为某一旅游产品的购买者，故而需要使用更为详细或具体的标准进行深入细分。

2. 旅游市场细分的常用方法

旅游市场细分，主要是根据对旅游市场现状进行分析的结果，选择有代表性的细分标准，通过经验和判断，将旅游市场分成不同的具有一定规模和代表性的子市场。旅游市场细分要选取一定的指标或变量来进行划分。

（1）根据社会经济学特征来划分。根据旅游者的人口社会经济学特征来划分，旅游分析中应考虑的社会经济变量及其测定，见表 7-1。

表 7-1　旅游市场的社会经济变量划分

变　量	细分的水平
性别	男性　女性
年龄	按年龄组分析
受教育程度	初中以下　高中（含中专）　大学（含大专）　研究生及以上
收入	个人年收入（或月收入）　全家平均收入
职业	农民　公务员　科技人员/教师　商业服务业者 企业公司职员　个体经营者　军人或警察
家庭结构	独身（独自一人生活者）　夫妻二人家庭　子女为学龄前儿童者 子女为中小学生者　子女不在身边者

（2）根据旅游活动特征来划分。根据旅游者的出游目的、旅游方式、旅行时间和旅行距离进行出游中的旅游市场细分，见表 7-2。

表 7-2　旅游活动出游的旅游市场划分

变　量	细分的水平
季节性市场	12 月至次年 2 月（冬季市场）　3—5 月（春季市场） 6—8 月（夏季市场）　9—11 月（秋季市场） 周末市场　工作日市场
旅行时间细分	一日内休闲市场　一日游　二日游 三日游　一周游　其他时段
旅行距离（千米）	0～500（约 60%的市场）　500～900（约 20%的市场） 900～2 000（约 16%的市场）　>2 000（约 4%的市场）
出游目的	会议与商务会议市场　采购、销售、其他商务市场 休闲、度假市场　观光、游览市场 文化节、体育旅游市场　探亲访友市场　其他家庭或个人事务市场 购物市场　修学旅游市场　疗养康体旅游市场　综合目的地市场
旅行方式	汽车旅游市场　火车旅游市场　飞机旅游市场 轮船旅游市场　单位交通工具市场　自行车旅游市场 步行旅行市场及其他综合交通方式市场
组织方式	散客　团队

（3）综合细分。综合细分，是将旅游者的社会经济背景与其出游偏好选择特征结合在一起细分旅游市场，见表 7-3。在旅游规划中常用的细分市场类型，主要是根据游客出游目的类型和空间区域来细分旅游市场。因为不同的出游目的，其旅游市场特征较明显。此外，我国现阶段的交通条件也是影响游客出游的重要因素之一。

表 7-3　旅游市场综合细分

	细分因子	细分亚标准	细分类型	优点
按人口统计分	年龄 受教育程度	年龄细分法	学龄市场、青年市场、中年市场、老年市场等	便于研究消费结构
	性别 家庭年龄结构 收入 宗教信仰	家庭结构细分法	情侣市场、蜜月旅游市场、老年夫妇市场等	便于展开针对性服务
	职业 文化圈	职业细分法	公务旅游、商务旅游、职业旅游、农民旅游、学生团体旅游	

续表

	细分因子	细分亚标准	细分类型	优点
按地理分	常住地	区域细分法	欧洲市场、亚洲市场、东北市场、华南市场等	便于研究促销地、旅行社定点
	城市规模	距离细分法	近时距市场、中时距市场	便于研究时间、费用的支付能力
	气候 人口密度	气候细分法	避暑市场、避寒市场、冬季（滑雪）市场、夏季（游泳）市场	便于研究季节人流特征
按心理分	性格	心理需求法	安逸者市场、冒险者市场、廉价购者市场	便于安排项目内容
	习惯 价值观	生活方式法	基本需求者、自我完善者、开拓扩张者市场	便于探索“满意经历”的内在机理
按消费行为分	消费动机 频率	旅游目的法	度假市场、观光市场、会议商务市场、福利旅游、教育旅游、探亲访友旅游市场	便于研究供给布局
	品牌信赖度	组织方式法	组团旅游市场、散客旅游市场	便于安排组织工作
	消费水平 广告敏感度	价格敏感度法	豪华型旅游、工薪层旅游、节俭型旅游、温和型旅游市场	便于研究价格政策
	服务敏感度 价格敏感度	频率分类法	随机性、选择性、重复性市场	便于安排促销重点

（资料来源：国家旅游局人事劳动教育司，1999 年）

材料7-1

在线旅游市场及其特点

在线旅游是指依托互联网，以满足旅游消费者信息查询、产品预订及服务评价为核心目的，囊括了航空公司、酒店、景区、租车公司、海内外旅游局等旅游服务供应商及搜索引擎、OTA、电信运营商、旅游资讯及社区网站等在线旅游平台的产业。

1999年携程、艺龙的成立，标志着中国在线旅游市场起步；2003年携程上市，标志着“在线旅游”作为一个新的服务业态成型。随着社会经济的发展、人们生活水平的提高，度假的需求越来越多，出现了驴妈妈、途牛等结合旅游景点和旅行路线设计，提供在线预订细分服务的网站。这正式标志着中国在线旅游产业新模式的出现。

在线旅游以互联网为媒介，网上消费者直接参与，与传统旅行旅游产业有很大差异，因此也有一些自己的特点。一是整合性。旅游电子商务把旅游环节中各级别的供应商、景点、交通运输企业、饭店、保险公司及与旅游相关的众多行业整合在一起，通过组合后的产品在线吸引更多的顾客。二是交互性。随着信息技术的发展，在线旅游提供了大量的旅游信息和旅游产品介绍，网络多媒体给旅游产品提供了视觉、听觉甚至3D效果的全新旅游体验，使用户在开始旅游前已经对目的地有了很多的了解，并且培养了大批潜在的游客群。三是快捷性。在线旅游企业正是依托于自身的技术优势，实现了传统旅游企业无法完成的24小时随时服务，利用网络进行推广、电子媒介传递信息、实时订单确认与支付等，快捷便利。

第三节　旅游客流及其运动规律

旅游客流是指旅游者的流动。流动是旅游的本质特征，旅游者从常住地流向旅游目的地去观光游览、娱乐消遣，便构成了具有一定流向、流量特性的游客群体。研究旅游市场规律就必须对旅游客流及其运动规律有所认识。

一　旅游客流的概念及特征

1. 旅游客流的概念

旅游客流，又称旅游流，它是指在一个区域内，由于旅游需求的近似性而引起的旅游者集体性空间移位现象。

从旅游地角度看，旅游者到该地进行旅游活动的数量群，构成该地的旅游流，它是该地旅游产品使用价值得以实现的基础，也是该地旅游业生存发展的根本。从市场角度看，统计并分析某一区域旅游者流动的状况，以判断该地旅游需求的倾向性，使旅游经营者适应并引导这种需求倾向，组织旅游者具体实施其旅游行为。实质上，前者是旅游流的实际表现，后者是旅游研究者和经营者对市场进行预测分析的依据。

2. 旅游客流的特征

旅游客流的特征，表现在时间、流量和流向三个方面。

（1）旅游流的时间特征。从时间上考察旅游流的特点，包括两个方面的含义。

①旅游流发生的时间。一般来说，旅游者外出旅游有着明显的时间规律性。一方面是因为旅游的对象物可能具有不同的时相（或称季相），另一方面旅游者自身工作、学习、休息的时间也可能呈现某种规律性。这二者的结合自然就形成了旅游者出游时间一定程度的集中性分布。例如，阿尔卑斯山滑雪的旅游流发生时间在入冬以后，到北戴河的旅游流发生时间在夏天。对旅游目的地从事旅游接待的人员和组织者来说，把握旅游流发生的时间规律并预测其变化，是做好旅游接待准备工作的前提。

②旅游流的流速。旅游流的流速，是指旅游流在旅游目的地持续时间的长短。不管是从社会文化意义上，还是从经济意义上说，旅游流在一地持续时间的长短，都会极大地影响当地社会经济的变革。旅游者在一地走马观花、匆匆而过，便不会有机会在该地做更多的消费。所以，旅游流在一地持续时间的长短，对目的地社区意义重大。

（2）旅游流的流量特征。旅游流的流量，是指旅游流在单位时间内和一定空间上所形成的规模。对旅游目的地而言，持续、均衡、大规模的旅游流有着十分重要的意义。许多旅游胜地最明显的标志，就是每年接待大量来自世界各地的旅游者，像地中海地区、加勒比海地区、印度尼西亚的巴厘岛以及世界一些著名的旅游城市，每年都吸引着大量的观光客人，旅游流的流量很大，对当地社会经济的影响广泛而深刻。

世界各国各地区在旅游流的流量上所面临的挑战是不相同的。旅游发生和持续时间的节律性，势必造成旅游流在一定时间上的超量运动，而在另一段时间里却又只维持在极低的水平上。这自然会给目的地社区的旅游基础设施建设与运行、旅游产品开发、旅游企业经营造成很大的压力。

（3）旅游流的流向特征。旅游流的流向，是指旅游流在持续运动过程中所经过的旅游路线。它反映着旅游目的地与旅游客源地之间关联的方式和途径。由于各种复杂的因素，包括历史、区位、社会文化和经济等因素的影响，旅游资源和旅游客源之间的关联状态在各国各地区都有不同的表现。而在一定时间内各国各地区所接纳和发送的旅游流，会呈现某种比较稳定的模式。

从旅游的全过程来看，旅游流的流向是一个闭环系统。旅游者总是从家中出来，最后又回到家中。在这个过程中，旅游客源地、旅游目的地以及在二者间起到联结作用的旅游通道，是决定旅游流向的三个主要成分。

二　旅游客流的形成

虽然个体的旅游行为可以追溯到很早以前，但旅游流的形成却是近代社会才出现的现象。

1. 旅游流的产生有其历史必然性

旅游流是一种历史现象，是在近、现代社会中人类获得全面发展，并从生产劳动中解放出来之后发生的一种大众现象。

从 20 世纪 70 年代中期起，大众旅游成为了时尚。与制造业的批量生产相类似，旅游业也遵循着集中生产线的原则发展。度假被标准化，别无二致的度假产品被成批地生产出来，规模经济成了生产的第一推动力。在短短的 20 年中，旅游业成为大众性的、标准化的硬性组合体。这样，旅游者的运动表现出数量、方向和时间上的集中，就不足为奇了。

2. 旅游流产生于人的内在需要

社会人虽有个体的差异，但也有集体的倾向，而这种集体的倾向便是形成旅游流的内在基础。这是旅游流形成过程中发挥“推力”作用的因素，带有根本性。

（1）旅游者需要与旅游景观的对应关系。1990 年，谢彦君在探讨旅游者的需要与旅游景观的对应关系时，假定不考虑在旅游客源地和旅游目的地之间存在的社会、经济、文化和自然条件等方面的各种隔障和阻力，单纯从需要和资源（或产品）之间的对应关系来分析的话，心理状态与景观状态之间存在着相逆的关系。心理尚处于原始状态的旅游者，倾向于观览具有现代风格的旅游景观；相反，心理达到现代状态的旅游者，往往倾向于寻访具有蛮荒气息的旅游景观。这种心理越向中间状态发展其倾向越不明显，甚至完全消失，从而形成一个需要倾向不明显的中间状态的随机区。这可能意味着处于心理中间状态的潜在旅游者对景观的需要没有明显的倾向，其旅游行为的发生主要受其他随机因素的影响，在多数情况下会表现出对景观的两个极端状态均感兴趣。

（2）旅游流基本运动的规律性。排除在旅游目的地和旅游客源地之间的基本障碍，旅游流运动的规律性具体表现在以下几个方面：

①现代文明与古代文明之间的差异，导致现代人对访古溯宗的偏好。现代人的好奇心表现为对过去的凭吊、对往事的缅怀、对先人的崇拜。在东方文化当中，“落叶归根”的普遍情结进一步培育了人们寻觅故旧的心理基础，成了当代访古旅游的本源所在。

②自然景观与人为环境之间的对应关系随历史发展而变化，从而带动人的心理出现逆反现象。回归自然的愿望，随着工业污染的加剧、乡村城市化的进程加快而越来越强烈。所以，人们对具有原始风貌的自然景观就越来越偏爱。

③人类聚居群体在空间上的差异分布，造成了文化、经济以及社会多方面的地理局部封闭性，并由此而产生了区域间的相对神秘感。这种神秘感恰恰就是区域间旅游行为产生的巨大动力。

④除人们旅游心理需要的因素外，还有对完全陌生和完全熟悉的东西都同样漠视等因素，这些都影响着旅游流运动的方向、节律和规模。

3. 旅游流产生于旅游吸引物的影响

旅游吸引物系统在空间分布上的区域集中性，在一定程度上约束了旅游者旅游的时间和空间结构，从而导致旅游者的流动呈现明显的会聚现象，这是旅游流形成过程当中“拉力”所起的作用。

在任何一个国家或地区，其旅游资源、旅游产品、旅游接待设施等旅游吸引物的空间布局都不可能很均匀；相反，区域上的集中倾向却非常明显。这种集中倾向从旅游供给的方面构成了使旅游者按需求进行分化并进而重新组合和再集中的拉动力量，从而造成一定规模的旅游流。这是一个地区发展旅游业的基础。

三　影响旅游客流运动的因素

从世界各国旅游发展的历史和现状来看，影响旅游流运动的有旅游产品和外部环境等因素。

1. 旅游产品因素

（1）空间距离。旅游目的地与旅游客源地之间空间距离的远近，是决定旅游流流向、流量和时间特征的最重要因素之一。因为空间距离不是单一的变量，而是一个综合性的因素，同时也是一个作用方向很难确定的因素，它能以十分微妙的方式和强度影响旅游者对目的地的选择。

空间跨距大，意味着地理和文化的差异大，这很难说是促发旅游的推动力，还是遏制旅游发生的阻力。一般来说，人们出游首先以本国（或本地区）附近的景区景点作为主要的旅游目的地。这样所花费的交通费用就相对较少，时间也节省，加之地理、气候甚至文化方面的差异不大，也就比较容易适应。所以，各国各地区均首先把周边地区作为主要的旅游客源地，市场促销的力度由近及远，由此构成旅游目的地客源市场的圈层模式。

（2）旅游需求与旅游供给的关系。旅游需求与旅游供给之间的关系十分复杂，并且可能表现在极不相同的层面上，也具有很不相同的性质。概括起来，一方面是水平关系，一方面是结构关系。这是影响国际间或地区间旅游流量运动的最根本因素。

从水平上来看，旅游供给与旅游需求关系确定了旅游的规模特征。在旅游业的发展史上，现代旅游的发生最先是在发达国家，现代的大众旅游也主要始于发达国家，重要的旅游目的地和重要的旅游客源地也都是在发达国家。这表明，由经济状况所决定的旅游需求能力和供给能力，是影响旅游流量非常重要的因素。

从结构上来看，需求是有指向的，虽然有时这种指向性存在一定的弹性，供给也是有对象的，也不是一成不变的。这种需求与供给在结构上的规定性，既影响旅游流量的方向和时间特征，也决定着需求与供给既有的水平关系的现实意义。由此可以断定，需求与供给在结构上的协调和对应，是促发旅游客流运动的根本所在。

（3）旅游设施的接待能力和旅游业服务质量。旅游设施的接待能力，是制约旅游业发展的一个主要因素。在我国旅游业发展的头十年中，由于饭店数量严重不足，交通运输能力有限，致使很多海外游客望而却步。

20世纪90年代以来，交通运输及住宿设施得到极大改善，但服务质量问题又成了制约我国旅游业进一步发展的突出问题。这一问题不解决，将直接影响来我国参观游览的外国旅游者人数，影响我国旅游业的发展水平。

（4）旅游产品的价格。旅游产品的价格直接影响旅游者消费的支出，对旅游者的流向和流量有着重要影响。一般来说，一个国家旅游费用的上升，如机票价格的上涨、旅馆房费的提高等，将使来该国旅游的旅游者人数减少，游客流向就会发生转移；相反，旅游费用的下降，则会吸引更多的国际旅游者赴该国旅行。

2. 社会经济关系因素

旅游是不同国家、不同地区之间人民的相互交往过程。这种交往不会没有任何基础；相反，两国（地）之间在政治、军事、贸易等方面的密切联系程度，在社会、历史、文化等方面的渊源关系、依赖状态，在价值观、习俗、社会制度方面的近似或差异程度，都将在很大程度上影响旅游者对旅游目的地的选择。

（1）国际（区际）关系。两国间密切的政治、军事和贸易交往，会带动旅游规模的扩大。因为它创造了一种安全的氛围，也能提供各种方便条件。而国家（或民族）之间社会、历史和文化的渊源关系，常常是激发人们寻根情结的动力。东亚与中国，美洲、大洋洲与欧洲，在一定程度上就是这样一种关系。建立在这种关系基础上的旅游，容易产生理解，也会有很多的便利，如语言交流。

另外，在冷战时期形成的东西方阵营对垒，对旅游目的地选择的定式影响至今还没有完全消除。西欧旅游者主要在西欧区域内或越洋到北美旅游，而东欧旅游者以在东欧范围内旅游为主。

（2）汇率。汇率是一国货币对另一国货币的比价。汇率的变化将直接影响国际旅游者的流向与流量。一国货币相对于另一国货币币值的上升，将使来该国的另一国旅游者人数减少，流向发生变化；相反，一国货币相对于另一国货币币值的下跌，则会导致赴该国旅游的另一国旅游者人数增加。

（3）宣传。现代社会是一个信息社会，旅游者处于各种旅游广告、宣传和推销活动的包围之中，虽然旅游者对一些夸大其词的宣传常产生反感情绪，却又无法抵御强大的旅游宣传活动对他们的影响。在选择旅游目的地、作出旅游决策时，旅游接待国企业和政府的宣传活动对旅游者的决策起着指导作用，甚至是决定性的影响。

（4）政策。旅游者的流向还受到各国发展旅游业的政策的影响。很多国家为了发展旅游业，制定了很多优惠政策；还有一些国家则纷纷开放边境，互免旅游签证，提高了去该国旅游的可进入性，以方便旅游者前往观光游览。

（5）军事。战争是旅游业的天敌。旅游者外出旅游是以人身、财物的安全为前提条件的，军事行动将会使旅游者改变初衷，改道前往其他安全的国家和地区。

（6）政治。国与国之间政治关系的变化，也会影响两国旅游业的发展，使旅游者的流向发生变化。另外，具有一定政治目的的恐怖活动也会影响旅游者的流向与流量。

（7）社会。稳定的社会环境、热情好客的人民，能够吸引外国旅游者前来观光游览；相反，对外国旅游者不友好的态度、充满敌意的言行会把旅游者吓跑。

四　旅游客流运动规律

旅游客流运动规律，反映的是旅游者在一定时期内的流向与流量发展的必然趋势。研究旅游者流动规律，有助于更好地搞好旅游规划、开拓旅游市场。世界旅游发展的历史表明，旅游者在不同国家和地区间的流动具有以下规律性：

1. 近距离流动多，远距离流动少

无论是国际旅游流向，还是国内旅游流向，都呈现出以近距离为主的特点。人们出游大都是按照先近后远的原则。近程游客在全部游客中总是居多数，尤其是国际旅游这一特点更为显著。旅游者的旅游活动之所以集中在邻近国家和地区，主要有省钱、省时和方便等原因。

2. 流向风景名胜地区和文化特色显著地区

旅游需求的指向性很强，旅游者的普遍心理是想通过旅行游览等活动去消遣和增长见识，欣赏到本国、本地区所没有的自然和人文景观，开阔眼界，丰富阅历。

风景名胜区和文化特色显著的地区，一方面以其秀丽的自然风光和特有的名胜古迹而闻名遐迩，对许多游客具有很大的吸引力，人们能到此一游感到非常荣幸和自豪，从而得到心理上和精神上的满足；另一方面又可以满足人们度假、消闲和增长知识的需要，有助于人们消除疲劳、促进健康、调节生活节奏、丰富生活内容。因此，这些地区便自然而然成了众多游客青睐和光顾的地区。

3. 从经济发达国家和地区流向经济不发达国家和地区

经济发达的国家和地区，人们的平均收入水平比较高，从而为外出旅游提供了必要的经济条件。因此，发达国家和地区就自然而然地成为旅游输出的国家和地区。

4. 从一个经济发达的国家和地区流向另一个经济发达的国家和地区

发达的国家和地区本身也有其独特的旅游资源，吸引来自其他发达国家和地区的旅游者前来观光游览。除了美丽的自然景色以外，它们往往还有迷人的城市风光和独特的现代文化，这些在发展中国家和地区是很少见到的，也吸引着大量的观光客。

另外，经济发达的国家和地区之间，经济联系较为密切，商业往来频繁，因而，商务旅游者人数非常多，这就使得旅游者在经济发达的国家和地区之间的流动成为现实。旅游者在欧洲各国之间以及欧洲与北美之间的流动就属于这种类型。

5. 从严寒地区流向温暖地区或反方向流动

气候对旅游者的流向有着重要影响。在寒冷的冬季，人们为了避寒，往往要到温暖的国家和地区旅游；而在炎热的夏天，旅游者为了消暑，则又选择天气凉爽的国家和地区作为目的地。

6. 流向政治、经济、文化中心

政治、经济、文化中心，或是一国的首都，或是地区的首府，或是文化名城。它们既是某一国家或地区的象征，荟萃了该国或地区的经济发展水平、城市建筑和现代文化程度等各方面的精华，又是交通枢纽，成为该国该地区游客的集散地。

这些城市经济发达，文化繁荣，信息集中，其强大的经济活力、优越的物质条件、理想的生活方式、齐全的娱乐设施等都对旅游者产生了巨大的吸引力，能使旅游者在政治、经济、文化等方面获得满足。

第四节　世界旅游市场

自第二次世界大战结束以来，随着世界经济的发展、人们生活水平的提高和闲暇时间的增多，旅游业在全世界范围内得到了空前发展。全世界的旅游客流总量（包括国际旅游和国内旅游）逐年增长，呈现出持续上升的趋势。

一　世界旅游市场概况

根据世界旅游组织的有关统计数据，从 1950 年到 2010 年，全世界国际旅游客流量增长了 36.9 倍，国际旅游收入总量增长了 476 倍，见表 7-4。

表 7-4　1950—2010 年全世界国际旅游人次和收入

年　份	旅游人次（百万）	旅游收入（10 亿美元）
1950	25.3	2.10
1960	69.3	6.9
1971	172.2	20.9
1980	286.5	105.4
1990	455.9	464.1
2000	687.3	473.4
2006	842.0	793.0
2008	924.0	900.0
2010	935.0	1 000.0

过去60年来，世界旅游业发展一直长盛不衰，其间虽然也有波动，但总体上呈现高速增长态势。推动世界旅游业迅速发展的关键因素有三个：一是各国经济快速增长及与其相关的国民收入稳步提高，使人们有能力支付价格不菲的旅行费用；二是交通运输技术的巨大进步，使长途旅行发生了革命性的变化，大大缩短了国家与国家之间的距离；三是劳动生产率的大幅度提高和人权、民生状况的不断改善，使人们可以有大量的闲暇时间用于旅游。

二 世界旅游市场特点

1. 世界旅游市场出现新格局

从旅游目的地区域板块划分来看，欧洲和北美长期以来是世界上最受欢迎的两大旅游胜地，是全球旅游市场的“双雄”。但最近十年来，情况却正在发生快速变化。经济全球化和区域经济一体化的进程深刻地影响着世界旅游业的发展，也打破了原有的旅游市场格局。东亚及太平洋地区已经成为国际旅游者首选目的地之一，形成了欧洲、北美、东亚及太平洋地区“三足鼎立”的新格局。1950年，东亚及太平洋地区所接待的国际游客量不足19万，到2000年接待的游客量达到了1.12亿，2010年接近两亿，约占全球份额的20%。据预测，到2020年，东亚及太平洋地区接待国际旅游人数占全球份额将上升为27.3%，超过北美，位居世界第二，进一步巩固“三足鼎立”新格局。

2. 度假旅游呈持续增长之势

随着经济社会的发展，人们的休闲时间与时俱增，恩格尔系数则与时俱减。早在1995年，全世界就有145个国家实行每周5天工作制，其中大多数国家实行每年5～52天不等的在职带薪休假制，人们的可自由支配收入大幅度增加。休闲度假旅游已经成为最重要的市场方向，世界旅游强国基本也都是休闲度假旅游比较发达的国家。其中，海岛、滨海休闲度假是旅游业的第一大支柱，在一些国家和地区成为主要经济收入来源，如在百慕大、巴哈马、开曼群岛，旅游业收入占其国民收入的50%以上。而地中海沿岸、加勒比海地区、波罗的海及大西洋沿岸的海滨、海滩，则成为极负盛名的旅游度假胜地。

3. 旅游市场的供求内容发生了实质性变化

与传统观光旅游的基本内容相比较，整个旅游市场的供求内容发生了实质性变化。从20世纪70年代末80年代初开始，旅游者已不满足于传统的大众化观光旅游产品，开始选择具有鲜明地域特色、时代特色和个性特色的度假旅游产品。因此，供给者便着力培育世界一流的旅游度假胜地，形成规模性的复合型度假产品体系，满足各个层面的游客需求。度假者在度假期间除了在度假地活动以外，往往还会以该地为中心进行短途游览，进行观光、考古、探险、运动等，认识、感悟和体验不同旅游度假地的特色文化，扩大视野，放松身心，提升内涵。

4. 绿色旅游成为亮点

根据《达沃斯宣言》的要求，今后国际旅游业的发展必须与减少二氧化碳排放量相结合，要对目前世界二氧化碳排放总量的4%～6%承担责任。世界旅游组织总干事弗朗西斯科·弗兰基阿利弗指出，20世纪70年代国际游客人数仅为1.6亿，2006年则达到8.42亿，预计到2020年将增加到16亿，如此众多的游客在世界各地旅行不可能不对环境和气候产生影响。测定数据也充分证明，国际游客的旅行以及为他们提供服务的旅游机构参与了温室气体的排放。弗朗西斯科表示，若不尽快采取有效举措，今后30年，随着国际旅游年均人数的大幅攀升，与旅游业有关的二氧化碳气体排放将增长150%。

为了减少旅游业排放的二氧化碳，《达沃斯宣言》呼吁世界各国政府大力发展绿色旅游产业。在有100多位主管旅游业的政府部长参加的伦敦“世界第28届旅游交易会”上，世界旅游组织主席菲奥纳·杰费利指出：科学家已证明气候变化将对世界旅游业产生深远的影响，旅游业不能无视气候变化；向全球200多个国家的400多万业界人士呼吁，希望旅游界使用可再生能源和减少温室气体排放的技术，与消费者、政府及国际组织一道采取行动，共同应对气候变化。

三 世界六大旅游区概况

按照世界旅游组织的统计标准，全球分为六个旅游区：欧洲、美洲、东亚及太平洋地区、南亚、中东和非洲。

1. 欧洲地区

欧洲历史悠久，经济实力雄厚，交通通信发达，文化绚丽多彩，旅游接待设施完备。它是近代旅游业的发源地，也是当代世界旅游业最发达的地区。旅游业已经成为该地区规模最大、就业人口最多的行业。随着欧洲一体化的深入，旅游业的国际协调和合作不断加强。

（1）世界上最大的旅游区。欧洲是资本主义发源地，人文旅游资源非常丰富。其中地中海沿岸是世界上开发最早、最发达的海滨度假旅游地。2001年该地区接待国际游客占全世界总量的55%，旅游收入占全世界旅游收入的50%。2001年世界前五位接待外国游客的旅游目的地国家，此地区占有三个。其中名列第一的法国当年接待外国游客 7 500 万人次，西班牙接待 4 800 万人次，意大利接待 4 100 万人次。但是，欧洲国家接待的国际游客人数和旅游收入占全世界总份额中的比例逐渐降低。据预测，到 2020 年欧洲占入境旅游市场的份额为 44.7%。

（2）世界最大旅游客源区。2001 年全世界出国旅游人数为 6.89 亿人次，此地区便有近 3 亿人次，其中 89%在洲内和地中海沿岸旅游，还有近 400 万人赴亚洲和大洋洲旅游。在世界 10 个出国消费最多的国家中，该地区有英国、德国、法国、荷兰、奥地利、瑞典 6 个国家。欧洲出境旅游正以年均增长 3.4%的速度发展，2020 年出境旅游者将达 7.71 亿，占世界旅游市场份额的 48.1%。其中增长最快的是远程出境旅游，主要目的地是亚洲和美洲。

2. 美洲地区

美洲的经济发展不平衡。北美是世界经济最发达的地区之一，拉丁美洲为发展中国家。

（1）世界第二大旅游接待区。美国的名胜古迹虽然不多，但旅游资源开发很好。一是充分利用自然风光，如世界闻名的大峡谷和国家公园；二是建造了许多人造景观，像世界闻名的迪斯尼乐园、环球影城等；三是开放了白宫、国会山、众参两院、宇航馆、联邦调查局、制币厂等比较特殊的参观点。加拿大的情况和美国相似。

墨西哥由于是文明古国，又有美丽的海滩、神奇的印第安文化、古代金字塔、宫殿遗址和巨幅壁画，每年吸引了数百万的外国游客。

2001 年，该地区接待国际旅游者占全世界的 17.4%，占国际旅游收入总额的 26.5%。

（2）世界第二大旅游客源输出区。该地区为世界旅游市场大约提供了 20%的客源。还有世界上最大的旅游客源输出国——美国，每年有近6 000 万人次到国外旅游。

3. 东亚及太平洋地区

近 30 年来，东亚及太平洋地区旅游业的发展超出世界平均速度，居世界之首。

（1）世界第三大旅游接待区。该地区的市场规模居世界第三位。据统计，其接待人数每年以 17%的速度上升。据权威人士预测，到 2020 年占入境旅游市场的份额为 27.3%，将成为世界第二大旅游区。

①东北亚区：主要有中国、朝鲜、韩国、日本等国家，是世界上人口最多的地区。自然旅游资源以温带、亚热带森林景观占优势。文化方面以儒家

文化为主，深刻影响人们的思想观念；同时受佛教文化影响较大，因此佛教等宗教内容的建筑、石刻等人文景观占较大优势。

②东南亚区：主要有缅甸、泰国、柬埔寨、老挝、越南、马来西亚、印度尼西亚、菲律宾等国家。自然旅游资源以热带季风气候和热带雨林气候为主，热带森林自然景观占优势。文化方面差异较大，中南半岛信仰佛教，马来半岛及马来群岛信仰伊斯兰教，菲律宾信仰天主教。

③太平洋地区：主要国家有澳大利亚、新西兰及太平洋群岛国家，居民多为欧洲移民。自然旅游资源方面属于热带、亚热带风光，多火山岛和珊瑚岛。文化属于西方文化区，80%的人信仰基督教。

（2）主要客源输出国。东亚及太平洋地区外出旅游的主要目的地是欧洲和美洲。该地区到2020年的出境旅游人数将达到4.62亿，在世界旅游市场所占份额将从1995年的15.1%上升到2020年的28.8%。

日本作为世界上第二大经济强国、亚洲第一大经济强国，人民生活水平高，带薪假期长，又有强烈的旅游意识，是亚洲最大的旅游客源国，每年有几千万人出游。

韩国市场始于1992年中韩两国建交后，一直保持高速增长的态势，1999年达99万人次，2007年达477万人次。

东南亚五国（新加坡、马来西亚、泰国、菲律宾、印尼），每年给中国带来300万～400万人次的市场规模，这个市场相当稳定。因为这五个国家也是中国游客最早到国外旅游的目的国，有来有往，市场稳定可靠。

4. 南亚地区

南亚地区各国都是发展中国家，由于受经济发展水平的制约和一些国家政局动荡、民族和宗教纷争的影响，该地区旅游业起步晚，发展慢，起伏大。2001年，南亚接待国际旅游者和旅游收入分别占世界份额的0.9%和1%。据预测，2020年南亚地区入境游在世界旅游市场将占到1.2%的份额。

5. 中东地区

中东地区的旅游业长期受该地区战争和恐怖活动的制约，起伏不定，发展缓慢。2001年，中东地区接待国际旅游者和旅游收入分别占世界份额的3.3%和2.4%。据预测，2020年中东地区入境游在世界旅游市场将占到4.3%的份额。

6. 非洲地区

非洲的旅游业起步晚，基础差，发展缓慢。2001年，非洲接待国际旅游者和旅游收入分别占世界份额的4%和2.5%。据预测，2020年非洲入境游在世界旅游市场将占到4.7%的份额。

四　中国旅游市场概况

1. 入境旅游市场

中国入境客源市场，即中国海外客源市场，分为两块：一是香港、澳门和台湾同胞及华侨；二是外国人（包括已加入外国国籍的海外华人）。在海外游客中，港、澳、台同胞和华侨约占9/10，外国人约占1/10。中国海外客源市场基本上保持这种格局。

外国人来华旅游市场按照规模大小排列依次为亚洲市场、欧洲市场、美洲市场、大洋洲市场和非洲市场。中国的外国客源市场以亚洲为主体，以欧洲和北美为两翼。亚洲客源市场约占中国外国客源市场的1/2左右，是中国的基础客源市场；欧洲市场约占1/4左右，北美市场约占1/10左右，欧美市场是中国的传统客源市场。

以国别划分，亚洲的主要客源国是韩国、日本、俄罗斯（东部地区为主）、马来西亚、新加坡、菲律宾、蒙古、泰国、印度和印尼等国家；欧洲的主要客源国是英国、德国、法国、意大利、荷兰、瑞典、西班牙、瑞士、比利时和奥地利等国家；美洲的主要客源国是美国和加拿大；大洋洲的主要客源国是澳大利亚和新西兰。

2. 国内旅游市场

国内旅游市场是旅游市场的重要组成部分，我国的国内旅游市场是在改革开放以后逐渐发育起来的，20世纪90年代开始呈现迅猛发展的局面。国内旅游需求的发展，是国民经济持续快速健康发展、人民生活水平不断提高的体现和必然结果，也是社会进步的重要标志。

1985年，我国的国内游客数量仅为2.4亿人次，国内旅游收入为80亿元人民币。1998年，中国居民参与国内旅游活动的人数达到6.9亿人次，成为世界最大的国内旅游市场国，国内旅游收入已占我国旅游总收入的2/3。2012年，中国国内旅游人数为19.33亿次，国内旅游收入达2.27万亿元，占旅游总收入的87.9%。国内旅游的兴旺发达，有力地拉动了内需，促进了消费，带动了相关产业的发展。

3. 出境旅游市场

中国公民自费出境旅游，是中国改革和对外开放的产物。虽然历史不长，但发展很快，已经形成了一定的规模，并继续保持发展势头。我国公民出境旅游包括出国旅游、边境旅游和到我国港澳台地区的旅游活动三部分。

（1）出国旅游。出国旅游，是指我国公民自己支付费用，经国家旅游行政主管部门批准，特许经营我国公民自费出国旅游业务的旅行社组织的，以旅游团的方式前往经国家批准的我国公民自费出国旅游目的地国家或地区旅游的活动。

我国公民出国旅游，是从出境探亲旅游发展演变而来的。1990 年 10 月，国家发布施行了《关于组织我国公民赴东南亚三国旅游的暂行管理办法》，规定由海外亲友付费、担保，允许我国公民赴新加坡、马来西亚、泰国探亲旅游。1997 年 7 月 1 日，《中国公民自费出国旅游管理暂行办法》发布实施，我国公民自费出国旅游正式开始。2002 年 7 月 1 日，《中国公民出境旅游管理办法》颁布和实施，标志着我国旅游业进入了一个全面开展的新时期。截至 2013 年 7 月，正式开展中国公民出境组团旅游业务的国家和地区已达 116 个。到 2012 年我国出境旅游人数增长到 8 318 万人次，超过德国和美国，成为世界第一大旅游客源国。

（2）边境旅游。边境旅游，是指经批准的旅行社组织，接待我国及毗邻国家的公民集体从指定的边境口岸出入境，在双方政府商定的区域和期限内进行的旅游活动。一般地说，我国的“边境游”指的是中国边境地区的居民到相邻国家的边境城市所进行的短期旅游活动。

边境旅游与出国旅游的区别：一是人员的限制。参加边境旅游的人员必须是边境地区的居民，非边境地区的中国公民和第三国的公民不得参加。二是目的地限制。出游的目的地一般是边境地区和对方的边境城市。三是时间限制。在境外的旅游活动为“当日往返”，即使是多日游，往往也有时间上的限制。四是证件不同。边境旅游者不需要使用护照，也不办理正式的签证，而是使用双方认可的边境通行证。

1984 年开始，辽宁省丹东市和朝鲜新义州市的年度交流计划改为组织各自城市的旅游者自费赴对方城市进行为时一天的旅游活动。1987 年 11 月，丹东市对朝鲜新义州市的“一日游”获国家批准。1997 年 10 月 15 日，《边境旅游暂行管理办法》发布施行，拉开了中国边境旅游的序幕。到 1998 年上半年，经国家批准，黑龙江、内蒙古、辽宁、吉林、新疆、云南、广西 7 个省（自治区）与俄罗斯、蒙古、朝鲜、哈萨克斯坦、吉尔吉斯斯坦、塔吉克斯坦、缅甸、越南 8 个国家开展边境旅游，经批准的边境旅游项目达 56 个，形式有从“一日游”到“八日游”等不同旅游项目。现在，几乎所有的边境省区都已经开展了各种形式的边境旅游活动。

（3）港澳台游。港澳台游是指经国家特许经营此项业务的旅行社，组织内地居民以旅游团的方式前往香港、澳门和台湾地区旅游的活动。

1983年11月15日开始，广东省旅游公司组织了广东省内居民的“赴港探亲旅游团”。1984年3月，国家批准由中国旅行社统一组织归侨、侨眷和港澳台眷属赴港澳地区探亲旅行团全部工作。1992年，又增加福建省海外旅游公司、华闽旅游有限公司开办赴港澳地区探亲游。1998年5月，国家扩大香港游的规模，并增加中国国际旅行社为承办“香港游”单位，这是港澳游的新开端。1998年8月10日，《关于加强“香港游”管理工作的通知》发布实施，对“香港游”的有关事项加以规范。2006年4月，《大陆居民赴台湾地区旅游管理办法》发布，并在2011年进行了修订，对“台湾游”的有关事项进行了规范。到2012年，内地到香港旅游的人数达到3 495万人次，内地到澳门旅游的人数达到2 150万人次，大陆到台湾旅游的人数达到263万人次。

思考与习题

❶ 解释下列概念。

旅游市场　旅游市场细分　旅游客流　旅游流向　旅游流量

❷ 旅游市场有何特点？

❸ 为什么要对旅游市场进行细分？有什么意义？

❹ 简述世界国际客流的基本规律。

❺ 在世界国际旅游人次总量中，近距离的国际旅游何以会占绝大比重？

❻ 简述我国旅游业海外客源市场的基本现状。

❼ 简述我国国内旅游市场的特点。

❽ 简述我国出境旅游市场的特点。

❾ 我国旅游业在国际客源市场竞争中存在哪些问题？为什么？

第八章
旅游效应

➤**教学目标**　知识目标：了解旅游效应的类型；熟悉旅游效应的具体体现；理解旅游效应的概念；掌握旅游业的发展对旅游目的地的经济、社会文化和环境影响的基本表现

能力目标：能理论联系实际具体分析旅游业对旅游目的地的经济、社会文化和环境影响

➤**教学难点**　旅游效应的表现

➤**教学重点**　旅游效应的概念与类型　旅游效应的具体表现

➤**主要内容**　旅游效应的概念与类型　旅游的经济效应　旅游的环境效应　旅游的社会文化效应

旅游是一种涉及经济、环境及社会各方面的复杂社会现象。现代旅游表现的主要特征为大众旅游，随着旅游规模的不断扩大，它所产生的影响日益受到人们关注。旅游的发展影响着社会发展的诸多方面，由此产生了旅游效应问题，并愈来愈不可忽视，成为旅游学研究的重要领域。

第一节　旅游效应的概念与类型

一　旅游效应的概念

旅游效应，又称旅游影响，是指旅游活动所引发的种种影响。它包括作为旅游活动主体的旅游者活动的影响，也包括旅游产业相关利益集团活动的影响。后者便是旅游活动的外部效应，它是旅游效应研究关注的重点。

现代旅游发展中，旅游效应已成为不可忽视的问题。旅游者的行为与旅游服务企业的行为，已经成为足以影响人类社会文化的发展趋向、改变经济体的内部产业结构并影响其收入状况、影响旅游地或地区环境演化方向等变革的十分重要的因素。

二　旅游效应的类型

为了认识旅游效应的结构特征，可以按不同的标准对旅游效应进行分类。

1. 按旅游效应的内容结构划分

按旅游效应的内容结构划分，旅游效应可分为经济效应、环境效应和社会文化效应。

（1）经济效应，是指旅游活动对国民经济的影响。如旅游可增加一个国家的外汇收入，给旅游目的地的居民增加就业机会。

（2）环境效应，是指旅游活动对环境产生的影响。如旅游活动造成旅游目的地的环境污染。

（3）社会文化效应，是指旅游活动对旅游目的地社会结构、价值观念、生活方式、习俗民风和文化特征等方面的影响。

2. 按旅游效应的社会价值性质划分

按旅游效应的社会价值性质划分，旅游效应可分为积极的旅游效应和消极的旅游效应。

（1）积极的旅游效应，也称正效应，是指旅游活动对社会产生有价值的影响。如旅游可增加一个国家的外汇收入，就属于正面效应。

（2）消极的旅游效应，也称负效应，是指对社会产生的负面影响。如旅游活动的开展造成了旅游目的地的环境污染，就属于负面效应。

3. 按旅游效应的表现形式划分

按旅游效应的表现形式划分，旅游效应可分为显露效应和隐性效应。

（1）显露效应，是指那些外在化的具有明显数量结构或物质形态的效应。如由于旅游业发展而增加的就业机会。

（2）隐性效应，是指因旅游活动而产生的，但却无法观察到其直观的物质形态的效应。如旅游对社会文化的影响需很长时间才能显露出来，旅游地居民的价值观念和生活方式的改变，都属于隐性效应。

4. 按旅游效应产生的时间划分

按旅游效应产生的时间划分，旅游效应可分为即时效应和滞后效应。

（1）即时效应，是指伴随旅游活动的发生而立刻相应发生的效应。如旅游者对旅游区的污染，尤其是各种废弃物，会立即造成旅游区视觉上的污染。

（2）滞后效应，是旅游即时效应由量变到质变过程的结果，也包括一些单纯性的暂时潜伏而不发生，要在以后适当时机才暴露出来的某些效应形式。如局部环境污染的发展，最终导致旅游的全局性生态系统受到破坏；旅游者的行为在旅游目的地引起的某些示范效应，从而在一定程度上改变了旅游目的地居民的价值观甚至道德观念等。

5. 按旅游效应的作用来源划分

按旅游效应的作用来源划分，旅游效应可分为旅游者效应和旅游产业活动效应。

（1）旅游者效应，是指来自旅游者的种种直接影响，它是旅游效应最直观的表现形式。旅游者在旅游地的消费对当地居民产生的示范效应、旅游者的行为对旅游地环境的影响，都是旅游者对旅游地的影响。

（2）旅游产业活动效应，是指旅游企业的生产经营活动造成的影响，它是发展大众化旅游之后的必然结果。

第二节　旅游的经济效应

在一定程度上，旅游是一种依赖于消费者经济状况的人类活动，并对这些国家和地区有着经济方面的影响。这种影响是双向的，即不仅影响到旅游目的地的经济，同时对旅游客源地的经济也会产生影响。同任何其他事物一样，旅游的发展对一个国家的经济既有积极方面的影响，也有消极方面的影响。

一　旅游对旅游目的地经济的积极影响

1. 增加外汇收入，平衡国际收支

就接待国际入境旅游而言，旅游最重要的经济作用之一，便是可以增加国家外汇收入，提高该国的国际支付能力，从而有助于平衡国际收支。

2. 有助于货币回笼

国家货币回笼的方法，主要有财政信贷、税收和向市场投放商品几种。政府从旅游业获得的税收，既有直接的，也有间接的。直接税收来自所得税，如旅游业从业人员个人所得税和旅游企业所得税。间接税收主要来源于各种旅游商品税和旅游服务税。此外，由于旅游业涉及许多产业部门，并可带动各经济部门的发展，当所有这些部门因旅游业的发展和带动而扩大业务量时，国家也可从这些部门得到更多的税收。

3. 带动相关行业的发展

为满足旅游者的消费需求，旅游企业就必须提供足够的设施、设备和消耗物资，旅游业因而也成为其他行业产品的消费市场，从而刺激和促进这些行业的发展。此外，旅游的发展还可以扩大外界对旅游目的地的了解，有助于当地的招商引资工作，从而也可以促进其他行业的发展。

材料8-1

旅游消费对日本经济的“波及效应”

所谓“波及效应”是指游客的旅游消费行为对旅游部门及其相关行业的影响。旅游波及效应过程是：旅游消费从游客到旅游企业，又从旅游企业转到其交易方，进而从交易方再到其他交易方，其结果引起生产额的增长（即产业关联效应）和地方收入的增加（即收入效应）。因而，“波及效应”有时被称为“乘数效应”。

日本国土交通省调查推算，2000 年日本国内旅游消费总额共计 22.6 万亿日元，即旅游企业直接生产效应 22.6 万亿日元。旅游企业为继续经营拿出其中一部分用于购买所需原材料等，由此诱发相关产业部门生产，即第一次波及效应，其余额为 16.5 万亿日元。由于上述效应，旅游及其相关企业所招聘的新员工和在岗职工获得更多收入，得以扩大家庭消费，由此再次诱发国内生产，即第二次波及效应，其波及效应为 14.7 万亿日元。如此一来，旅游消费所产生的经济波及效应共计 53.8 万亿日元，相当于日本国内生产总值的 5.7%。

从附加值（从游客消费所引发的销售额中扣除原材料等的费用）和就业效应方面看，在旅游消费直接带来的生产效应（22.6 万亿日元）当中，附加值效应为 11.2 万亿日元，为日本国内生产纯收入的 2.2%；就业效应为 193.7 万人，为日本就业总人数的 2.9%。间接和诱发的生产效应产生附加值 16.8 万亿日元，全年共计 28 万亿日元，占国内纯收入的 5.5%；就业效应为 422.2 万人，约占国内就业总人数的 6.3%。

从日本全国看，目前从业人员每 15 人当中便有 1 人在旅游及其相关产业工作。由此可见，旅游消费波及效应之大。

4. 平衡地区经济发展，缩小地区差别

旅游的发展有助于平衡国内各有关地区的经济发展，缩小地区差别。如果说，国际旅游可将客源国的物质财富转移到接待国，在某种程度上起着对世界社会财富进行再分配的作用，那么国内旅游则可把国内财富从一个地区转移到另一个地区，起到将国内财富在有关地区间进行再分配的作用。

5. 增加就业机会

旅游和旅游业的发展可以带来就业机会的增加，安排国民就业的意义毋庸置疑，因此各国政府都十分关心这一重要问题。

目前，我国约有 1/3 的劳动力闲置。由于第一产业和第二产业吸收待业人员的能力有限，解决就业问题的出路就在于加速发展就业成本较低的劳动密集型产业。从这个意义上说，我国旅游业在吸收待业人员方面将扮演重要角色。

材料8-2

旅游的就业效应

一、旅游就业的性质

1. 季节性属性

由于旅游的季节性较强，旅游就业呈现季节性和兼职工作特点。季节性使员工对工作和收入有不安全感，员工与企业之间难以达成长期契约关系。长期工的流失率较高，且对企业缺乏忠诚度。同时，由于旅游就业往往集中于低技能行业，这类岗位薪酬较低，面临的职业培训机会较少，导致旅游的就业作用在很长时间里不被发达国家所重视。

2. 从业人员特点

由于旅游业的主要相关行业为住宿业、零售业等，属于劳动密集型行业，对专项技能要求不高，因此成为妇女、年轻人等低素质劳动力就职的主要行业。有数据表明，妇女在旅游行业中就业的比重达53%；年轻人的比例为21%，而在全社会所有行业的比例为8%。旅游岗位为年轻人提供了获得经验的机会，为其晋升奠定基础，但也因此导致旅游行业员工素质始终处于较低层次。

二、旅游就业类型及工资水平

与其他产业不同，旅游带动的直接和间接就业岗位主要是为旅游者提供必要商品和服务的工作，因此就业岗位通常没有清晰明确的分类说明。一般来讲，旅游业被看作服务部门的一部分，其中很大一部分就业属于住宿业、餐饮业、零售业，由旅游业带动的就业也就多集中于此。在具体企业中，旅游就业类型包括管理人员、技术支持人员、市场营销人员、专业领域专家、食品调制人员、清洁和维护人员、服务员和导游、司机、旅游企业所有者。

在旅游业中，餐饮、住宿业所吸纳的就业人员最多，而这两类企业的工资是所有部门中最低的，导致旅游业的平均工资水平不高。根据对发达国家行业工资水平的测算，旅游业平均工资为社会私人部门平均工资的70%～80%。如果排除上述两类低工资部门，其他旅游部门的工资水平是正常的，而且有些部门的工资高于平均工资水平。

三、旅游就业的积极效应

虽然旅游就业与传统产业就业相比存在一些弱点，但是许多旅游岗位提供的机会是其他产业所不具备的。岗位进入门槛较低，小企业从事旅游业经营比其他行业更容易获得成功。有关研究显示，从事旅游业的业主收入达到了企业所有者的平均工资水平。因此，发达国家也开始采取措施转变人们对旅游就业的偏见。

在我国，由于农村拥有大量青年剩余劳动力，以旅游就业为代表的弹性就业显得非常重要，虽然旅游就业存在季节性特点，但是恰好可以解决农村劳动力就业不充分的问题。

据我国学者研究，2000 年旅游业对全社会就业的直接贡献率为 0.64%，旅游直接就业在第三产业中所占的比例为 1.67%，说明旅游业对就业的作用并没有人们普遍认为的那样大。随着社会进步以及产业本身的发展，旅游就业人数将会进一步增加。旅游消费每增加 100 万元，交通业的就业人数增加 82.47 人，邮电通信业增加 52.22 人，餐饮业增加 27.83 人，社会服务业增加 62.18 人。这说明，旅游业对直接相关产业的就业带动能力较强。

二　旅游对旅游目的地经济的消极影响

虽然旅游业的发展对国民经济有很大的促进作用，但是如果旅游接待国（或地区）不是量力而行，而是片面强调发展旅游业，可能就会带来副作用，甚至会得不偿失。旅游对目的地经济有可能产生的消极影响如下：

1. 引起物价上涨

由于外来旅游者的收入水平较高，或者他们为了旅游而长期积蓄的缘故，旅游者的消费能力高于旅游目的地的居民，因而他们能够出高价购买食、宿、行以及以旅游纪念品为代表的各种物质商品。在经常有大量旅游者来访的情况下，则难免会引起旅游目的地的物价上涨。这势必会损害当地居民的经济利益，在引起衣、食、住、行等生活必需品价格上涨的情况下更是如此。此外，随着旅游业的发展，地价也会迅速上升，必然会影响到当地居民的住房建设与发展。

2. 产业结构发生不利变化

以农业为主的国家或地区，由于从事旅游服务的所得高于务农收入，因此，常使得大量的农村劳动力弃田从事旅游业。这种产业结构不正常变化的结果是：一方面旅游业的发展扩大了对农副产品的需求；另一方面，农副业的产出能力下降，如果再加上农副产品价格上涨的压力，很可能会影响到旅游地社会和经济的安定。

3. 影响国民经济的稳定

一个国家或地区如果过分依赖旅游业来发展自己的经济，将会影响到国民经济的稳定，我国更是如此。这主要有以下几个原因：

（1）旅游淡季时，不可避免地出现生产资料的闲置或严重的失业问题，给接待国或地区带来严重的经济问题和社会问题。

（2）旅游客源地经济不景气，接待地区很难保住并扩大市场。此外，一旦客源地居民对某些旅游地的兴趣爱好发生转移，选择新的旅游目的地，使原接待地区的旅游业衰落，至少会有相当长一段时间的萧条。

（3）会受到接待地区各种政治、经济、社会乃至某些自然因素的影响，一旦发生不利变化，会使旅游需求大幅度下降，旅游业乃至整个经济都将严重受挫。

第三节　旅游的环境效应

旅游开发取决于当地拥有旅游者所需要的、并愿为之支付的优秀的自然景观和人文资源。旅游就是将美丽的自然“环境”和人文“环境”卖给游客的一个过程。旅游开发对环境有着强烈的依赖关系，环境是旅游开发的前提。

一　旅游与环境的关系

在环境科学中，一般认为环境是指围绕着人群的空间，及其中可以直接、间接影响人类生活和发展的各种自然因素的总体。

环境与旅游两者之间有着非常密切的联系。由于多数的旅游资源，无论是自然旅游资源，还是历史遗留下来的和当代新建的人造旅游资源，其本身就是目的地环境的组成部门，加之旅游者访问活动的开展无一不是以目的地的环境为依托，所以旅游目的地的环境是构成当地总体旅游产品的最基本要素。它不仅是吸引旅游者来访的重要决定因素，而且其质量还将影响来访游客的访问经历和满意程度。

以自然环境来说，旅游对自然环境的依存度是非常高的，良好的环境是旅游业建立和发展的前提，是一个国家或地区旅游业赖以存在和发展的最基本条件。

二　旅游对旅游目的地环境产生的积极影响

旅游业对环境依赖程度很高，在旅游的发展过程中，对环境的保护工作也引起了人们高度的重视。无论是在旅游的规划和管理方面，还是在旅游环境的维护和改善方面，旅游对环境都产生着积极的影响。

1. 保护重要自然景区

旅游业依赖保护好的自然景区开展户外娱乐活动，并为这些作为娱乐景点的自然景区的保护提供资金。如果没有旅游业，这些地区的生态环境有可能会恶化。

2. 保护历史文化古迹

历史文化是旅游业发展的根本所在，各地的旅游发展都十分重视历史文化的挖掘、整理和保护。所以，旅游有助于保护作为旅游景点的考古场所和历史遗迹，并为其提供资金。如果没有旅游业，这些考古场所和历史遗迹的原生态环境就有可能恶化，导致这些历史文化景点逐渐消失。

3. 提高环境质量

环境美是旅游发展的前提，旅游开发都十分重视环境质量的提高。设计得当的旅游设施，可以美化自然环境和城市环境。旅游业也可以通过控制空气污染、水污染、垃圾和其他环境问题促进环境全面净化，并可通过各种形式的园艺手法、得体的建筑风格和更好的维护方法，使旅游区整体环境得到美化提高。

4. 改善基础设施

旅游的发展常常能改善地方的基础设施，如机场、道路、通信、用水系统和污水处理系统等，从而促进经济发展，进而对生态改善起着积极的促进作用。

三　旅游对旅游目的地环境产生的消极影响

旅游对环境的消极影响，在旅游开发和发展过程中是主要的，也是人们最关注的。

1. 影响动物种群结构

一个风景区的生态平衡，是经历了几千甚至上万年的自然演替而形成的相对的稳定系统。但旅游及其相关活动能在很短的时间内改变这种自然生态的平衡系统。突出的表现是植被减少、野生动物受到滋扰、动物活动规律被打乱等。旅游的开发可能会破坏许多野生动物的栖息地或庇护所；游客的造访活动和所制造的噪声，也会干扰野生动物的生活和繁衍。

（1）干扰生存环境。游客从事户外旅游活动时，对生存在旅游区中的动物，尤其是较为敏感的鸟类和哺乳动物都会造成干扰。如土耳其地中海沿岸的沙滩是稀有动物乌龟的生存地，旅游者使用各种旅游设施，如手提音响、水上摩托、汽艇等时会产生极大的噪音，都对乌龟有着非常大的影响，使乌龟栖息地遭到破坏。

（2）猎食野生动物。旅游活动对野生动物的影响，以游客对野生动物的消费行为最为严重。因为这种行为直接导致了捕杀野生动物的行动。除吃外，人们还喜欢购买野生动物的相关制品，如动物毛皮、象牙等。许多海域原本有各式各样的贝类，大量被制成各式纪念品后，贝类的数量就锐减了。

由于游客对海鲜的喜好，各种鱼类被大量捕捞，导致鱼类种群数量锐减，如加勒比海的龙虾和大海螺族群已大量减少。在中国沿海地区以及东南亚国家，人们不仅吃海鲜，更爱吃山珍，各种珍禽异兽只要没有毒，都有可能成为人们猎食的目标，这造成了这些动物种群数量的减少甚至绝迹。

2. 破坏地表植被

旅游活动对地表植被和植物的影响，可分为直接影响和间接影响两大类。直接影响行为包括移除、踩踏、火灾、采集和对水生植物的危害；间接影响则包括外来物种引入、车辆废气、土壤流失等。

（1）大面积移除。为兴建宾馆、停车场或其他旅游设施，大面积的地表植被被剔除，原生植被几乎全被挖除，重新植上外来草种。欧洲中南部的阿尔卑斯山旅游开发是最典型的一个例子，数百平方千米的森林被砍伐，代之以滑冰场、缆车、路标塔、建筑物、过道等，使得地表难以保存和吸收水分，发生水土流失、洪水、山崩、雪灾等灾害的危险性加大。在瑞士的一些旅游区，每年因森林被破坏而导致雪崩灾害，在一些特定时间内经常对游客造成威胁。

（2）游客践踏。游客践踏是最常见的现象。只要游客一踏进景区的绿地，就可能对植物或其生存的环境造成破坏。即使这种影响是轻度的、难以察觉的，但游客团体的规模效应和日积月累，有时也会造成重大的变化。

游客在旅游活动过程中，一般不会蓄意破坏植物，但对植物的践踏往往会引起一系列的相关反应。如影响植物种子的发芽，导致幼苗无法顺利成长，致使已成长植物的生理、形态等发生改变等。

步行道规划设计不合理，也可能影响到濒危植物物种生长。还有游客所搭乘的交通工具常会留下车痕，造成植物生长受到影响。

（3）采集。采集也是对植物的一种伤害行为。游客最常见的采集动机，是想摘下漂亮的花，或想尝尝果实的滋味，或是想带一部分植物回家种植。此外，许多游客迷恋植物的神奇疗效，一到野外看见药用植物就采摘，使得许多药用植物的天然种群愈来愈少。

早期，一些国外的国家公园的解说员会热心地告诉游客哪些植物具有疗效，结果解说活动一结束，那些神奇的植物就被采集一空，所以现在他们已不再大肆宣传植物的用途与疗效，以免造成对植物及其环境的破坏。

3. 环境污染

（1）水污染。旅游活动对水体环境的污染也是相当广泛而严重的，主要有以下几个方面：

①水上运动污染。随着度假旅游活动的日益兴盛，海湾、湖畔、河边等地的水上运动项目，如水上摩托、划船、踩水、游泳、垂钓、跳水、潜水、驾驶帆船等，给水体环境带来了巨大的冲击。这种冲击往往是综合性的，如产生的涡流会影响海域生态，漏出的油污污染水体，散布化学物质威胁水体生物健康。

②生活污染。生活污染是旅游地水污染的最主要来源之一。大多数旅游地一般都未建污水处理设施，或是不具备足够的污水处理能力，致使大量的生活污水随地排放，严重污染水环境。很多水边地区，如海滨、泉点、河边等地为发展旅游业而修建度假村、休闲中心，其餐厅、宾馆等排放的污水和垃圾也是水体的重要污染源。宾馆使用的化学药品，餐厅排出的油污和清洁剂，洗衣间排出的洗衣粉和漂白水等化学物质，还危害了水生生物的生存。

（2）大气污染。不同类型的旅游地，导致大气污染的原因各不相同。总体来说，主要是生活燃烧废气、汽车排放尾气及扬尘等。另外，在一些宗教旅游地，游客拜佛烧香也是一个重要原因。大气成分改变、大气浑浊、能见度降低，以及扬尘、酸雨或酸沉降等是旅游地大气污染的主要表现。

（3）垃圾污染。一般而言，旅游是高消费的活动，游人的废弃物比日常生活的垃圾要多，加之近年来人们物质生活水平的逐步提高，游客在旅游区的生活物品以及在景区内的就地消费也逐渐增多，固体垃圾与日俱增。另一方面，许多旅游地的管理手段和垃圾处理设施跟不上，大量垃圾长期得不到合理处理，越堆越多。

（4）建设污染。旅游地建设污染通常包括几个方面的内容，即建筑设施与旅游环境不协调，旅游地域城市化、商业化与旅游环境不协调，人造景观与旅游环境不协调，旅游灯光等配置与旅游环境不协调。

材料8-3

旅游地主要生态问题

一、生物多样性减少

在长期的植物演替过程中，不同自然旅游风景区都形成了特定的植被类型。植物群落的各种植物之间相互作用，形成了一个统一而稳定的整体。但是随着旅游活动的开展、游人的增多，某些动植物赖以生存的环境遭到破坏，打破了原生稳定的生态系统，使本来很常见的野生动植物种类和数量明显减少。同时，由于不断引种外来物种，旅游地有可能产生外来生物入侵问题，进而改变风景区原来的群落结构和生态系统的稳定性，甚至带来生态灾难。

对动植物的破坏在自然旅游地表现得较为突出：旅游地因配置设施、公路及旅游设施建设砍伐大片植被，旅游者攀折、践踏及车辆压轧花草树木，环境污染、土壤退化也危害植物生长和繁殖。环境污染的加重、植被的破坏、旅游地人口的增长，使动物栖息地受到侵害，某些动物被迫迁徙，一些动物的数量减少乃至灭绝。另外，游客的捕杀和偷猎活动也是动物数量减少不可忽视的因素。

在一些山岳旅游地，由于乱砍滥伐、乱采乱捕，加上森林火灾、游人的过度践踏等，原生植被遭到严重破坏，动植物资源锐减，生物多样性受到严重威胁。由于山岳风景区平地少，游人活动空间小，如果游览步道选线不合理，也会破坏自然生态景观的完整性，增加动物迁移的频率，种子传播也会受到影响，最终影响到景区生物物种的多样性。而且游人的活动也会改变游览步道下方局部地区的水分再分配，打破长期形成的微地域水系，对依存于原有水分条件的植物产生影响。特别是对于岩石裸露的山岳风景区，这种影响可能造成游览步道顺坡方向附近的原有植物死亡，而且难以恢复。

二、地质灾害

目前，水土流失已成为各类旅游地严重的生态问题之一。不少山岳风景区为了节省游人体力，方便游人，都修建了旅游客运索道，盘山公路也差不多修到了地形条件再也不允许修筑公路的地方，山地之巅或核心景区盖起了星级宾馆。尽管在建索道、铺电缆、修公路、盖宾馆的过程中人们力求不改变山体形态，但是开山炸石、剥离地表植被都是不可避免的，随之而来的便是越来越严重的水土流失。如果开挖面使上部岩体失去支撑，若遭震动或足够的降水，就有可能引发滑坡、塌方、危岩崩落。

在一些森林公园和自然保护区，旅游开发和建设活动使原始森林被严重地破坏，加剧了地质环境比较脆弱地区的山地灾害，对山高坡陡、岩石破碎、风化严重而松散的固体物质堆积区的重力侵蚀作用加大，造成一些地段滑坡、泥石流不断发生，且具有规模大、毁灭性强的特点。

三、土壤破坏

旅游区土壤面临的环境生态问题，主要是游人践踏或车辆碾压影响土壤结构变化，造成土壤板结以及理化性质与生物学性质变化。游人乱扔废弃物、塑料制品等难以分解的固体污染物，影响了土壤的物质循环。旅游设施的建设破坏了土壤原有结构，造成水土流失，减少了土壤生物多样性。

四、旅游地游客超载

一方面，游客超载和过分集中，安全系数降低，加大了安全管理的难度，特别是在一些危险的旅游地带；另一方面，游客超载加大了对环境的破坏。游客大量进入旅游区，伴随而至的便是遍地的垃圾污染，这在一定程度上给旅游区的环卫工作带来了压力。游客增多也给旅游设施带来很大的压力和破坏。

第四节　旅游的社会文化效应

旅游活动的根本动因是求异心理，人们为了追求不同文化体验，从而产生了旅游欲望。因此，对旅游文化资源来说，重要的是文化特色，极具特色的文化内涵对旅游者构成了吸引因素。这些不同文化群体间的接触交往常常给各方带来或大或小的影响，其中旅游目的地居民受到的影响尤为明显。

一　旅游与文化活动

1. 文化的内涵

文化能够反映社会发展的许多方面，它包含以下几种含义：

（1）文化是行为方式。文化指的是一个群体和社会的信念、价值观、准则、习俗和行为。文化包括人们认为适用于这个世界、适用于他们的生活和环境的事物，其做法、认识、判断、价值观以及适当的行为方式，构成一组包含在文化概念中的特征。

（2）文化是行为规则。文化是人类复杂的生活方式，是社会群体模式化地反复出现在历史上的行为规则。这类行为规则是人类为了在自然界生存下去，为了在社会群落中优化自己而需要不断重复的生存习惯、习俗、意愿及意志的总和，因而文化既是制度的集合体，又是观念和价值的表述，还是一种凝聚力。

（3）文化是社会传承。文化还意味着把共有的信念、价值观等一代一代传下去。经过一段时期以后，一个社会将会形成与众不同的传统、观念和生活方式——文化包含的就是这种生活方式。

2. 文化的社会环境

文化体现着人们生活在其中的社会环境，人类生活的任何方面无不受着文化的影响，并随着文化的变化而变化。也就是说，文化制约着人的社会行为趋向，约束着人们的思维方式、行为方式、表达自我的方式、解决问题的方式等。

事实上，各种文化都有着有别于其他文化的独特的东西，表明它是基于普遍性之上的属于自己的特征。今天，人们已经认识到真正把他们维系在一起的是他们的文化，共同的语言、社会结构、生活模式，加上宗教信仰、法律、习俗以及道德规范等构筑了一张无形的大网，这张网无所不在，把生活在其中的人们紧紧地束缚在一起。人们的行为受到规范，社会行为也受到规范。

文化是持续的，随着人类进化进程而不断丰富发展，涵盖人类社会生活的一切方面。更进一步，规划和建设城市的方式、经济和政治的关系以及政府在经济中发挥作用的方式无一不被文化打上烙印。

3. 旅游与文化的关系

旅游的开发离不开旅游地丰富而独特的文化现象及其特有的文化环境，同时旅游的发展对旅游地文化要素具有不可忽视的影响。其影响主要体现在手工艺品、语言、习俗、传统、烹饪、艺术、音乐、建筑、宗教、服饰及休闲活动等方面。可以说，旅游对任何一种文化要素的影响，都呈现出积极或消极的影响。

二　旅游对旅游目的地社会文化的积极影响

1. 提高民族素质

（1）旅游对旅游者的影响。一个人外出旅游，尤其是到陌生的地方旅游，不仅会对其不同地理环境感到新奇，还会对旅游地不同的社会和文化现象感兴趣。这些社会和文化现象的差异性，对旅游者的精神享受方面带来多种益处。

①促进身心健康。旅游活动的开展，迎合了现代人们的精神追求，有助

于身心健康。

②增长知识才干。旅游者处于旅游地陌生文化的环境中，能开阔眼界，增长知识，打破思维的狭隘性，更会从中发现新的自我。

③提高审美修养。通过旅游经历的不断积累，社会文化的各种价值观得到强化，旅游者更重视积极的休闲和娱乐，提高审美修养。

（2）旅游对旅游目的地人们的影响。旅游的开展、外来信息和文化的冲击，能够很好地促动和激励目的地居民的进取心，使他们渴望受到更好的教育。同时，旅游业的发展通常要求旅游地居民应具有良好的环保意识以及保持良好的社会风气，旅游活动对旅游目的地居民道德观念具有一定的促进和提升作用。

2. 增进国际间的相互了解

国际旅游活动的开展，客观上具有人民外交的作用。

由于旅游是不同国度、不同民族、不同信仰以及不同生活方式的人们之间直接交往，在这个意义上，国际旅游活动的开展，在缓和国际关系和促进国际事务中对实行人类和平共处起的作用是非常重要的。

此外，旅游也是接待国对外树立国家形象的有效手段。由于旅游者在接待国旅游过程中亲眼目睹，其宣传的可信度大，很少有人对旅游者经历的情况介绍表示怀疑。

3. 促进民族文化的保护和发展

文化是旅游的灵魂，是旅游发展的内在动力。要实现旅游业的可持续发展，从技术和资金方面都要增加投入，以长期保护具有审美价值和文化价值的文化遗址，同时也促进地方工艺品和传统文化活动的复兴。

随着旅游业的发展和接待外来旅游者的需要，旅游地一些原先几乎被遗忘的传统习俗和文化活动得到了开发和恢复；传统手工艺品因市场需求扩大又得到发展；传统音乐、舞蹈、戏剧等受到重视和发掘；濒临毁灭的历史建筑得到维护和管理等。

4. 推动科技交流和发展

现代旅游依赖于科学技术的发展，反过来也推动科学技术的发展。许多主观上出于其他目的的旅游，客观上起到了传播和交流知识与技术的作用。现代商务旅游、专业会议旅游以及消遣旅游中的访问活动，都使得这种交流具有一定的广度和深度。

旅游在发展过程中不断对科学技术提出新的要求，尤其是在交通运输工具、通信以及旅游服务设施和设备方面，要求更加快速、便利、舒适和安全，这就推动了相关领域科学技术的发展。

5. 促进目的地生活环境的改善

为了旅游业发展的需要，旅游接待地区的基础设施会得以改进，生活服务设施和其他方便旅游者的设施也会有所增加。

虽然这一切都始自发展旅游业的需要，但在客观上也改善了当地居民的生活环境，方便了当地人民的生活。

三　旅游对旅游目的地社会文化的消极影响

1. 旅游对传统文化的冲击

在理论上，旅游者和当地居民是相互作用和相互影响的，但在实际中，旅游者带给目的地社会的影响比接受目的地社会影响的程度要大得多，尤其是当目的地国家的文化比较原始或人民生活水平很低时。

在另一方面，就广大的大众型旅游者而言，他们同当地人的接触时间短，接触的范围也十分有限，而对当地居民来说，他们同旅游者的接触却是长期不断的，接触的是持续不断前来访问的旅游者群体。所以，旅游者所带来的思想和文化，对目的地社会的影响是一种潜移默化的长期影响，往往极易使旅游文化资源所在地区的本位文化产生变异，与外来的客体文化发生趋同性。若不积极采取措施对资源文化特色加以保护，文化渗透造成的资源文化变异将无法修复。

2. 不良的“示范效应”

当旅游者来到目的地国家或地区时，不仅带来了购买力，更重要的是带来了不同的行为。众多的旅游者来自价值观念不同的国家，不可避免地将自己的生活方式带到旅游目的地。旅游者的穿着打扮与当地居民的截然不同，行为与在家里也不同，他们具有不同的价值标准、道德观念和生活方式，因而这些东西无形之中也在传播和渗透。旅游者的行为可能会动摇旅游目的地居民长期存在的基本观念，彻底改变当地的社会习惯。“示范效应”常常通过当地居民社会价值观的改变而表现出来；严重时，将导致崇洋思想泛滥，传统的道德观念受到冲击，民族自豪感丧失。

3. 文化本质的丧失

随着大众旅游的兴起、旅游活动的组织化、需求的增加以及时间和地点的限制，旅游者需要一种文化快餐，希望能有机会体验当地的“异国风情”，于是产生了文化的前台表演。这种前台表演必然导致传统文化活动不再按照传统规定的时间和地点举行，为接待旅游者而随时都会被搬上“舞台”；并且为了迎合旅游者的观看兴趣，活动内容也往往被压缩，表演节奏明显加快。

另外，旅游目的地工艺品大量生产，粗制滥造，这些产品实际上已不再表现出传统的风格和制作技艺。一旦旅游者把这些旅游工艺品当作能反映当地传统工艺和地方特色的真正艺术品，并将它们带回收藏展示时，便会使旅游地文化的形象和价值受到损害和贬低。

4. 干扰旅游目的地居民的生活

随着外来旅游者的大量涌入和游客密度的增大，当地居民的生活空间相对缩小，居民必须接受拥挤的状况，因而会干扰当地居民的正常生活，侵害当地居民的利益。更为严重的是，有些地区出现了一些愿意支付高额地价和赋税的外来定居者，而曾长期生活在那里的原居民被迫搬迁。这种情况发展到一定程度时，当地居民对外来游客的友好态度便会转化为不满甚至怨恨。

思考与习题

❶ 解释下列概念。

旅游效应　经济效应　环境效应　社会文化效应

❷ 试分析旅游对目的地经济的积极影响和消极影响。

❸ 试分析旅游对目的地社会文化的影响。

❹ 试分析旅游对目的地环境的影响。

第九章 旅游组织

➤**教学目标**　知识目标：了解世界各国国家旅游行政管理组织的不同形式；熟悉国际主要旅游组织的基本情况和我国旅游行政管理组织的机构及职能；理解政府支持发展旅游和旅游业的动机；掌握国家旅游组织的概念

能力目标：能分析政府支持发展旅游和旅游业的动机及干预的手段

➤**教学难点**　世界国家旅游行政管理组织

➤**教学重点**　国际旅游组织　我国旅游组织

➤**主要内容**　国际旅游组织　我国旅游组织

为适应旅游业的迅速发展，保证旅游业与各国、各地区国民经济的均衡协调，以及旅游业自身的规范，世界各国、各地区纷纷设立并发展各类旅游组织，保证了旅游业的有效运行。

第一节　国际旅游组织

一　世界各国国家旅游行政管理组织

为了加强对旅游业发展的干预和管理，几乎所有国家都设立了全国性的旅游管理组织，这便是国家旅游组织（NTO 或 NTA）。国家旅游组织是指一个国家中为国家政府所承认，负责管理全国旅游事务的组织。世界各国由于各自的政治经济制度、旅游业发展阶段和政府干预程度等的不同，旅游行政管理的体制和制度差异较大。综观世界各国的情况，国家旅游组织的设立形式大致有以下几种模式：

1. 作为国家政府的一个部门或机构

由国家政府直接设立，并且在编制上作为国家政府的一个部门或机构。以这类形式设立的国家旅游组织在不同的国家又有不同的形式。

（1）设为一个完整而独立的旅游部或相当于部的旅游局。如泰国、菲律宾、墨西哥、埃及等国家中的最高旅游行政管理机构都属于这种形式。泰国旅游局是政府旅游行政管理机构，独立于地方政府，管理和指导地方旅游业。其主要职责是旅游促销，制订地区旅游发展计划和行业管理；受理旅游者投诉与索赔；对旅游企业从市场进入到经营活动，实行严格的审批注册和监督检查，全国旅行社和导游统一编号注册、统一管理。

（2）设为一个混合部，即与其他部门合并为一个部。如西班牙为交通与通信旅游部，法国为工业、邮电与旅游部，意大利为旅游与娱乐部，葡萄牙为商业与旅游部，马来西亚为文化旅游部，斯里兰卡为旅游与民航部，澳大利亚为体育、娱乐与旅游部。

（3）设为某一职能部门的下辖机构。如日本在运输省下设国际观光局，美国在商业部下设旅游管理局，加拿大在工商贸易部下设旅游管理局，韩国在交通部下设旅游管理局，英国在就业部下设旅游管理局。

2. 代表国家政府执行全国性旅游行政事务的官方组织

这种形式的旅游行政管理机构常见于欧洲一些国家。在这些国家中，有关国家旅游发展的重大决策虽然划归国家政府中的某一部门负责，但该部门并不承担具体的旅游行政管理事务。因此，在这些国家最高旅游行政组织机构不属于政府部门序列，而是挂靠在某一政府部门，但该组织的主要负责人须由国家政府中分管旅游的部门任命，并且政府资助其全部或部分经费，这些组织多数仍属官方机构。如爱尔兰、瑞典、挪威、丹麦、芬兰等国家旅游局都属于这种法定组织。

3. 代表国家行使旅游行政管理职能的民间协会

这种民间组织多为影响力较大的，由民间自发组织成的全国性旅游协会。政府同意其代行旅游行政管理职权。政府通常会向这些组织提供一定的财政拨款，但该组织具有自己的法人地位，领导成员并非由政府指定，而是由该组织的会员自己选举产生，在行政和财政上是独立的。如德国和新加坡的国家旅游组织都是由这种民间组织兼任。德国的“德国旅游中心”由汉莎航空公司、德国旅行社联合会等 12 个成员单位组成，政府拨款占中心全部费用的 95%，另外 5%则由会员承担。

二　国际性旅游协调组织

1. 世界旅游组织

世界旅游组织是一个政府间的国际旅游组织，总部设在马德里。它的前身是 1947 年 10 月成立的非政府间组织——国际官方旅游组织联盟，该联盟源于 1925 年在荷兰海牙成立的官方旅游宣传组织——国际联盟（IUOTPO），1975 年 5 月改名为世界旅游组织。现在的世界旅游组织是联合国开发计划署在旅游方面的一个执行机构，也是世界上唯一的全面涉及旅游事务的全球性政府间机构。

1979 年 9 月，世界旅游组织第三次代表大会上，确定每年 9 月 27 日为世界旅游日，因为这一天是世界旅游组织章程的诞生纪念日（1970 年 9 月 27 日）。

2. 世界旅行社协会联合会

世界旅行社协会联合会（简称 UFTAA），总部设在比利时的布鲁塞尔。其前身为 1919 年成立的欧洲旅行社组织和 1964 年成立的美洲旅行社组织，它们于 1966 年 11 月 22 日在罗马会议上合并。该联合会是世界上最大的民间性国际旅游组织之一，其正式会员是世界各国的全国性旅行社协会，还接纳旅行社企业为“联系会员”。

3. 国际饭店与餐馆协会

国际饭店与餐馆协会（简称 IH&RA），总部设在法国巴黎。它于 1947 年成立，其前身是国际饭店业联盟（原名为国际旅馆业联合会），是国际性的旅馆组织。该组织现有 150 多个国家和地区的 75 万个会员，包括各国协会、饭店、餐馆、专业人士、教育科研机构等。

4. 国际民用航空组织

国际民用航空组织（简称 ICAO），总部设在加拿大的蒙特利尔，成立于 1947 年 4 月 4 日，同年 5 月成为联合国的一个专门机构。

5. 国际旅游科学专家协会

国际旅游科学专家联合会（简称 IASEI），于 1951 年 5 月 31 日在罗马成立，会址在瑞士的伯尔尼，是世界旅游组织的附属成员。

6. 太平洋亚洲旅游协会

太平洋亚洲旅游协会（简称 PATA），是非政府间国际旅游组织。它于 1951 年 1 月成立于夏威夷，原名太平洋临时旅行协会（HTA），1986 年改为现名。总部设在旧金山，另有两个分部：一个设在菲律宾的马尼拉，负责处理东亚地区事务；另一个设在澳大利亚的悉尼，负责主管南太平洋地区事务。

第二节　我国旅游组织

我国的旅游组织主要分为旅游行政管理组织和旅游行业协调组织两大类。旅游行政管理组织主要是以国家旅游局及各省、市、自治区及地方旅游行政组织组成，负责管理全国旅游行业的发展；旅游行业协调组织主要是加强行业间的协作与行业的经营管理研究，扩大行业影响，提高行业信誉与效益。

一　我国旅游行政管理组织

1. 国家旅游局

国家旅游局，全称“中华人民共和国国家旅游局”，是国务院主管旅游工作的直属机构。国家旅游局的前身是成立于1964年12月的“中国旅行游览事业管理局”，该局行使行政管理和业务经营双重职能，与中国国际旅行社是“两块牌子，一班人马”，实行政企合一的体制。1978年，该局改名为“中国旅行游览事业管理总局”，直属国务院。1982年，更名为国家旅游局，并与国旅总社实行政企分开，不再直接组团和承担接待任务，而是作为管理全国旅游事业的行政机构，统一管理全国的旅游工作。为了适应市场经济的建立和国家政治体制的改革，国家旅游局实行了大幅度的机构精简，1994年、1998年和2008年分别对国家旅游局进行了职能和机构的调整。调整后的国家旅游局的内设机构包括办公室（综合协调司）、政策法规司、旅游促进与国际合作司、规划财务司（全国红色旅游工作协调小组办公室）、监督管理司、港澳台旅游事务司、人事司、机关党委、离退休干部办公室等。

国家旅游局的主要职能：

（1）统筹协调旅游业发展，制定发展政策、规划和标准；起草相关法律法规草案和规章并监督实施；指导地方旅游工作。

（2）制定国内旅游、入境旅游和出境旅游的市场开发战略并组织实施；组织国家旅游整体形象的对外宣传和重大推广活动；指导我国驻外旅游办事机构的工作。

（3）组织旅游资源的普查、规划、开发和相关保护工作；指导重点旅游区域、旅游目的地和旅游线路的规划开发，引导休闲度假；监测旅游经济运行，负责旅游统计及行业信息发布；协调和指导假日旅游和红色旅游工作。

（4）承担规范旅游市场秩序、监督管理服务质量、维护旅游消费者和经营者合法权益的责任；规范旅游企业和从业人员的经营和服务行为；组织拟定旅游区、旅游设施、旅游服务、旅游产品等方面的标准并组织实施；负责旅游安全的综合协调和监督管理，指导应急救援工作；指导旅游行业精神文明建设和诚信体系建设，指导行业组织的业务工作。

（5）推动旅游国际交流与合作，承担与国际旅游组织合作的相关事务；制定出国旅游和边境旅游政策并组织实施；依法审批外国在我国境内设立的旅游机构，审查外商投资旅行社市场准入资格，依法审批经营国际旅游业务的旅行社，审批出国（境）旅游、边境旅游；承担特种旅游的相关工作。

（6）会同有关部门制定赴港澳台旅游政策并组织实施，指导对港澳台旅游市场推广工作；按规定承担大陆居民赴港澳台旅游的有关事务，依法审批港澳台在内地设立的旅游机构，审查港澳台投资旅行社市场准入资格。

（7）制定并组织实施旅游人才规划，指导旅游培训工作；会同有关部门制定旅游从业人员的职业资格标准和等级标准并指导实施。

（8）承办国务院交办的其他事项。

2. 地方旅游行政管理机构

地方旅游行政管理机构是管理地方旅游事务的政府部门。自20世纪70年代初以来，地方旅游行政管理机构的数量不断扩大，在促进当地旅游业发展方面发挥了重要的组织保障作用。

地方旅游机构的设置大体有两种模式：旅游委员会和旅游局模式。

旅游委员会即由政府部门牵头，相关部门组成的管理模式。这一模式在省级尚不普遍，典型的有上海市和杭州市等。以上海为例，1997年上海市旅游事业管理委员会成立，统筹协调和全面领导上海市旅游业的发展，上海市副市长兼任旅游委员会主任。同时，作为政府职能部门，上海市旅游委员会还承担着上海市旅游行业管理的职能，锦江、华亭、衡山三大旅游集团公司和佘山国家旅游度假区都受旅游委员会领导。

地方旅游局包括省市级旅游局、地市级旅游局和县市级旅游局，其权力仅限于对本地区旅游事业的管理，要对同级政府负责，接受上一级旅游局的业务指导。各级地方旅游局机构设置与国家旅游局大致相同。

材料9-1

《旅游法》推动旅游监管

综合性的旅游业要求对其发展进行全面监管。《旅游法》作为一部综合性法律，确立了旅游市场综合监管机制、旅游者权益保障制度、旅游服务合同制度以及对诱导欺骗强迫消费行为的规范措施等，为加强旅游市场规范和监督管理、加强旅游质监执法工作和队伍建设提供了重要的法制保障和制度支撑。

一、全过程的旅游监管

旅游活动涉及的“行、游、住、食、购、娱”六个环节，在《旅游法》的监管规定中都有不同程度涉及。《旅游法》附则中提出：“旅游经营者，是指旅行社、景区以及为旅游者提供交通、住宿、餐饮、购物、娱乐等服务的经营者。”第四十九条规定：“为旅游者提供交通、住宿、餐饮、娱乐等服务的经营者，应当符合法律、法规规定的要求，按照合同约定履行义务。”这就意味着对相关环节旅游经营者的监管都属于旅游监管的范畴。

在“行”的方面，第五十三条规定：“从事道路旅游客运的经营者应当遵守道路客运安全管理的各项制度，并在车辆显著位置明示道路旅游客运专用标识，在车厢内显著位置公示经营者和驾驶人信息，道路运输管理机构监督电话等事项。”

在“住”的方面，第七十五条规定：“住宿经营者应当按照旅游服务合同的约定为团队旅游者提供住宿服务。”

在“游”的环节，则对景区管理作出了一系列规定，主要涉及景区开放、景区门票价格、景区最大承载量核定三个方面的内容。它是从游客开展旅游活动的角度对景区提出的监管要求，对全面提高各类自然人文景区的管理水平、增强游客的满意度具有非常重要的意义。

二、全方位的旅游监管

旅游既包括团队旅游也包括散客旅游。过去主要是依据《旅行社条例》和《导游人员》管理条例，通过对旅行社及导游的管理来开展旅游监管。随着旅游业的不断发展，散客旅游快速兴起，在整个出游人群中所占的比例不断提高。因此，仅仅针对团队旅游进行监管就无法适应旅游业发展的需要。

《旅游法》在完善团队旅游管理的同时，从监管旅行社之外的其他旅游经营者角度切入，为保障旅游散客的合法权益提供了法律依据。在《旅游法》中，专设了“旅游经营”一章共二十九条，其中十五条都是从散客旅游监管的角度对各类经营者作出的法律规定。未来，我们需要以这些条文为基础，不断完善对散客服务的旅游经营者的监管，让全方位监管落到实处。

三、全口径的旅游监管

由于旅游经营者在旅游业发展中扮演着非常重要的角色，因此《旅游法》除了对旅游经营者的监管外，还对以导游为主的旅游从业人员、旅游者、旅游主管部门和有关部门工作人员的行为进行了规范。

《旅游法》“旅游者”一章中，除了明确旅游者的权利外，还对旅游者的义务作出了规定，并明确提出，“旅游者违反安全警示规定，或者对国家应对重大突发事件暂时限制旅游活动的措施、安全防范和应急处置措施不予配合的，依法承担相应责任。”还规定“出境旅游者不得在境外非法滞留”，“入境旅游者不得在境内非法滞留”。

《旅游法》对以导游为主的旅游从业人员制定了有关监管措施，并在“法律责任”一章中明确提出：“对违反《旅游法》的旅游从业人员，旅游主管部门和有关部门应当记入信用档案，向社会公布。”

《旅游法》对旅游主管部门和有关部门工作人员的行为进行了规定，要求对其“在履行监督管理职责中，滥用职权、玩忽职守、徇私舞弊，尚不构成犯罪的，依法给予处分”。

四、多主体的旅游监管

《旅游法》明确提出，县级以上地方人民政府对旅游监管进行统筹协调。除了规定地方政府有建立旅游违法行为查处信息共享机制、指定或者设立统一的旅游投诉受理机构、组织下属相关部门对旅游经营行为实施联合监督检查等责任之外，还在第八十三条中规定：“县级以上人民政府旅游主管部门和有关部门依照本法和有关法律、法规的规定，在各自职责范围内对旅游市场实施监督管理。”这就意味着，作为旅游监管的第一责任人，地方政府将会调动更多涉旅部门参与到旅游监管中来。

《旅游法》还特别提出了旅游行业组织的监管问题，要求“依法成立的旅游行业组织依照法律、行政法规和章程的规定，制定行业经营规范和服务标准，对其会员的经营行为和服务质量进行自律管理”。可以预见，随着《旅游法》的不断落实，多主体共同参与“大旅游，大管理”的格局会逐步形成。

五、多方式的旅游监管

《旅游法》强调通过法律手段来对参与旅游活动的各个主体进行规范，同时也提出了多方式的旅游监管。

《旅游法》第六条规定，“国家建立健全旅游服务标准和市场规则”。如果说市场规则要靠法律手段保障的话，服务质量的监管更多就要靠标准化的方式进行推进。如目前的星级饭店和A级景区工作，实际上都是用标准化的方式对特定的旅游经营者的服务进行监管。

《旅游法》第五十条提出：“旅游经营者取得相关质量标准等级的，其设施和服务不得低于相应标准；未取得质量标准等级的，不得使用相关质量等级的称谓和标识。”这实际上也为旅游标准化管理提供了法律依据。

六、多领域的旅游监管

《旅游法》对一些游客关注、社会关注的领域作出了规定。主要有：一是对自然资源和文物等人文资源进行旅游利用作出了原则性规定，并要求有关主管部门应当加强对资源保护和旅游利用状况的监督检查。二是明确了“经营高空、高速、水上、潜水、探险等高风险旅游项目，应当按照国家有关规定取得经营许可”。三是对快速发展的利用网络经营旅游的行为作出了规定，要求“通过网络经营旅行社业务的，应当依法取得旅行社业务经营许可”，“发布旅游经营信息的网站，应当保证其信息真实、准确”。四是针对乡村旅游等新业态发展中与现行规定存在一定冲突的问题，提出由省、自治区、直辖市对城镇和乡村居民利用自有住宅或者其他条件依法从事旅游经营的行为作出规定。

二　我国旅游行业协会组织

中国旅游行业协会是由中国境内的旅游企业按照平等自愿的原则，为了维护旅游行业利益，促进旅游企业的健康发展，提高旅游企业服务质量及保护旅游消费者权益而组成的非官方的行业组织。它日益成为中国旅游经济活动中不可或缺的重要力量。

1. 我国旅游行业协会现状

我国旅游行业协会是伴随着市场经济的发展，以及经济管理体制由部门管理向行业管理的推进而逐步发展起来的。由于旅游行业的企业多为中小企业，有着强烈的结社需求，通过联盟的方式维护自己的利益，因此旅游行业协会作用日益突出。

我国 91％的旅游行业协会是由行业主管单位发起的，即由所在地区旅游主管部门发起，说明旅游行业协会是在相对被动的环境下产生，非企业主动诉求，而主要是主管部门意识到协会存在的必要性，将其作为部门的一个补充而设立。

2. 我国旅游行业协会改革趋势

根据《国家旅游局关于推进旅游行业协会改革发展的指导意见》（旅办发【2012】371 号），我国旅游行业协会改革发展的总体方向是：

（1）推进行业主管部门的职能转移。

①加快转变政府职能。行业主管部门要把协会作为加强和改善行业管理，促进我国旅游业发展的重要力量，将应当由协会承担的职能和机构转移到协会，把一些适宜于协会开展的工作委托给协会，将管理企业的部分事项逐步转移由协会自律性管理，支持和保障协会独立开展活动。

②建立健全购买服务制度。行业主管部门委托协会开展工作，应采取购

买服务的方式，签订委托协议，支付相应的费用。要积极协商有关部门落实购买协会服务的资金，制定完善购买协会服务的管理办法，明确委托协会的条件、事项、资金额度、服务评价标准、监督措施，规范购买服务管理，管好用好购买服务资金，确保购买服务项目质量。

（2）建立与行业主管部门协调沟通机制。

①建立协会参与政策制定的征询机制。行业主管部门在出台行业发展战略、规划、政策、标准、技术法规前，应采取召开征询会等方式，认真听取和征求有关协会的意见和建议，提高决策的科学性和有效性。

②建立双向交流制度。将行业主管部门与协会之间的沟通交流制度化、规范化。向协会发布相关文件，及时传达国家有关法律法规、重大政策精神和重要工作情况。针对行业发展中的重大问题，及时组织召开协会座谈会，研究提出政策措施。协会应主动与相关部门沟通，了解国家有关法律法规、政策和重要工作部署，及时向会员宣传并协助贯彻执行。同时积极反映会员的愿望和诉求，争取政策的支持。

③加强和改善协会信息传递工作。围绕行业发展动态、热点难点问题，以及协会工作重点，协会要积极做好有关信息工作。建立顺畅的信息送达渠道，有关行业发展的重大信息，协会要及时报送各级行业主管部门。

（3）发挥协会的功能优势。

①加强行业自律。协会制定并组织实施行业规范，建立行业自律性管理约束机制，推动行业诚信体系建设。规范会员行为，维护旅游行业公平竞争的市场环境，维护市场秩序。加强协会公信力建设，公平、公正、公开地处理行业事务，协调好会员关系，促进行业健康发展。

②深入开展调查研究。围绕旅游行业发展中的战略性、前瞻性、综合性的重大问题，协会开展课题调研，参与相关法规、政策和行业发展规划的研究，为政府决策和旅游行业的发展提出建议，推动行业协调发展。

③积极推进产业融合发展。发挥协会优势，按照市场要素整合资源，推进旅游产业与相关产业的融合发展，促进新业态的生成，丰富旅游产业内涵，优化旅游产业结构。

④促进企业素质的提升。组织协会参与制定、修订行业标准，参与行业资质认证工作，开展相关信息咨询服务，推广先进的质量管理方法和优质服务品牌，推进旅游人力资源开发，提升企业管理和服务水平。

⑤推动行业交流与合作。根据旅游市场和旅游行业发展的需要，协会组织举办与旅游有关的展览会、交易会、专题研讨会等活动。加强各级各类协

会的合作，共享资源，形成合力。加强同国外相关协会的合作与交流，提升国际化水平，促进行业合作的发展。

3. 全国性旅游行业协会简介

(1) 中国旅游协会。英文名称China Tourism Association，缩写为CTA。

中国旅游协会是1986年1月30日经国务院批准正式宣布成立的第一个旅游全行业组织，1999年3月24日经民政部核准重新登记。它设立了8个分会和专业委员会：旅游城市分会、旅游教育分会、妇女旅游委员会、温泉分会、休闲农业与乡村旅游分会、民航旅游专业委员会、休闲度假分会和旅游商品与装备分会；有4个相对独立开展工作的专业协会：中国旅行社协会、中国旅游饭店业协会、中国旅游车船协会和中国旅游景区协会。

中国旅游协会先后加入了世界旅行社协会联合会（UFTAA）及其所属亚太地区联盟（UAPA）、美国旅行商协会（ASTA）。

(2) 中国旅行社协会。英文名称China Association of Travel Services，缩写为CATS。

中国旅行社协会成立于1997年10月，是由中国境内的旅行社、各地区性旅行社协会等单位结成的全国旅行社行业的专业性协会。

(3) 中国旅游饭店业协会。英文名称China Tourist Hotels Association，缩写为CTHA。

中国旅游饭店业协会成立于1986年2月，是中国境内的饭店和地方饭店协会、饭店管理公司、旅游院校、饭店用品供应厂商等相关单位结成的全国性的行业协会。1994年正式加入国际饭店与餐馆协会（IH&RA），成为其国家级协会会员。

(4) 中国旅游车船协会。英文名称China Tourism Automobile & Cruise Association，缩写为CTACA。

中国旅游车船协会1991年经批准正式成立，是由中国旅游车船运营企业、旅游车船及零部件生产企业、旅游车船租赁企业、旅游车船俱乐部企业、地方旅游车船协会、与旅游车船业务有关的其他组织以及旅游车船行业资深管理人员和知名研究人员结成的行业性、全国性、非营利性的社会组织。代表中国旅游车船行业加入国际旅游联盟（AIT），现为国际汽车联合会（FIA）的国家级会员单位。

(5) 中国旅游景区协会。英文名称China Tourist Attractions Association，缩写为CTAA。

中国旅游景区协会是2010年10月民政部批复同意成立，由全国旅游景区行业和与景区相关企事业单位组成的全国旅游景区行业协会。

思考与习题

❶ 解释概念。

国家旅游组织

❷ 国际上的国家旅游组织有哪几种模式?

❸ 简述我国旅游行政组织的设置状况。

❹ 介绍世界旅游组织和太平洋亚洲旅游协会。

参考文献

[1] 何丽芳．旅游学概论．北京：清华大学出版社，北京交通大学出版社，2006.
[2] 李天元．旅游学概论（第六版）．天津：南开大学出版社，2009.
[3] 谢彦君．基础旅游学．北京：中国旅游出版社，2004.
[4] 郑焱．中国旅游发展史．长沙：湖南教育出版社，2000.
[5] 申葆嘉．旅游学原理：旅游运行规律研究之系统陈述．北京：中国旅游出版社，2010.
[6] 马勇．旅游学概论．北京：旅游教育出版社，2004.
[7] 田里．旅游学概论．北京：高等教育出版社，2005.
[8] 罗明义．现代旅游经济学．昆明：云南大学出版社，2008.
[9] 邹统钎．旅游目的地管理．北京：高等教育出版社，2011.
[10] 章家恩．旅游生态学．北京：化学工业出版社，2005.
[11] 林南枝．旅游市场学（第三版）．天津：南开大学出版社，2011.
[12] 保继刚．旅游地理学（修订版）．北京：高等教育出版社，2004.
[13] 孔邦杰．旅游环境保护概论．上海：上海人民出版社，格致出版社，2011.
[14] 徐学书．旅游资源保护与开发．北京：北京大学出版社，2007.
[15] 王昆欣．旅游资源评价与开发．北京：清华大学出版社，2010.
[16] 杨桂华，陶犁．旅游资源与开发．昆明：云南大学出版社 2010.
[17] 胡平．会展旅游概论．上海：立信会计出版社，2003.
[18] 喻学才．旅游文化学．北京：化学工业出版社，2010.
[19] 金守郡．旅游学概论．上海：上海交通大学出版社，2010.
[20] 魏敏．旅游学概论．北京：对外经济贸易大学出版社，2008.

后 记

旅游概论是旅游专业的入门学科，是旅游类专业学生必修的专业基础课。通过本课程的学习，学生对旅游业会有一个初步的认识和了解，对后续的其他专业基础课和专业课起到重要的引导作用。

本教材高度概括了旅游活动及旅游产业的基本概念和基本理论，系统阐述了旅游活动的诸多要素和旅游产业的特征和性质，着重介绍了旅游的发展历程、旅游者、旅游资源、旅游业、旅游产品、旅游市场、旅游的影响、旅游组织等主要内容。

本教材在保证编排上的逻辑性和完整性的基础上，列出了较多相关阅读材料。既有实用的常识和案例，也有旅游业发展中前沿动态信息和新概念，还有国外旅游方面的介绍，突出了知识性、趣味性和实用性，以适应教师的讲解、学生的参与和师生的互动。

本教材由湖南女子学院何丽芳主编，并负责拟定编写提纲、统稿和定稿，王丹副主编，谢穑参编。本书编写过程中参考了大量相关领域的教材和文献，已列于书后的参考文献部分，但仍可能有遗漏。在此，谨向各位作者表示诚挚感谢。由于我们才学有限，书中错误和疏漏在所难免，敬请专家、学者和广大教师和读者批评指正。

编 者

2014 年 5 月